Karla Fohrbeck en Huub Kuijpers, redactie

Van totem tot lifestyle

Europese cultuur in ontwikkeling

Koninklijk Instituut voor de Tropen

Deze uitgave is een initiatief van het Koninklijk Instituut voor de Tropen en het Goethe-Institut Amsterdam in het kader van Amsterdam Culturele Hoofdstad van Europa 1987. De uitgave werd mede mogelijk gemaakt door financiële steun van het Prins Bernhard Fonds, het Goethe-Institut, Inter Nationes te Bonn en het European Culture Initiative. De redactie vond plaats in nauwe samenwerking tussen de European Foundation for Culture and Economy en het Koninklijk Instituut voor de Tropen. Kathinka Dittrich-van Weringh (München), Karla Fohrbeck (Bonn), Huub Kuijpers (Amsterdam) en Paul Kruntorad (Wenen) namen vanuit voornoemde Foundation deel aan de redactiecommissie.

Van totem tot lifestyle – Europese cultuur in ontwikkeling verschijnt ter begeleiding van de tentoonstelling **TOTEM, Goden, Helden, Heiligen** die van 25 maart tot 16 augustus 1987 plaatsvindt in het Tropenmuseum te Amsterdam. Tevens ondersteunt het boek andere activiteiten rond het gelijknamige thema in Amsterdam in de loop van 1987.

CIP-GEGEVENS KONINKLIJKE BIBLIOTHEEK, DEN HAAG

Van

Van totem tot lifestyle: Europese cultuur in ontwikkeling / Karla Fohrbeck, Huub Kuijpers, red.; [vert. uit het Frans, Duits en Engels door Antoine Verbij]. – Amsterdam: Koninklijk Instituut voor de Tropen. – Ill.
Uitg. in het kader van de manifestatie Amsterdam Culturele Hoofdstad i.s.m. het Goethe-Instituut Amsterdam en het Zentrum für Kulturforschung in Bonn. – Uitg. naar aanleiding van de tentoonstelling 'Totem, goden, helden, heiligen' in het Tropenmuseum te Amsterdam.
ISBN 90-6832-203-6
SISO eu 943.9 UDC 930.85(4)
Trefw.: Europa; cultuurgeschiedenis; opstellen.

© 1987 Koninklijk Instituut voor de Tropen – Amsterdam
 Zentrum für Kulturforschung – Bonn
© Beeldmateriaal: zie verantwoording

Vertaling en bewerking: Antoine Verbij – Amsterdam
Zetwerk: Verbij Tekstproduktie – Amsterdam
Omslag en boekverzorging: Frank Beekers, Lies Ros, Rob Schröder (Wild Plakken) – Amsterdam
Druk: Drukkerij Tesink – Zutphen

ISBN 90 6832 203 6
NUGI 614

Inhoud

Woorden vooraf

Marcelino Oreja 6
Walter Scheel 7
Henk Jan Gortzak 8
Manifest 9

Leitbild
Goden, helden, heiligen, kunstenaars en persoonlijkheden in de Europese geschiedenis 11

Paul Kruntorad Wat doet Europa op een stier?
Nationale clichés en produktieve veelvormigheid 12

Susanne Piët Les Musts van de communicatie
Totemisme toen en nu 18

Gerhard Zacharias Van chaos tot oppositie
Het Europese trauma 24

Charles Hupperts en Elly Jans Des dieux vivants
Olympische goden in de Europese cultuur 34

Morič Mittelman-Dedinsky Ketters, helden en volksheiligen
Een oneigentijdse beschouwing 46

Dieter Ronte Tussen hofetiquette en lifestyle
De kunstenaar als avantgardist 54

Pieter Kievit Bij de dood van een held
Drie leerstukken van Bertolt Brecht 62

Michael Hutter Transformaties van tijd en ruimte
Kunst als economische stimulans 72

Lifestyle
Politiek, economie en cultuur in het hedendaagse Europa 81

Karla Fohrbeck Eerst profiel, dan stijl
Het moderne ik op het levenstoneel 82

Bazon Brock Sterren, deskundigen en helden
Persoonlijkheid als hoogste goed 94

Stephan Sanders Een onnatuurlijke dood
Lijkrede voor de jeugdcultuur 104

Marja Gastelaars en Antoine Verbij Helden van onze tijd
    De consistentie van de yuppie **116**

Frédérique Defesche Van Mister Clean tot New Man
    Lifestyle in reclame **126**

Jack Lang High tech, high culture
    Cultuur, politiek en economie in Frankrijk **136**

Rob Perrée Met gevoel voor gevoel
    Duitse expressionisten in Nederland **142**

Michael Marschall von Bieberstein De vloek van het geprefabriceerde beeld
    Europa tussen waarheid en mythe **150**

Walter Keller en Martin Heller Het verlangen naar het woord
    De spraakmachinerie rond lifestyle **156**

Kruissprook
De Europese cultuur in confrontatie met niet-westerse culturen **161**

Huub Kuijpers Het rendement van het gevoel
    Cultuur als produktieve factor **162**

Henk Jan Gortzak 'Waar je gevallen bent, blijf je'
    De dubbelzinnige behoefte aan een Europese identiteit **172**

Bart Eijgenhuijsen Contrasten
    Een essay in foto's **184**

Suzanne van Norden Moederlandse geschiedenis
    Over identiteit en geschiedschrijving **194**

Leonel Brug De primitieve westerling
    Freuds onderschatting van de voorouderverering **210**

Huib Schippers De weerklank van verre streken
    Oosterse muziek in het Westen **216**

Yoshida Koichi Het einde van de Europese mythe
    Een Aziatische kijk op muziek en economie **224**

Nico Vink Haalt Simone op tijd de rechtszaal?
    Telenovelas in Brazilië **236**

Norman de Palm De tongkus van een kwal
    Allochtone kunsten in het Nederlandse cultuurbestel **246**

Verantwoording illustraties **254**

Woorden vooraf

Wie vandaag de dag een willekeurige Europese stad nadert kan zich niet aan de indruk onttrekken dat ze allemaal op elkaar beginnen te lijken. Overal ziet men her en der dezelfde éénverdiepingssupermarkten liggen, belegerd door geduldig wachtende auto's en een wirwar van alluminium boodschappenwagentjes. Erachter een gekartelde horizon van flatgebouwen, uitrijzend boven rijen eengezinswoningen met keurige tuintjes. Een enkele keer zijn er nog wat restanten van fabrieken te zien. Maar zolang men nog niet bij het centrum is valt nauwelijks uit te maken of men zich nu in Newcastle, Straatsburg of Florence bevindt. En zelfs in het centrum treft men vaak dezelfde winkels en *fast food*-restaurants aan.

Natuurlijk, in het noorden komt men meer blonde mensen op fietsen tegen en in het zuiden meer donkere types op brommers, maar hun kleding zal waarschijnlijk niet veel verschillen. Afgezien van de omgeving en het klimaat is het op het eerste gezicht alsof alleen het verleden, de bouwwerken van vervlogen dagen, de typische lokale gewoonten en natuurlijk de taal de ene Europese stad van de andere onderscheidt. Maar dat is gelukkig slechts de eerste indruk. De in het oog springende overeenkomsten, hoe onloochenbaar ook, zijn oppervlakkig. Erachter gaan dieper liggende verschillen schuil, die te samen de rijke en onvergankelijke verscheidenheid vormen die 'Europa' heet.

Het klinkt misschien vreemd om de secretaris-generaal van een organisatie die zich toelegt op het bewerkstelligen van meer eenheid een pleidooi te horen houden voor verscheidenheid, maar dat is precies waar het in Europa op aankomt. Verschil wil en hoeft niet te betekenen dat men zich van elkaar verwijdert en uiteindelijk tegenover elkaar komt te staan. Verschil hoort bij het leven zelf, het is er een noodzakelijk onderdeel van. Het is dat wat ons van dieren onderscheidt: mensen leven niet bij brood alleen.

Ook al spreken wij als Europeanen verschillende talen, al eten we verschillende dingen, al hechten we aan verschillende tradities en levensstijlen, toch zijn we het over een aantal gemeenschappelijke waarden eens. Het eerste wat de Raad van Europa onmiddellijk na haar oprichting in 1949 deed was een internationaal netwerk opzetten ter verdediging van de mensenrechten, dat wil zeggen ter verdediging van het recht van ieder individu of iedere groep om zich vrijelijk te uiten, om een eigen levenswijze te kiezen, met andere woorden om zichzelf te zijn, ook al is dat anders dan anderen. Deze grondhouding van Europeanen tegenover het leven vormt het uitgangspunt van alles wat mijn organisatie doet, in het bijzonder wanneer het om onderwijs en cultuur gaat. Het lijdt geen twijfel dat een samenleving met deze grondhouding kwetsbaar is, juist omdat ze zo vatbaar is voor veranderingen. Maar dat mag in geen geval betekenen dat we ons voor invloeden van buiten afsluiten, zelfs niet wanneer sommige daarvan op het eerste gezicht misschien wat al te krachtig en bedreigend lijken. Het sterke punt van Europa is haar veerkracht, niet het bouwen van muren. Iedere keer wanneer er weer een nieuw deel van Asterix verschijnt vind ik het vermakelijk om dit principe aan het werk te zien – het verschil met nu is dat onze toverdrank bestaat uit samenwerking met iedereen, zelfs met de Romeinen.

Goed, we maken ons bezorgd over de nieuwe technologieën, maar zijn we niet juist bezig ze aan onze behoeften aan te passen? De projecten van de Raad van Europa op het vlak van cultuur en het pas begonnen werk op het gebied van taal zijn er juist op gericht initiatieven aan te moedigen die onze verscheidenheid, onze eigen culturele 'produkten', onze eigen talen in stand houden. Ik ben daarom ook zeer verheugd dat de Raad van Europa betrokken is bij de serie tentoonstellingen over cultuur en economie, waarvan de tentoonstelling in Amsterdam de eerste is. Ik kan alleen maar hopen dat ze ons Europese zelfvertrouwen zullen versterken en dat ze ons eraan zullen herinneren dat de grootste multinational die we hier hebben Europa zelf is.

Marcelino Oreja, secretaris-generaal van de Raad van Europa

De samenwerking in de Europese Gemeenschap wordt al vele jaren overschaduwd door nationale kleingeestigheid en blijft veelal beperkt tot een discussie over financiële kosten en baten. Daardoor heeft men nauwelijks oog voor de fundamentele betekenis van de Europese eenwording en vergeet men maar al te gemakkelijk dat het fascinerende aan Europa nu juist haar gemeenschappelijke culturele erfgoed is – en dan doel ik niet alleen op de lidstaten van de Europese Gemeenschap, maar op het geografische Europa als geheel. Dat erfgoed wordt gekenmerkt door een enorme diversiteit wat betreft taal, literatuur, muziek, schilderkunst, architectuur enzovoort. We begrijpen de Italiaanse, Franse, Spaanse, Scandinavische of Poolse kunst pas goed wanneer we haar in Europees verband plaatsen.

Nationale trots, oorlog en onderdrukking hebben op ons continent enige tijd het besef van een culturele identiteit verdrongen. Maar dat het daardoor niet verloren ging bewijzen de in de jaren zeventig gestarte pogingen in heel Europa begrip en samenwerking te bevorderen, pogingen die zijn voortgevloeid uit de Conferentie voor Europese Veiligheid en Samenwerking. Het in dat kader in 1985 te Boedapest georganiseerde forum over cultuur moet gezien worden als een aanmoediging om iedere nieuwe kans voor culturele uitwisseling over grenzen en ideologieën heen aan te grijpen.

Het benadrukken van het gemeenschappelijke culturele erfgoed is ook daarom zo belangrijk, omdat cultuur in de politieke discussie lange tijd verwaarloosd is. Zo zal men in de verdragen van Rome tevergeefs naar het woord cultuur zoeken. Herbezinning op de cultuur moet overigens niet als vlucht worden opgevat, maar vooral als een tot nu toe nauwelijks benutte mogelijkheid het idee van de politieke eenwording in West-Europa een nieuwe impuls te geven, dat wil zeggen 'Europa aaneen te smeden'.

Hiermee citeer ik Rolf Liebermann, een van de oprichters van de Europäische Kulturinitiative. Liebermann klaagde in 1979 aan de vooravond van de eerste rechtstreekse verkiezingen voor het Europese parlement dat 'in geen van de verkiezingstoespraken (...) de culturele saamhorigheid in Europa aan de orde is gesteld'. De Hamburgse industrieel en maecenas Kurt A. Körber stelde op de hem eigen spontane en directe wijze meteen een miljoen Duitse mark ter beschikking om met concrete projecten die culturele saamhorigheid effectief te ondersteunen. Het resultaat: de door Harald Szeemann samengestelde tentoonstelling *Het verlangen naar het Gesamtkunstwerk: Europese utopieën sinds 1800*, die in Zürich, Düsseldorf, Wenen en Berlijn te zien was; een door Ursula Lentrodt in Straatsburg georganiseerde Europese week van de harp; financiële ondersteuning van de in vier talen geproduceerde muziekfilm *Ferdinand de stier*, alsook van de tentoonstellingen *Het andere land: buitenlandse kunstenaars in de Bondsrepubliek* en *De droom van ruimte: zeven eeuwen geschilderde bouwkunst*, gerealiseerd door de Albrecht Dürer Gesellschaft in Neurenberg.

De oprichters van de Europäische Kulturinitiative zijn blij dat ze het resterende, maar altijd nog aanzienlijke bedrag kunnen aanwenden om financiële dekking te geven aan de Europese tentoonstellingenserie *Grondstof cultuur: Made in Europe*, in het kader waarvan nu in Amsterdam het project *Van totem tot lifestyle* plaatsvindt. Karla Fohrbeck verdient alle waardering voor dit grandioze idee, dat zij, te samen met gerenommeerde collega's uit de steden waar de tentoonstellingen plaats zullen vinden, met zo veel fantasie, betrokkenheid en geduld weet te verwerkelijken. Amsterdam, de Culturele Hoofdstad van Europa in 1987, is een bijzonder geschikte startplaats voor deze serie projecten. Het staat bij voorbaat al vast dat ons een groots evenement te wachten staat. Ik zie het met spanning tegemoet.

Ik hoop dat dit project een steentje bij zal dragen aan het grote doel de grenzen in Europa te doorbreken en meer begrip en menselijk contact tussen de burgers van alle staten te bevorderen. Pas dan zullen in Europa op den duur alle volkeren vreedzaam met elkaar kunnen samenleven.

Walter Scheel, oud-president van de Bondsrepubliek Duitsland

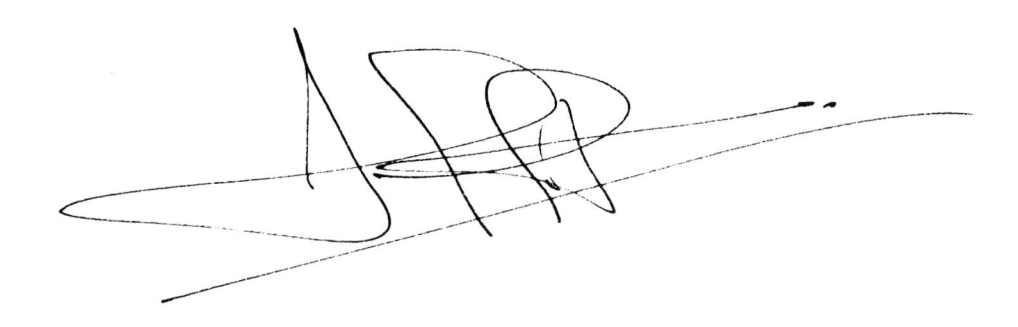

Het is niet onmogelijk dat u bij het doorbladeren van dit boek een gevoel overkomt dat u herkent van het schakelen op uw kabeltelevisie. De nuchtere toon van Nederlandse televisiecommentatoren steekt vaak nogal schril af tegen de loodzware uiteenzettingen van Duitse of het joyeuze gepraat van Franse deskundigen. En nu eens stuit u op een verstilde natuurfilm, dan weer op het staccato van een heftige videoclip. Diezelfde verschillen zult u ook in dit boek aantreffen. De voortdurende verandering van toon, stijl, abstractieniveau en complexiteit waar u in dit boek op zult stuiten bewijst dat culturele samenwerking in Europa zich niet alleen uitstrekt over een breed scala van onderwerpen, maar dat ze ook nog altijd veel weg heeft van het bouwen aan een toren van Babel.

Achter de grote stilistische verschillen gaat echter wel degelijk een gemeenschappelijk uitgangspunt schuil. De verschillende bijdragen in dit boek gaan ieder op hun geheel eigen wijze in op de wisselwerking tussen economie en cultuur. Bovendien kunnen daarbij drie thematische invalshoeken worden onderscheiden. Zo hebben de stukken in het eerste deel, 'Leitbild' genaamd, alle betrekking op de Europese culturele geschiedenis. Ze laten zien hoe de mensen in ons werelddeel door de eeuwen heen hun identiteit bewust en onbewust hebben gemodelleerd naar allerlei goden, helden, heiligen, ketters, genieën, kunstenaars, sterren en persoonlijkheden.

Het tweede deel, met de titel 'Lifestyle', heeft daarentegen betrekking op de huidige Europese samenleving. Wat de bijdragen in dit deel verbindt is de gedachte dat mensen vandaag de dag hun identiteit op een relatief nieuwe manier verwerven, namelijk door zich niet zozeer op allerlei bekende persoonlijkheden te oriënteren maar vooral op meer algemene *lifestyle*-modellen. Daarbij komt de economie op een pregnante manier om de hoek kijken, zoals bijvoorbeeld in de reclame, de popcultuur en de *lifestyle* van de yuppie.

De economie speelt daarnaast ook een zeer bepalende rol in de confrontaties tussen de Europese cultuur en de niet-westerse culturen, waar het derde deel, met de aan Multatuli ontleende titel 'Kruissprook', over handelt. Om te beginnen waren het economische belangen die de Europeanen naar verre streken dreven. Zolang ze daar hun met politieke en militaire middelen ondersteunde economische overwicht behielden, beschouwden ze de culturen waar ze op stuitten als minderwaardig of op z'n best als exotisch. Maar sinds de zogeheten derde wereld-landen zich aan het kolonialisme ontworstelden en zich als serieuze en soms zelfs superieure handelspartners ontwikkelden, zijn de Europeanen ineens overtuigd van de rijkdom van niet-westerse culturele tradities en kennen ze aan Tao en Zen zelfs een groot economisch belang toe. Ondertussen blijkt die waardering weer heel wat minder te zijn wanneer die niet-westerse culturen in de gedaante van buitenlandse werknemers ineens in de eigen straat opduiken.

Het zijn met name deze laatste aspecten van de wisselwerking tussen cultuur en economie die het voor het Koninklijk Instituut voor de Tropen tot een uitdaging maakten de organisatie van het project *Van totem tot lifestyle*, waar de tentoonstelling *TOTEM, Goden, Helden, Heiligen* deel van uitmaakt, op zich te nemen. Want een bezinning op de eigen Europese culturele identiteit mag dan nog zo zinvol zijn, de waarde van de uitkomst van die bezinning zal uiteindelijk mede afhangen van de verhouding waarin ze de Europeanen plaatst ten opzichte van andere culturen. Dat betekent dat zo'n bezinning er in ieder geval niet toe mag leiden dat we ons gaan blindstaren op het eigen culturele erfgoed. Aan een nieuwe Europese zelfgenoegzaamheid bestaat in het huidige tijdsgewricht, met zijn mondiale economische verhoudingen, allerminst behoefte.

De titel *Van totem tot lifestyle* suggereert dat onze hedendaagse totems voorwerp zijn geworden van een op *lifestyle* gerichte commercialisering. Wij zouden, zo luidt de suggestie, in toenemende mate onze identiteit kenbaar maken met behulp van de *lifestyle*-attributen die de cultuurindustrie ons aanbiedt. De confrontatie met niet-westerse culturen kan ons helpen beseffen dat commercialisering niet de enige manier is waarop cultuur, politiek en economie met elkaar in verband kunnen staan. In de titel van de tentoonstelling *TOTEM, Goden, Helden, Heiligen* heeft het trefwoord 'totem' uitdrukkelijk de bedoeling onze eigen commerciële totems met de nodige zelfrelativering te gaan bezien. TOTEM eist zijn tol tenslotte.

Henk Jan Gortzak directeur van het Tropenmuseum in Amsterdam

Manifest

Laten we het niet over Europeanen hebben.
Laten we het hebben over *Rhaetoromanen, Turken, Beieren, Catalanen, Engelsen, Slovenen, Bretons, Italianen, Laplanders* en *Hongaren*.

Laten we het niet over lifestyle hebben.
Laten we het hebben over savoir vivre, die feine Lebensart, way of life, manier van doen, byt, ars vivendi of maniera de vivir.

Laten we het niet over de EEG-tomaat hebben.
Laten we het hebben over *Camembert* en *Reblochon*, over spaghetti, macaroni en tortellini, over *GlenFiddich* en *GlenLivet*, over ein kleiner und grosser, kurzer und verlängerter Schwarzer oder Brauner, over bodega, warung, café, kroeg en Beisel.

Laten we het niet over massacultuur hebben.
Laten we het hebben over Brussels kant, over de *Beatles*, over *Armani*, over de *Efteling*, over de *Deux Chevaux*, over de *Salzburger Festspielen* en over de *Neue Zürcher Zeitung*.

Laten we het niet over voetgangerzones hebben.
Laten we het hebben over boulevards en ramblas, over lido's, piazza's en promenaden, over de Altstadt, de soukh, het kremlin, de bazaar en het park.

Laten we het niet over helden hebben.
Laten we het hebben over *Švejk, Don Quichot, Tijl Uilenspiegel, Anansi, Wilhelm Tell, Harlekijn, Oblomov, Asterix, Hans Brinker, Robin Hood* en *Pippi Langkous*.

Laten we het niet over politici hebben.
Laten we het hebben over rovers en gendarmes, over gentlemen en players, over denkers en dichters, over staatsraden en proleten, over boeren en baronnen, over hoeren en madonna's.

Laten we het niet over folklore hebben.
Laten we het hebben over gamelan, sitar, accordeon, keyboards, bongo's, djembe, schalmei, bandoneon en doedelzak.

Laten we het niet over Europa hebben.
Laten we het hebben over de *Dordogne*, de *Costa del Sol* en de *Ruhrpott*, over polders, poesta's en fjorden, over *Toscane, Engadin*, de *Highlands* en de *Wachau*.

Laten we het niet over Europese eenmaking hebben.
Laten we het hebben over kritische discussies, het eigenzinnige individu, vrije associaties, concrete ontwikkelingsprojecten, het behoud van culturele identiteiten en het nut van de uitwisseling tussen West en Oost, Noord en Zuid.

Laten we het niet over de navel van de wereld hebben.
Laten we het over de wereld hebben.

European Foundation for Culture and Economy, voorjaar 1987
Kathinka Dittrich-van Weringh
Karla Fohrbeck
Paul Kruntorad
Huub Kuijpers
Ulrike Ottinger
Andreas Joh. Wiesand

Leitbild

Goden, helden, heiligen, kunstenaars en persoonlijkheden in de Europese geschiedenis

Paul Kruntorad

Wat doet Europa op een stier?
Nationale clichés en produktieve veelvormigheid

De liefde van Europa voor een stier

Mythen hebben het vermogen op de toekomst vooruit te lopen, maar in welke zin dat voor de Griekse sage over Europa op de stier geldt valt moeilijk uit te maken. Europa was de dochter van Agenor, een nakomeling van de zeegod Poseidon en Libya. Agenor verliet Egypte en vestigde zich in Kanaän waar hij met Telephassa trouwde. Zij schonk hem naast Europa vijf zonen.
Toen Zeus op Europa verliefd werd, veranderde hij zich in een witte stier en sloot hij zich aan bij de kudde van Agenor. Europa begon met de mooie, zachtmoedige stier te spelen, versierde zijn sierlijke horens met bloemen, klom onbevangen op zijn schouders en liet zich naar de kust dragen. Bij Tyrus zwom Zeus met haar de zee in en pas op Kreta ging hij weer aan land. Daar veranderde hij in een adelaar en bracht haar naar een bron onder een wilg. Zij schonk hem drie zonen die door haar latere echtgenoot, de heerser van Kreta, werden geadopteerd.
De vader van Europa stuurde haar broers op pad om haar te zoeken, maar zij vonden haar niet. De sage vertelt althans niets over een eventueel succes van de zoekactie. Ze vermeldt alleen dat de broers steden en kolonies stichtten, weliswaar niet op het subcontinent dat Europa's naam draagt maar in Klein-Azië.
De roof van Europa door Zeus doet denken aan de vroeg-hellenistische verovering van Kreta. Op glaswerk dat in Mycenae werd gevonden zijn afbeeldingen aangetroffen van de priesteres van de maan die op haar offer, de zonnestier, rijdt als onderdeel van een vruchtbaarheidsritueel. De verleiding van Europa door Zeus in de gedaante van een adelaar lijkt op de verleiding van Hera door Zeus in de gedaante van een koekoek. Hera zelf droeg overigens de titel 'Europia'.
De omzwervingen van de zonen van Agenor op zoek naar Europa zouden wel eens kunnen verwijzen naar de vlucht van de Kanaänieten voor arische en semitische indringers in de tweede eeuw voor Christus.
Wanneer men de sage van Europa letterlijk neemt dan kan men er weinig aan ontlenen dat met de ontwikkeling van het subcontinent met die naam te maken heeft. Toch zijn er ettelijke elementen waarin iets te herkennen valt.
De hellenistische tradities zijn door Rome overgenomen en in het christendom met semitische tradities vermengd. Telkenmale werd Europa verleid en onteerd, de Duitse adelaar was niet de eerste die dat deed. De vruchtbaarheid van Europa was en is enorm. De ideeën die er zijn opgebloeid beheersen heden ten dage de hele wereld, die daar overigens niet altijd even gelukkig mee is. De wetenschappelijke taal, en daarmee de taal van de macht, is Engels, een mengeling van germaans en latijns vocabulair.
Op het ogenblik zit Europa ingeklemd tussen de Russische beer en de Amerikaanse buffel. Aan de vele grenslijnen waarlangs de Europese cultuur zich heeft ontwikkeld – zoals de Romeinse rijksgrenzen, de scheidslijnen tussen het deel dat zich vreedzaam en het deel dat zich door het zwaard aan het christendom onderwierp, de grenzen die door reformatie en contrareformatie werden

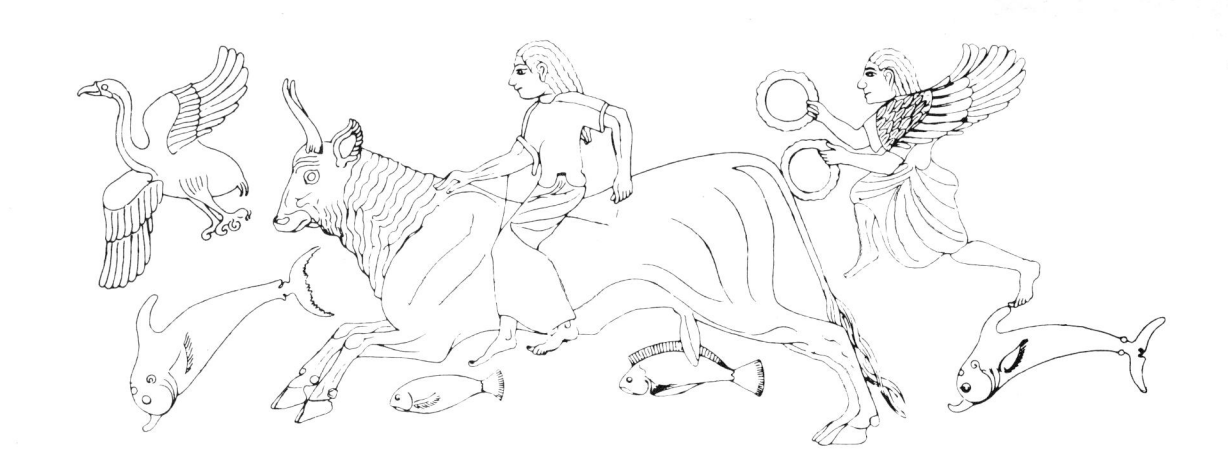

getrokken – is onlangs weer een nieuwe en eigenlijk nogal pijnlijke kerf toegevoegd die West- van Oost-Duitsland scheidt en de Slaven van West-Europa. Ook deze grenslijn heeft tot de ontwikkeling van nieuwe verschillen en van nieuwe tradities geleid.

Toen de middeleeuwen ten einde liepen begon de Europese eenheid, de zowel religieus als filosofisch gefundeerde *universitas*, langzaam te slijten. De noties van staat en natie kwamen op, noties die, zoals keer op keer blijkt, nog altijd niet samenvallen en waarvan de ontstaansgeschiedenis behoorlijk ingewikkeld is.

Maar het mag dan zo zijn dat de omvang van een samenleving die naar binnen toe vreedzaam en naar buiten toe agressief is, genetisch is vastgelegd, dat neemt niet weg dat de evolutie waarschijnlijk zelf bepaalt in welke rangorde maatschappelijke organisatievormen zoals staat en natie staan.

Bertoldo di Giovanni, vijftiende eeuw

Nationale clichés

Een Stiermarkse kroniekschrijver uit de achttiende eeuw onderscheidt in zijn korte beschrijving van de volkeren in Europa en hun eigenschappen tien naties – Spanjaarden, Fransen, Walen, Duitsers, Engelsen, Zweden, Polen, Hongaren, Moskovieten en Turken of Grieken – en vergelijkt ze op achttien verschillende punten met elkaar. Op het punt van de zeden is de Spanjaard hoogmoedig, de Fransman lichtzinnig, de Italiaan achterbaks en de Duitser openhartig. Maar dan komt onze Stiermarkse kroniekschrijver, die voor het overige in zijn beknopte Europese volkerenkunde zo veel eenheid heeft weten te handhaven, ineens kwalificaties te kort en beschrijft hij de Engelsman als goedgebouwd, de Zweed als groot en sterk en de Turk als het weer in april.

Het Europa van de verschillende naties nam pas na de Napoleontische oorlogen enige vaste vorm aan: bij de vrede van Versailles werden de grenzen getrokken die negentien staten van elkaar scheidden – Andorra, Monaco en San Marino niet meegerekend. De conferentie van Jalta maakte een einde aan de staatssoevereiniteit van de drie Baltische naties. De tegenwoordig gangbare stereotyperingen van nationale eigenschappen zijn in de betrekkelijk korte tijd van tweehonderd jaar uitgekristalliseerd.

Wanneer men ze de revue laat passeren moet men tussen de categorieën heen en weer springen: Spaanse *grandezza*, Franse *esprit*, Duitse *Gründlichkeit*, Italiaanse of Oostenrijkse *Schlamperei*, Engels flegma, Slavische melancholie en Scandinavische zwaarmoedigheid kunnen niet zonder meer op één lijn worden gesteld. Duitsers en Zwitsers zijn noeste werkers, Duitsers en Engelsen zijn gedisciplineerd, Oostenrijkers en Italianen zijn lichtzinnig. De *italianitá* is de belichaming van de typische Italiaan, de *gentleman* is de optelsom van typisch Engelse eigenschappen, de *savant* – of voor anderen de *couturier* of de *chef de cuisine* – is de meest Franse Fransman. De cosmopolitische Europeaan heeft een hekel aan nationale clichés, maar stiekum gelooft hij toch dat ze een kern van waarheid bevatten.

Een beroemd Amerikaans antropoloog en een Oostenrijks kamergeleerde hebben onafhankelijk van elkaar allerlei maten van de uitgaansmode voor vrouwen in verschillende tijden met elkaar vergeleken. Daarbij ging het om de lengte van de rokken, de diepte van de decolletés, de lengte van de mouwen en meer van dat soort dingen. Hun uitkomsten vertonen een opmerkelijke overeenkomst: de mode verandert volgens hen zowat om de vier jaar. De aanzet tot verandering van de mode komt wellicht uit het onbewuste voort, hoewel hij net zo goed genetisch bepaald kan zijn, om maar eens een verklaringsschema te gebruiken dat

Max Beckmann, Raub der Europa, 1933

momenteel nogal populair is. In ieder geval betekent vooruitgang verandering van het bestaande, ook wanneer achteraf gezien niet iedere verandering als vooruitgang kan worden betiteld.

Europa, moeder van de revoluties, gaf de historicus Friedrich Heer een van zijn werken als titel mee, en inderdaad lijkt de dochter van Agenor zich voor haar mythische verkrachting door de heerser van de Olympos steeds weer te willen wreken door bijna iedere keer wanneer er weer een nieuwe generatie aantreedt de bestaande orde te verwerpen en er een nieuwe voor in de plaats te stellen. Gelijkmatigheid en duurzaamheid behoren niet tot de Europa's deugden, haar denken wordt gekenmerkt door nieuwsgierigheid en onrust. Nu de verschillende naties zich weer tot de gemeenschappelijke moeder wenden neemt de overeenstemming over concrete politieke en economische kwesties weliswaar toe, maar tegelijkertijd komen ook separatisme en regionalisme opzetten als tegenwicht tegen de uniformerende tendensen in zulke samenklonteringen als de EEG.

Een reële tegenstelling

De Engelsen hebben het toerisme uitgevonden, maar hèt type van de toerist is vandaag de dag de Duitser. De cultuurtoerist, die niet alleen op zoek is naar zon, zee en strand, is gek op het ontdekken van allerlei verschillen. Op de culturele landkaart van Europa zijn die verschillen evenwel niet nationaal, maar regionaal gecodeerd. Burchten, kastelen en landgoederen, kerken, kloosters en kapellen, dorpen, markten en steden – ze hebben alle iets met elkaar gemeen. Hetzelfde geldt voor de elementen waaruit het landschap is opgebouwd, met zijn ritme van velden, bossen en weiden, bergen, dalen en vlakten, beken, rivieren en meren. En juist omdat men de grondvormen kent, apprecieert men de verschillen die men ontdekt in façaden en interieurs, stegen en pleinen, maaltijden en dranken.

Net zo radicaal als het idee van de natie een einde maakte aan het universalisme van de middeleeuwen, zo radicaal maakt het idee van de vooruitgang ondertussen alles weer gelijk – overal in Europa komt men dezelfde flats, auto's en

Exkurs über das Rindvieh
Das schöne Tier, das Europa ent- und verführte, ist uns Symbol der Fruchtbarkeit und des Todes. Wir schlachten und verzehren es auf vielfältige Weise. Die Zerlegung des Tierleibs in einzelne Muskel ist eine Kunst, die überall verschieden praktiziert wird: Beefsteak und Rumpsteak, Filet, weißes Scherzl und Schulterscherzl, Tafelspitz und Beinfleisch, Wadschunken und Haxn bedeuten jedem Fleischhauer etwas anderes, je nachdem ob er seine Kundschaft in England, Frankreich, in der Bundesrepublik oder in Österreich bedient. Die Kuh neben dem Esel wärmt mit ihrem Hauch das Christkind in allen Krippen, mit der Milch nehmen wir Weisheit auf, mit dem Leder schützen wir unsere Achillesferse, aus dem Horn fertigen wir Knöpfe, im Kampf mit dem Stier messen wir unseren Mut. Die Cowboys, Europas Enkel in Übersee, sind als Filmhelden zurückgekehrt, und Hemingway, der amerikanische Dichter schlechthin, ist der Apologet der Corrida. Zeus hat als Stier Europa unsterblich gemacht.

[signature: Kruntorad]

Paul Kruntorad (Tsjechoslowakije, 1935) is schrijver en free-lance publicist en woont in Wenen. Organiseerde in 1985 de tentoonstelling A.E.I.O.U. Mythos Gegenwart: Der österreichische Beitrag in Stein a.d. Donau. Publikaties onder andere: S. - Ein Modell (roman), 'Österreich - Die Prosa seit 1945' in: Kindlers Literaturgeschichte der Gegenwart, Sozialgeschichte der deutschen Literatur - Die Literatur Österreichs von 1945 bis 1967, en Die unbekannte Sammlung - Ästhetik der Durchsetzung.

wasmiddelen tegen. Er is sprake van een reële tegenstelling: de techniek van tegenwoordig en van de toekomst is uniform, daartegenover staat het Europese erfgoed van de culturele veelvormigheid – een specifiek Europees erfgoed, want in geen enkele andere grote cultuur wordt er zo veel waarde gehecht aan individualisme.

Dat individualisme is voortgekomen uit de vrijheid die de Atheense burgers onderscheidde van de slaven en uit de eenzaamheid van het gesprek dat de gelovige voerde met jahweh, de enige god. Het werkt remmend op de nivellering door de technologie en leidt ertoe dat nationale staten langzaam weer in kleinere eenheden uiteenvallen. Daarom komt de staat als politieke eenheid steeds vaker voor de taak te staan regionale belangen met elkaar te verzoenen. In het zuiden van Frankrijk is men bezig zich op het Aquitaanse verleden te bezinnen, in Engeland vechten de inwoners van Schotland, Wales en Ierland voor hun eigen identiteit, in Spanje zijn dat de Basken en de Catalanen, en zowel in Italië als in de Bondsrepubliek voeren de regio's een eigen cultuurbeleid.

Weliswaar worden laboratoria en fabrieken overal volgens dezelfde principes gebouwd, verzamelen musea overal het werk van dezelfde kunstenaars, overschrijden wetenschappelijke kennis en stromingen in de kunst grenzen alsof ze niet bestaan, maar juist daar waar de vormen het meest uniform lijken, in de massamedia, is de regionale differentiatie het sterkst. Men hoeft slechts de mannen en vrouwen die op de televisie het nieuws lezen met elkaar te vergelijken om vast te stellen hoe één en dezelfde functie kan worden ingevuld met verschillende nationale clichés die tegemoet komen aan de behoefte van het publiek zich in programma's te kunnen herkennen.

Hetzelfde geldt voor de film: Jean Gabin en Gérard Depardieu, Marcello Mastroianni en Adriano Celentano, Rudolf Prack en Klaus Maria Brandauer, John Gielgud en Michael Caine; Catherine Deneuve en Isabelle Huppert, Anna Magnani en Mariangela Melato, Romy Schneider en Hanna Schygulla, Maggie Smith en Brenda Jackson – zij spreken mensen tot ver over hun eigen landsgrenzen aan, hoewel ze ieder op een specifieke manier de in hun land van herkomst geldende idealen van mannelijkheid en vrouwelijkheid belichamen.

Het nieuwe regionalisme in Europa is in tegenspraak met Marshall McLuhans gelijkstelling van *the medium* en *the message*. De explosieve groei van lokale televisie- en radiozenders (althans, overal daar waar de wet het toestaat) en de huidige toename van het aantal regionale publikaties kunnen alleen worden verklaard wanneer men de media naar hun letterlijke betekenis opvat: als overbrengers van significant verschillende boodschappen.

Net zoals de industriële revolutie op het vlak van de techniek de nationale verschillen heeft uitgewist, zo heeft de esthetische revolutie van rond de eeuwwisseling dat op het vlak van de kunst gedaan. Het twaalftoonstelsel in de muziek, de abstractie in de schilderkunst, het vrije vers in de poëzie, het antirealisme in de romankunst, het Bauhausprincipe in de architectuur hebben voor lange tijd de taal van de kunst, zoals men dat zo trots zei, internationaal gemaakt. Maar in het postmodernisme is men bijvoorbeeld opnieuw het citaat gaan waarderen, hetgeen de mogelijkheid opent aan de uniformiteit te ontsnappen.

De zonen van Zeus en Europa – Minos, Rhadamanthus en Sarpedon – vormden, wanneer men zich strikt aan de betekenis van de mythische voortplanting houdt, een drieling. Wij zijn in Europa allemaal meer of minder verre neven en nichten van elkaar. We zijn elkaars verwanten, maar toch steeds bezig ons van elkaar te onderscheiden.

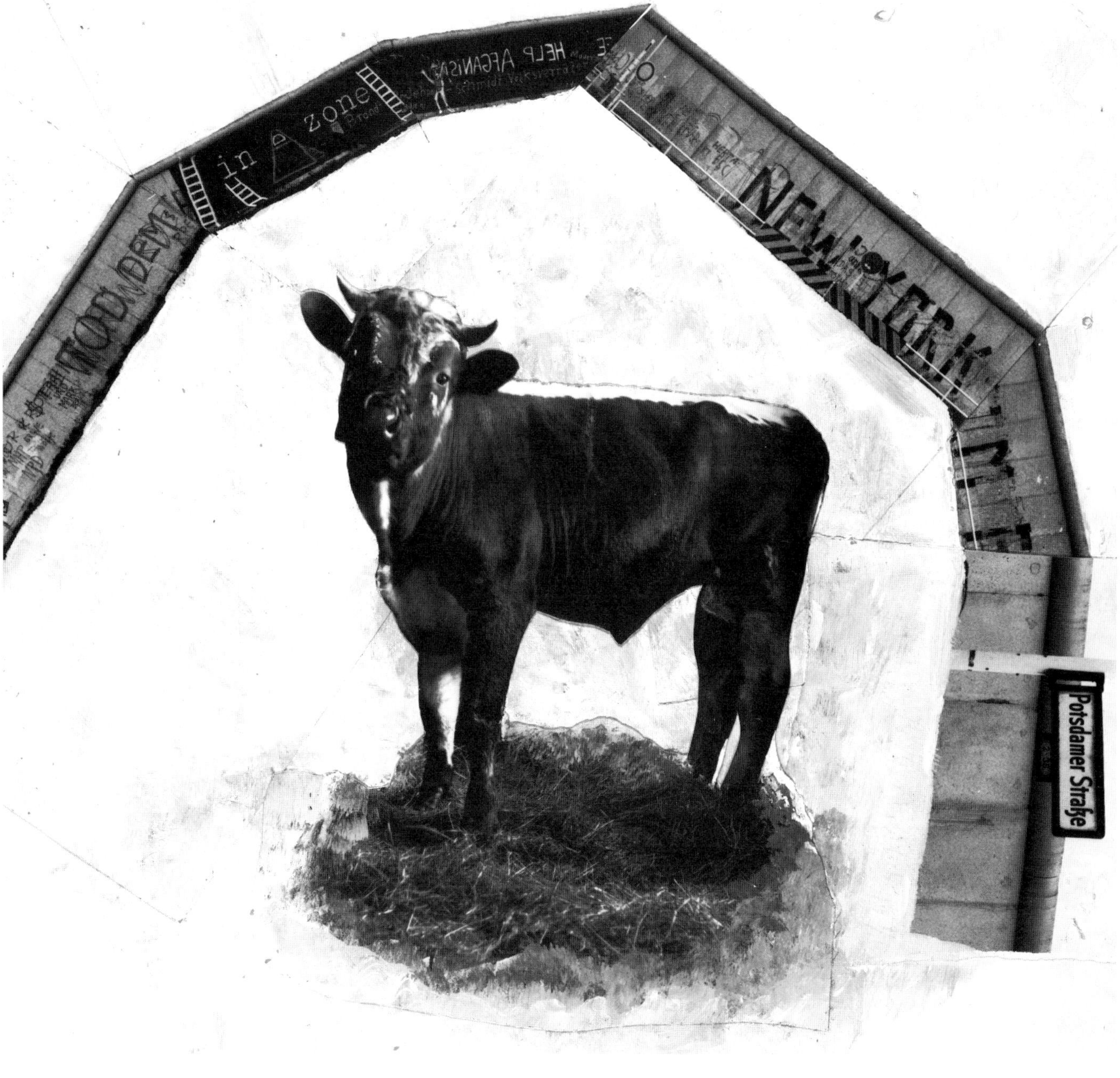
in zone
HELP AFGANISTAN
NEW YORK
Potsdamer Straße

Susanne Piët

Les Musts van de communicatie

Totemisme toen en nu

Totemisme en totems

'Wij kennen de mens via de ontwikkelingsstadia waar hij doorheen is gegaan, dat wil zeggen via de levenloze monumenten en werktuigen die hij voor ons achterliet, via onze kennis van zijn kunst, zijn religie en zijn levenshouding, die rechtstreeks of door middel van legendes, mythen en sprookjes tot ons zijn gekomen, en via de resten van zijn denkwijzen die in onze gewoonten en tradities zijn blijven bestaan. Bovendien is hij in een bepaald opzicht nog steeds onze tijdgenoot.'

Bovenstaande inleiding wekt vermoedelijk in de context van dit boek geen enkele verbazing. En ze lijkt al evenmin vreemd in de context van deze tijd: de jaren tachtig, waarin de alom gerespecteerde ratio aan dollartekens wordt getoetst en waarin de ontwikkeling van de samenleving heeft genoopt tot technologisch vernuftige, maar inhoudelijk schamele communicatie. De inleiding is echter geleend van een denker / psycholoog uit een andere tijd en met andere problemen en belangstellingen. De schrijver ervan is Sigmund Freud, aan wie wij onder meer te danken hebben dat in ons denken het thema angst zo centraal staat – hetgeen ons in dit hoofdstuk nog parten zal spelen.

Freud begon in 1912 aldus een serie essays in het door hemzelf uitgegeven tijdschrift *Imago*. Het zijn ook de eerste regels van zijn boek *Totem en taboe*, zij het dat hij het daar niet had over de 'mens', maar over de 'primitieve mens'. Hij ging er kennelijk van uit dat de mens in zijn tijd of in de na hem komende toekomst niet meer aan het primitieve totemisme zou doen. Die veronderstelling staat in deze bijdrage ter discussie.

Freud meende overigens dat we wel iets van het totemisme kunnen leren. Hij had het dan wel niet over Lacoste-emblemen of Les Musts van Cartier, hij sprak niet van Mercedes-sterren of Rolls Royces, hij sprak zelfs niet eens zo nadrukkelijk van angst. Maar hij suggereert wel dat verkenning van het totemisme kan leiden tot een verklaring van ons vaak zo wonderlijke gedrag en van de manieren waarop we ons in een wereld vol individuen manifesteren.

Volgens Freud vervangt het systeem van totemisme alle religieuze en sociale instituten: totemisme is op zichzelf een sociaal systeem. Wat de religie betreft is er de respectvolle relatie tussen de persoon en zijn totem. Sociaal gezien bestaat het totemisme uit verplichtingen van leden van de groep of familie tegenover elkaar en tegenover andere stammen. De totemgroep diende dikwijls – saillant detail – ter vervanging van de familie.

Natuurlijk verwijst het begrip totemisme naar het woord totem. De naam 'totem' of 'totam' werd in 1791 ontdekt door de Engelsman J. Long toen hij een bezoek bracht aan de Noordamerikaanse Indianen. Vooral aan de Schot J. Ferguson MacLennan (1869) hebben wij te danken dat men aan de betekenis van het totemisme voor de oude geschiedenis waarde is gaan hechten. En daarmee ontwikkelde zich een stroom aan literatuur met totem-theorieën, die elkaar

Sigmund Freud (1856-1939)

overigens op méér dan één punt tegenspreken. Voor ons betoog betekent die verwarring dat weinig ons hindert er eigen versies aan toe te voegen, al kunnen we wel het een en ander aan de literatuur ontlenen.

'*Een totem*', schrijft totemisme-deskundige Frazer in 1910, '*is een klasse van materiële voorwerpen die door een wilde met bijgelovig respect wordt beschouwd omdat hij gelooft dat er tussen hem en ieder lid van de klasse een intieme en speciale relatie bestaat. De band tussen een persoon en zijn totem is wederkerig winstgevend: de totem beschermt de man en de man toont zijn respect voor de totem op verschillende manieren, bijvoorbeeld door het niet te beschadigen.*'

Totempaal (fragment), Stanleypark, Vancouver

Interessant voor ons betoog is met name hoe een 'wilde' uitdrukking gaf aan het feit dat hij een relatie met zijn totem onderhield. Hij deed dat op verschillende manieren. Hij imiteerde zijn totem in zijn uiterlijk: hij hulde zich bijvoorbeeld in het vel van zijn totemdier of hij liet het beeld van zijn totem op zijn huid tatoeëren. Bij plechtige gelegenheden werd de identificatie met de totem tot uitdrukking gebracht in muziek en dans, waarbij de groepsleden, vermomd als totem, toneelscènes opvoerden. Hier doemen al, maar misschien nog te vroeg, de eerste contouren van een gelijkenis op met de huidige *lifestyles* en de rol die statussymbolen daarin spelen.

Totem en taboe

Uit de diverse theorieën komt naar voren dat het totemisme onder meer ontstond vanuit een menselijke behoefte aan onderlinge verbondenheid. De eerste manier om met elkaar een band te ervaren is door fysieke nabijheid, de tweede is door onderlinge gelijkenis. Het totemisme heeft vooral betrekking op deze tweede manier.

Veel psychologen hebben zich beziggehouden met de oorsprong van die behoefte ergens bij te willen horen. En trouwens evenzeer met de behoefte uniek te willen zijn. Daartussen bleek een verband te bestaan. Behalve behoefte aan drinken, eten en voortplanting, constateerden zij bij mensen een fundamentele emotionele drijfveer die zich op twee, schijnbaar diametraal tegengestelde manieren uit: enerzijds streeft men naar veiligheid en comfort, anderzijds wil men steeds maar nieuwe dingen ontdekken. Veiligheid en comfort bereiken mensen door binnen de grenzen te blijven van het gebied waartoe men behoort en door zich te houden aan de aldaar geldende wetten van het oorbare. Er zijn drie soorten comfort, merkte de econoom Scitovsky eens met psychologisch inzicht op: het comfort ergens bij te horen, het comfort jezelf als gewaardeerd groepslid met status te kunnen beschouwen en het comfort je aan je eigen gewoonten te houden.

De totem nu, beschermde de leden van de totemgroep tegen natuurrampen en ziekten, maar vooral ook tegen agressie van andere groepen. Toch bleek (en blijkt) de mens met comfort alleen niet te kunnen leven. Kennelijk zit het evenzeer in zijn programma te willen onderzoeken, grenzen te verkennen en verleggen, kortom te groeien. Zowel aan comfort als aan het verleggen van grenzen zitten elementen van genot en angst.

Dat Freud het begrip taboe met het begrip totem in verband bracht hoeft niet langer te verbazen als men op grond van de twee behoeften constateert dat de mens ook de neiging in zich voelde regels te overtreden en nieuwe gebieden te verkennen. Op schending van de totem stonden strenge straffen. Toch deden die schendingen zich voor. Zo heeft de cultuur zich altijd voortgesleept volgens het scenario van de strijd tussen conservatisme en rebellie.

Een van de belangrijkste taboes, zo benadrukken verschillende theorieën, was dat leden van de totemgroep niet met elkaar mochten trouwen. Over de oorsprong van dat taboe is veel gespeculeerd, maar in de context van ons betoog lijkt de volgende verklaring de meest waarschijnlijke. Hoewel de man zich in velerlei zaken sterker achtte dan de vrouw, wist hij zich met name in één opzicht zwak en kende hij ook angsten: alleen de vrouw kon weten van wie het kind was dat zij droeg. Die vrouwelijke overmacht moet de man hebben genoopt tot een betere organisatie van zijn samenleving. De kwestie wie bij wie in welke familie hoorde moest worden geregeld.

Museumplein, Amsterdam. 21 november 1981

Een van de manieren om dat te regelen was de leden van de clan te verbieden onderling te trouwen. Vanuit een vermoedelijk aangeboren voortplantingsinstinct ontstond daardoor de noodzaak tot min of meer amoureuze communicatie met leden van andere clans. Deze communicatie leidde uiteraard tot consummatie, maar ook tot (onder)handelen. In het gunstigste geval leidde dat tot nadere afspraken tussen de clans. Grenzen werden afgebakend, het mijn en dijn werd vastgesteld en er werden soms ook allerlei zaken onderling geruild. Maar als een en ander niet soepel wilde lukken ontstond er oorlog. In die oorlogen werden overigens dikwijls juist totems het mikpunt van verovering: een overwinnaar kende geen groter genoegen dan zich te tooien met de totemversierselen van de overwonnen clan.

De historische draad

Voorgaande geschiedenis vormt een verklaring voor de oorsprong van de dynamische geschiedenis van een steeds complexer wordende samenleving.
Taboe en handel zijn daarbij aanzienlijk verder uit elkaar komen te liggen dan in de totemsamenleving. Het taboe hebben we opgeslagen in ons burgerlijk wetboek, dat het trouwen van familieleden tot de 'wettige beletselen' rekent voor een burgerlijk huwelijk. Maar communicatie, organisatie en beïnvloeding zijn nog altijd de pijlers van de moderne samenleving, die vooral qua complexiteit van de toenmalige lijkt te verschillen.

Niemand zal achterovervallen van verbazing bij het lezen van de mededeling dat er in het verleden veel minder mensen op de wereld waren dan nu. Iedereen weet dat de omvang van de wereldbevolking aan het einde van de twintigste eeuw een veelvoud is, niet alleen van die uit de totemtijd, maar zelfs van die uit het begin van deze eeuw, toen Freud leefde. Dit gegeven is niettemin van belang voor ons betoog, dat verder zal gaan over de consequenties daarvan.

Om te beginnen hebben mensen nu veel minder fysieke ruimte om zich heen dan vroeger. De paradox van ergens bij te willen horen en toch uniek te blijven wordt daardoor moeilijker oplosbaar. En nu doet zich een merkwaardig verschijnsel voor: naarmate de fysieke afstand kleiner wordt, nemen de psychologische en sociale afstand steeds meer toe. De technologie, die in de overleving van de groeiende mensheid een steeds markantere rol is gaan spelen, stelt de mens in staat met die merkwaardige tegenstelling om te gaan. Een buurman wordt niet meer rechtstreeks benaderd maar opgebeld, de lokale radio of televisie bericht over gebeurtenissen in de eigen straat.

Waar mensen meer op elkaar lijken, gaan zij elkaar meer ontkennen. Iedere dag vertrekken even veel mensen uit Utrecht naar hun werk buiten de stad als er mensen voor hun werk binnenrijden. Iedere dag zitten mensen in de file voor verkeersknooppunten vast. Ze luisteren naar dezelfde radiostations, voeren dezelfde gedragingen uit, maar geven via stickers en automerken hun unieke identiteit of hun totem te kennen. Zij horen tot een groep, maar hebben met elkaar, lijkt het, niets te maken.

De technologie is voor de overleving noodzakelijk, maar stelt mensen ook voor problemen – problemen met werkloosheid, met de verdeling van werk, de verspreiding van werk, de besteding van vrije tijd, de fysieke en geestelijke gezondheid, de verdeling van woningen. In deze ontwikkeling moet het individu zijn eigen plaats zoeken via een machtsstructuur die niet meer door erfelijke posities of clanvorming maar door prestaties, of liever nog door belangen wordt gedefinieerd. En nog steeds wil hij uniek zijn en ergens bij horen.

Communicatie en commercie

Ook in onze samenleving bestaat het comfort van het conformeren naast de spanning van de rebellie. Waar de één een monument plaatst ter bescherming van oude waarden, zijn er anderen die die dat juist willen schenden of beschilderen. Waar de één regels opstelt om wettelijk te kunnen samenleven, zijn er anderen die ze overtreden. Waarom moeten de symbolen op de motorkappen van Rolls Royces en Mercedessen het ontgelden? Voor wie mag een Opel Kadett wel en voor wie niet?

Waar de één een uniform draagt om zijn gezag te onderstrepen, draagt de ander het als expressie van zijn machteloosheid. Als een enkeling zijn uniciteit uitdrukt met kapsel en kleding, heeft de commercie al een order geplaatst voor miljoenen kopieën. Want mode als verschijnsel dat beide krachten verzoent, is een gewild artikel. Bevestiging en verandering gaan er hand in hand. En de media schrijven in totemtaal tijdschriften vol over wat 'in' is en wat 'uit'.

Vooral nu mensen door dat teveel aan exemplaren van de eigen soort minder rechtstreeks zijn gaan communiceren, zijn hun uiterlijke signalen belangrijke en vaak internationaal geldende *go-betweens* geworden. Onze terreinen van expressie zouden bij de Indianen verwondering oproepen. Zij hadden heel wat minder problemen met wat te eten, wat bij welke gelegenheid te dragen en hoe het huis in

Susanne Piët (1947) is sinds 1967 journalist en sinds 1975 psycholoog. Publikaties: *Een vraag en een weet* (1980), *Ik ben uw biechtvader niet* (1984), *Vademecum voor gesprekstrainers* (1985), *Het loon van de angst* (proefschrift, 1986). In 1985 richtte zij de Stichting Creativiteit en Innovatie en het Bocca Delphi Instituut in Amsterdam op. Werkt als freelance schrijfster en geeft trainingen.

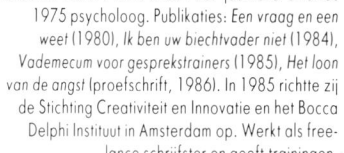

te richten, terwijl dat voor ons nu juist de kwesties zijn die beslissen over ons uniek zijn en ergens bij horen.

Zoveel is er veranderd en zoveel is er hetzelfde gebleven sinds de 'primitieve mens'. Nog steeds uit de mens waar hij bij hoort en hoe uniek hij wil zijn via zijn dierenvel, zijn tatoeage en zijn uitdossing, via zijn gereedschap, zijn kunst en zijn religie, ook al hebben de totems de vorm van film-, pop- of sporthelden aangenomen en bestaat de uitdossing uit de keuze tussen wel of niet opgestroopte jasjesmouwen, tussen verschillende muzieksoorten en dranken en tussen een Rolexhorloge of een Swatch. Hier hebben cultuur en commercie hun samenlevingsvorm gevonden.

Symbolentaal is vooral doorslaggevend in de niemandslanden zonder grenzen. Geen territoriums zijn zo interessant voor de bestudering van het huidige totemisme als vlieghavens en stations. Dat zijn bij uitstek de plaatsen waar mensen zich vreemden voelen en het hoeft dan ook niet te verwonderen dat men juist dáár Les Musts van Cartier in grote hoeveelheden aantreft. Men maakt er zijn clan mee kenbaar. Nog steeds. De primitieve mens is méér dan onze tijdgenoot, wij zíjn de primitieve mens.

Prins Hendrikkade, Amsterdam 1987

Gerhard Zacharias

Van chaos tot oppositie

Het Europese trauma

De chaos als oermassa, gapende afgrond, niets

Ooit is de Griekse filosoof Plato begonnen de chaos als een onschuldig soort 'ordeloze oermassa' voor te stellen en de denkers na hem hebben die voorstelling zonder meer overgenomen. Altijd heeft het avondland geloofd dat de chaos in een orde, een kosmos, kon worden herschapen, ongeacht of daarbij nu gerekend werd op het ingrijpen van de antieke goden, de christelijke god, een geestelijk of materieel wereldprincipe of een *Übermensch*.

Tegenwoordig vorst een speciale, op wiskunde en fysica gebaseerde wetenschap naar de laatste structuren die nog niet in een orde zijn ondergebracht. Deze moderne chaotologie ontdekt in iedere toestand die zich als chaos voordoet verborgen en in elkaar grijpende microstructuren. Ilya Prigogine, de Belgische Nobelprijswinnaar voor scheikunde die op dit onderzoekgebied fundamenteel werk heeft verricht, toonde weliswaar het bestaan van (nog altijd) diffuse, ongerichte, als het ware zwabberende toestanden aan, de zogeheten 'dissipatieve structuren'. Maar hij ziet die structuren als een tijdelijke maar noodzakelijke terugkeer in een oorspronkelijke ordeloosheid die de overgang naar een nieuwe orde juist mogelijk moet maken. In dit geval is het geen transcendente instantie maar de natuur zelf die de chaos tot orde omvormt, waarbij de 'zelforganisatie van het universum' (Erich Jantsch) voortdurend behouden blijft.

Maar wat is eigenlijk die chaos die de Boeotische dichter Hesiodos drie eeuwen voor Plato in zijn *Theogonia* als de prekosmische toestand kenschetste? In het Grieks betekent het woord oorspronkelijk: lege, opengesperde ruimte, of nog preciezer: kloof, gapende diepte (afgeleid van het werkwoord *chaino*, dat gapen, opensperren betekent).

Wanneer we van de zuidelijkste naar de noordelijkste regionen van Europa gaan, dan komen we bij de Germanen een soortgelijke voorstelling tegen, bijvoorbeeld in het lied van de Scandinavische zieneres Völuspa:

Ooit was de tijd, dat alles er niet was,
Geen zand, geen zee, geen zoutige golven,
Geen aarde was er, geen hemel erboven,
Het gapen der leegten, en nergens was gras.

Noch de chaos van de Grieken, noch het *ginnunga gap*, het 'gapen der leegten' in het noordse epos van de *Edda*, mag worden verward met het niets uit de moderne filosofie of het nirwana uit de oosterse verlossingsgedachte waar tegenwoordig de zogeheten *New Age*-beweging weer op teruggrijpt. Bij de Duitse filosoof Heidegger ontpopt zich het niets als 'sluier van het zijn' en daarmee verandert de angst voor het niets in 'gelatenheid'. En de Franse intellectueel Sartre ziet in *le néant* de sfeer van het mogelijke waarin de feitelijk existerende mens in een oerdaad van individuele vrijheid het ontwerp voor zijn bestaan kiest en daarbij boven zichzelf uitstijgt. Het nirwana, waarvan alle boeddhisten en hun epigonen menen dat het niet te verwoorden is en dat het zich aan iedere verklaring onttrekt, is daarentegen een eindtoestand waarin het niets en het alles hetzelfde zijn.

Polariteit en dualisme

In de scheppingsmythen van veel volkeren vult de chaos zich in den beginne met een oermaterie waaruit zich de fundamentele structuur van de wereld vormt, een structuur die niet zelden door een oermens wordt gesymboliseerd.
Deze basisstructuur heeft primair de vorm van een symmetrische oppositie. Ze doet zich voor als een polariteit tussen delen die zowel diametraal verschillend als op elkaar aangewezen zijn, hetgeen een zekere spanning oplevert, een paradox van tegengesteld zijn en toch bij elkaar horen.
In tegenstelling tot het Chinese denken, waarin de spanning tussen de polen yin en yang bewaard is gebleven en waarin iedere pool de kiem van de andere in zich draagt, behoort het tot het noodlot van Europa dat de polariteit tot een dualisme is vervormd, waarin de polen onverzoenlijk tegenover elkaar staan. Dat betekent dat, terwijl de ene pool wordt verabsoluteerd, de andere pool als een afsplitsing daarvan wordt gezien die de eerste pool probeert te vernietigen. Op die manier wordt van de oppositie iets destructiefs gemaakt.

Pisano, Creazione d'Eva, dertiende eeuw

In de vroege antieke tijd heerste nog het idee van de polaire heelheid van het goddelijke. Het apollinisch-zuivere en het dionysisch-duistere waren nog onlosmakelijk met elkaar verbonden. Daarom bestond er vóór het hellenisme nog geen met satan vergelijkbare figuur. Pas in de Romeinse keizertijd kreeg het dionysische een op zichzelf staand karakter, namelijk dat van pure driftmatigheid. Het volstrekte tegendeel daarvan was het idee in het teken waarvan het jonge christendom stond: het idee van de zuivere en goede, in de persoon van Christus mens geworden god. De tegen deze god gekeerde machten van de duisternis en het kwaad werden in satan verpersoonlijkt. Onder invloed van het laat-joodse ondergangsdenken, van gnostische stromingen en van het hellenistische geloof in demonen schiep het christendom een duivels domein dat zich als aards, bedwelmend-vegetatief, duister groot-vrouwelijk en seksueel laat omschrijven. Zie bijvoorbeeld hoe de ongeveer in het jaar 150 na Christus geboren Clemens van Alexandrië de dionysische mysteries tegenover de christelijke plaatst:

Komt, gij die door god geslagen zijt,
maar zonder staf van wijnranken, zonder hoofdtooi van eiloof.
Weg met die haarband, weg met dat reeënvel, wordt verstandig.
De Logos wil ik u tonen, de mysteries van de Logos.

En zo laat de hele geschiedenis van Europa het ene voorbeeld na het andere zien van het denken in tegenstellingen en het daarop gebaseerde streven naar afbakening. Het begon met de tegenstelling tussen het Perzische ondergangsdenken en de Griekse voorstelling van wereldlijke goden. Later kwam het messiaans-profetische jodendom tegenover de Romeinse wereldlijke macht te staan. In het christologische debat in de vierde eeuw na Christus stond een eenzijdig hemelse tegenover een eenzijdig aardse opvatting van de oermens. In de daarop volgende eeuwen ontstonden er tegenstellingen tussen de byzantijnse theocratie en de germaanse heldengeest, tussen de profetisch-apocalyptische islam en het heroïsch ingestelde Westeuropese wereldbeeld, en tussen Moskou, het 'derde Rome', en het Westen met zijn humanisme, renaissance en reformatie. En tot op de dag van vandaag staat het christelijk-dualistische wereldbeeld tegenover de holistische, ahistorische wereldbeschouwingen van de tweede en de derde wereld, en de met individualisme doordrenkte, moderne politieke ideeën tegenover de communistische leer van een aards einde der tijden.

Symmetrie tegenover asymmetrie

In 1653, drie jaar na de dood van Descartes, die mede de grondslag legde voor het wetenschappelijk-technische tijdperk, werd aan het Franse hof het *Ballet royal de la nuit* opgevoerd. Lodewijk de Veertiende danste de hoofdrol: de zon die de sterren hun glans verleent en de duisternis overwint. De 'Zonnekoning', zoals hij sindsdien werd genoemd, zei van zichzelf:

Van ieder licht ben ik de haard,
En de sterren om mij heen geschaard,
Hoe ze ook met hun schittering pralen,
Hebben hun roem alleen vergaard,
Dankzij het licht dat ze bij mij halen.

De Zonnekoning

Versailles

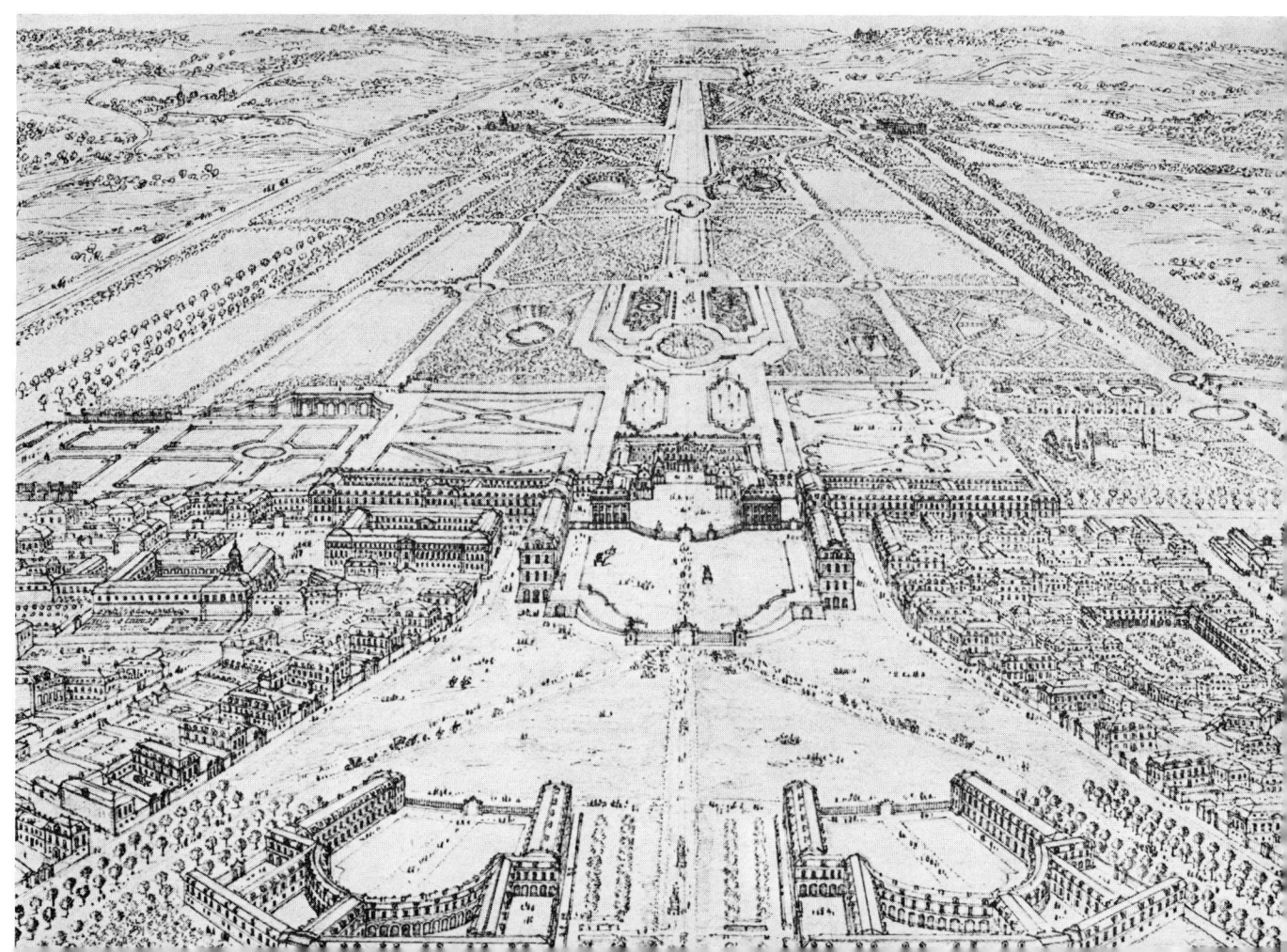

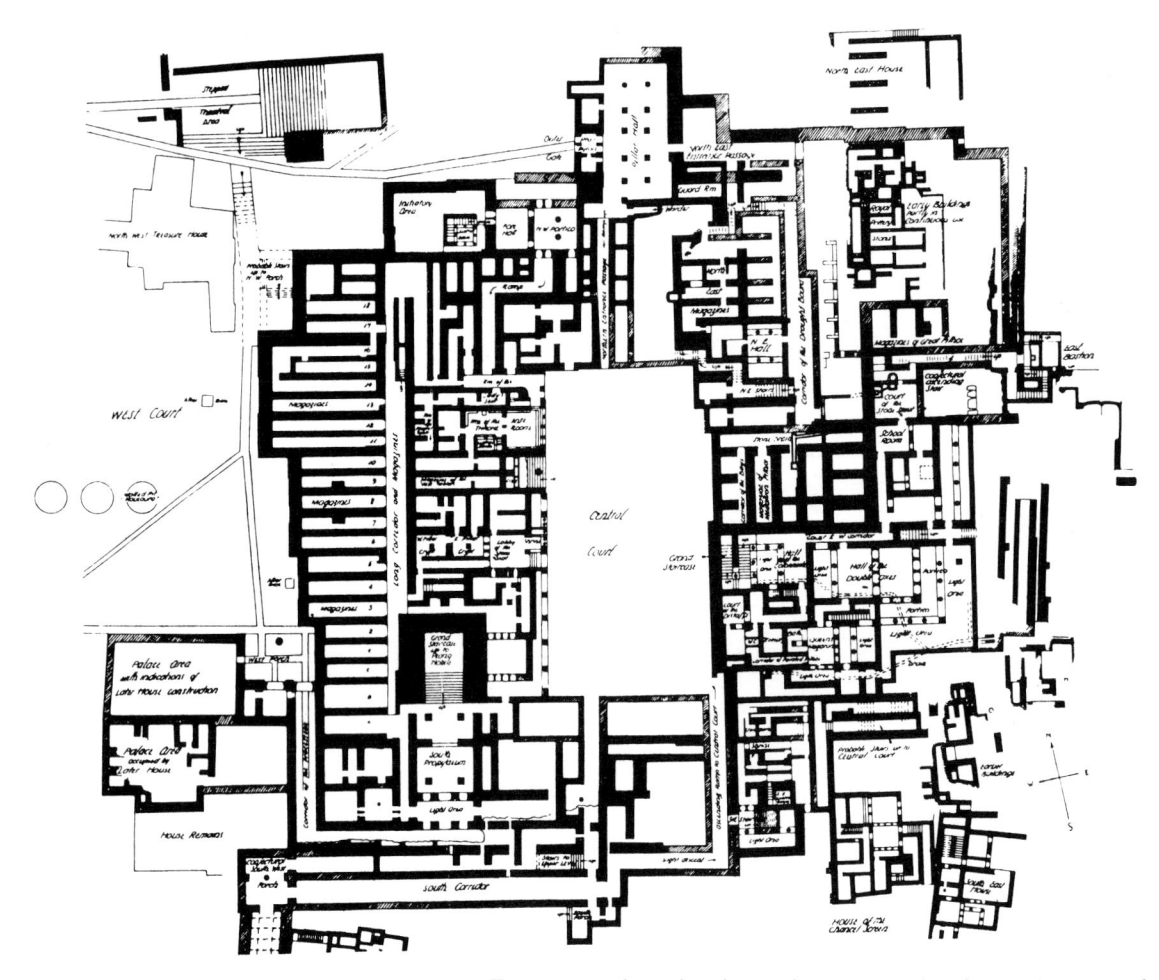

De Franse revolutie heeft niet kunnen verhinderen dat er sindsdien ontelbare zonnekoningen zijn opgestaan, vermomd als wetenschappers en technici.
Ze hebben de politici tot hun hovelingen gemaakt, die op hun beurt de zonnekoningen weer voor hun machtsstreven gebruikten. Uiteindelijk is het zelfs gelukt de zon in een kerncentrale na te bootsen en zowel politiek als economisch uit te buiten. Ook de rebellen, en dat zijn in onze tijd de tegenstanders van bewapening en kernenergie, de politieke dissidenten, de milieubeschermers en de moderne 'heksen', bouwen utopieën waarin de chaos wordt ontkend. Maar de afgrond gaapt.
In het archetypische Versailles triomfeert de symmetrische orde. Zelfs speelse elegantie voegt zich in een harmonie die de chaos doet vergeten. Voor de esthetische symmetrie en de wetenschappelijke logica is het bestaan van chaos alleen nog maar een formeel probleem. Zelfs de politieke moraal dreigt op dit punt de geschiedenis niet langer te zullen corrigeren.
Ieder paleis is een wereld in geheimschrift. Als tegenhanger van Versailles kan hier Knossos worden aangevoerd: het leven in en met de asymmetrische orde.
Het paleis in Knossos op Kreta is ongeveer in de tijd tussen 2000 en 1500 voor Christus ontstaan. Over het paleis zegt G.A.S. Snijder, die zich op F. Matz beroept:
'Iedere ruimte staat via trappen, portalen, ramen, galerijen en portieken in een open verbinding met de omgeving. Wanneer men het paleis binnenkomt, wordt men niet onwillekeurig in een bepaalde richting geleid. (...) Bij iedere stap verandert het uitzicht en in deze geordende overvloed doolt de blik onophoudelijk rond.' Op de centrale binnenplaats *'komt de voortdurende beweging langzaam tot rust. Maar het is geen stilstand, het is tegelijk een begin.'* De kelderruimten doen de onderzoekers vermoeden dat er aardse cultussen plaatsvonden waarbij de Grote Moedergod werd vereerd. Verdedigingswerken ontbreken volledig. Andere Kretenzische paleizen, zoals die in Phaistos, Mallia en Zakros, zijn op dezelfde asymmetrische manier aangelegd. Men zou, in de woorden van U. Mann, van een 'conjunctieve manier van bouwen' kunnen spreken.

Knossos, Kreta, Griekenland

De minoïsche conjunctief is tot in de moderne tijd blijven voortleven, maar dan wel bijna alleen in de experimentele kunst. De conjunctief betekent een breuk met de macht van de indicatief, die onveranderlijk symmetrische opposities voortbrengt waarin de chaos evenzeer verdrongen wordt als de individualiteit verwond, terwijl alles tot voorspelbare schema's verstart die niets geheimzinnigs meer bevatten. De minoïsche taal van steen, hout, kleur en licht opent louter mogelijkheden en weigert onderscheid te maken tussen reëel en irreëel, tussen verlangen en vervulling, tussen oorspronkelijkheid en toeval. De elementen van deze taal zetten iedere zekerheid op het spel, waarbij ze elkaar tegelijkertijd verraden en bevrijden. Hier, op het spirituele snijpunt van drie continenten, is de antipode van het Europese dualisme met zijn toppunten van absolutistische macht en absoluut denken ontstaan. Een leven met de asymmetrie, een leven in culturele veelvoud, een leven waarvan de chaos een bestanddeel vormt, kortom een leven dat voor ons een uitdaging en verrijking kan betekenen.

'In veelvuldige gedaante/ komt het goddelijke ons nabij', zo laat Euripides het slotkoor van de *Menaden* beginnen. In een tijd waarin het overleven van de mensheid afhangt van de hernieuwde integratie van polis, cultus en cultuur, valt er weinig meer te verwachten van een steriel debat over de vraag of centralisme dan wel regionalisme het uitgangspunt moet zijn, en al evenmin van een terugkeer op de platgetreden paden van coëxistentie, pluralisme en federalisme. Het komt er veeleer op aan de spanning tussen veelvoud en eenheid nieuw leven in te blazen. Als leidraad daarbij kan de minoïsche conjunctief dienen, verrijkt door Eros, die volgens Hesiodos direct na de chaos het leven zag en de Kretenzers tot hun erotische manier van bouwen verleidde. In deze asymmetrische situatie, die de chaos niet verhult, komt het tot een treffen tussen Eros en Thanatos.

Brazilië, 1984

Van Plato tot Tsjernobyl

Sinds de symbolische datum van 26 april 1986, de dag van de ramp met de atoomreactor in Tsjernobyl, is het definitief niet meer mogelijk de chaos als een bestendige, regenereerbare oermassa te zien, die met het voortschrijden van de evolutie of van wetenschap en techniek op orde wordt gebracht. Tsjernobyl confronteert ons met de mogelijkheid dat niet alleen de orde, maar ook de matrix van die orde wordt vernietigd. Daardoor zou de oerknal wel eens zijn antithese in een 'eindknal' kunnen vinden.
Het wordt tijd het taboe op de chaos te doorbreken. Onze schutting van zekerheden verbergt een dodelijk gevaar. Erachter gaapt een bodemloze leegte, waaruit het niets ons aanstaart.
Er is geen twijfel over mogelijk dat de ecologische crisis van vandaag een erfenis is van het christelijke dualisme dat met zijn afkeer van alles wat aards en vegetatief is tot de destructieve uitbuiting van de natuur heeft geleid. Dat geldt al evenzeer voor het militaire en economische gebruik van kernsplitsing, evenals voor de technologische manipulaties met genen.
Maar daar blijft het niet bij. Het conflict tussen Oost en West, evenals dat tussen Noord en Zuid, behoort evenzogoed tot de erfenis van het christelijke dualisme, en wel in het bijzonder tot het Europese erfdeel. Ook in al haar geseculariseerde gedaanten toont dit denken in opposities haar verwording. In beide wereldconflicten gaat het om heersende ideologieën waarin de spanning tussen kosmos en aarde wordt ontweken, en daardoor spitsen de conflictsituaties zich alleen nog maar toe.

Amsterdam, 1981

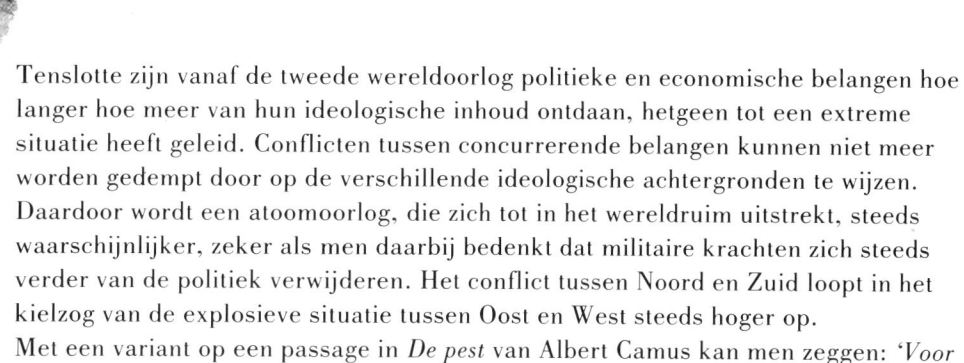

Tsjernobyl, 1986

Tenslotte zijn vanaf de tweede wereldoorlog politieke en economische belangen hoe langer hoe meer van hun ideologische inhoud ontdaan, hetgeen tot een extreme situatie heeft geleid. Conflicten tussen concurrerende belangen kunnen niet meer worden gedempt door op de verschillende ideologische achtergronden te wijzen. Daardoor wordt een atoomoorlog, die zich tot in het wereldruim uitstrekt, steeds waarschijnlijker, zeker als men daarbij bedenkt dat militaire krachten zich steeds verder van de politiek verwijderen. Het conflict tussen Noord en Zuid loopt in het kielzog van de explosieve situatie tussen Oost en West steeds hoger op.

Met een variant op een passage in *De pest* van Albert Camus kan men zeggen: '*Voor mij staat onomstotelijk vast dat iedereen de chaos met zich meedraagt, omdat geen mens, nee, geen mens ter wereld er vrij van is.*' Dat geldt niet alleen voor individuen, maar voor iedere denkbare machtsformatie. Wanneer de chaos vergeten wordt leidt dat onvermijdelijk tot de neiging alle tegenstrevers van de orde te vernietigen, dat wil zeggen tot niets te maken, omdat men in hen de verdrongen chaos projecteert. In het atoomtijdperk voert de illusie dat de chaos op die manier kan worden bedwongen in de richting van een wereldcatastrofe.

Maar ook in de concurrentiestrijd om de politieke en economische macht kan de ontembare chaos, zolang niemand er rekening mee houdt, zijn tol eisen. Om de chaos zijn gerechte plaats te geven is het niet voldoende om het dualisme weer in een polariteit te veranderen. Het komt er veeleer op aan het idee los te laten dat de symmetrische oppositie, bijvoorbeeld in de vorm van een militair evenwicht, de sleutel is waarmee crises kunnen worden opgelost.

De oerknal waarmee het wereldruim ontstond legde de basis voor een radicale asymmetrie: de asymmetrie tussen het 'gapen der leegten' en het zich in de tijd uitbreidende universum. Dit zou alleen maar een gigantische straling hebben voortgebracht wanneer er niet tegelijkertijd nog een andere asymmetrie was ontstaan. Een overschot van materiedeeltjes ten opzichte van de antimaterie maakte evolutie en daarmee geschiedenis mogelijk. Iedere poging van de mens als medevormgever van de evolutie een totalitaire symmetrie te bewerkstelligen, roept de wraak van de chaos op.

Getrommel in de nacht – de Europese uitdaging

Eros 'speelt met goden en met mensen', zegt een orphische hymne. Durft men de asymmetrie aan, dan behaalt de liefde, die het leven voortdurend verandert en vernieuwt, steeds weer de overwinning op de dood, het kind van de nacht.
Maar verdringt men de chaos en zoekt men zekerheid in symmetrische opposities die hun onschuld als polariteit verloren hebben en daarom altijd dualistisch zijn, dan vervalt men tot een hoogmoed die blind maakt. Onbarmhartig dreigt Thanatos Eros te verdrijven. Dan daalt een duisternis over de wereld waarin alles eender is en duwt de dood het leven voorgoed terug in het gapende niets.
Scherpzinnig heeft Nietzsche laten zien hoe onvermijdelijk het nihilisme op moest komen: *'Omdat de waarden die we tot nu toe hebben aangehangen daarin hun uiterste consequentie bereiken; omdat het nihilisme de tot een slotsom gebrachte logica van onze grote waarden en idealen is.'* Redding verwachtte hij van de mannelijke 'wil tot macht' als hoogste waarde voor de toekomst, maar die heeft net zo gefaald als iedere variant van het moderne vooruitgangsgeloof. Wie blijft bij de door Plato geïntroduceerde voorstelling van de chaos als een onschuldig soort 'ordeloze oermassa' en zich op die manier vastklampt aan een quasi-moederlijk principe als *prima materia* dat zich gewillig laat regenereren, troost zich met een illusoire hoop.
Maar wanneer we de chaos weer als gapende kloof accepteren, wanneer we hem als zodanig serieus nemen en ervaren, wanneer we de beelden die ons leiden ontmaskeren en laten zien dat ze niet méér zijn dan symmetrisch gestructureerde symbolen waar we een bedrieglijke geruststelling aan ontlenen, pas dan komen we tot inzicht. Uit het vlechtwerk van politieke, maatschappelijke, wetenschappelijk-technische, culturele en godsdienstige elementen waaruit de moderne en postmoderne *lifestyle* bestaat, hebben zich ideologieën ontwikkeld die aanvankelijk het leven verrijkten en verlichtten maar later verstarden en instrumenten van een absolute macht werden. Mede geholpen door de Europese geest begonnen zij aan een tegelijk onontkoombare en noodlottige martelgang die onvermijdelijk uit moet monden in het verraad waarvan een laatste lijden aan het kruis der geschiedenis het onontkoombare resultaat is – maar ditmaal zal er vrijwel zeker geen wederopstanding meer zijn.
In zijn stuk *Getrommel in de nacht* laat de jonge Brecht de gekrenkte Kragler schreeuwen: *'Om jullie idee in de hemel te krijgen mag ik in de goot liggen verrotten? Zijn jullie nou helemaal bezopen!'*
Wanneer zullen op z'n minst een paar kleinburgers van alle lagen, klassen en gezindten, gevestigden zo goed als marginalen, realisten zo goed als utopisten, eens tevoorschijn durven komen uit hun met ervaringen en toekomstmodellen gevulde voorraadkamers waarin ze zich verschansen uit angst voor de terugkeer van het verdrongene, uit afschuw voor de leegte van de chaos? De trommels dreunen.
Europa staat voor een ongekende uitdaging.

Gerhard Zacharias (Braunschweig, 1923) is werkzaam als psychoanalyticus te Keulen. Tot zijn publikaties behoren onder andere Psyche und Mysterium (1954), Satanskult und Schwarze Messe (1964; in 1982 herdrukt onder de titel Der dunkle Gott - Die Überwindung der Spaltung von Gut und Böse) en Der Kompromiß - Vermittlung zwischen gegensätzlichen Positionen als Ermöglichung des Friedens (1974). Binnenkort verschijnt Vom Sinn ideologischer Differenz.

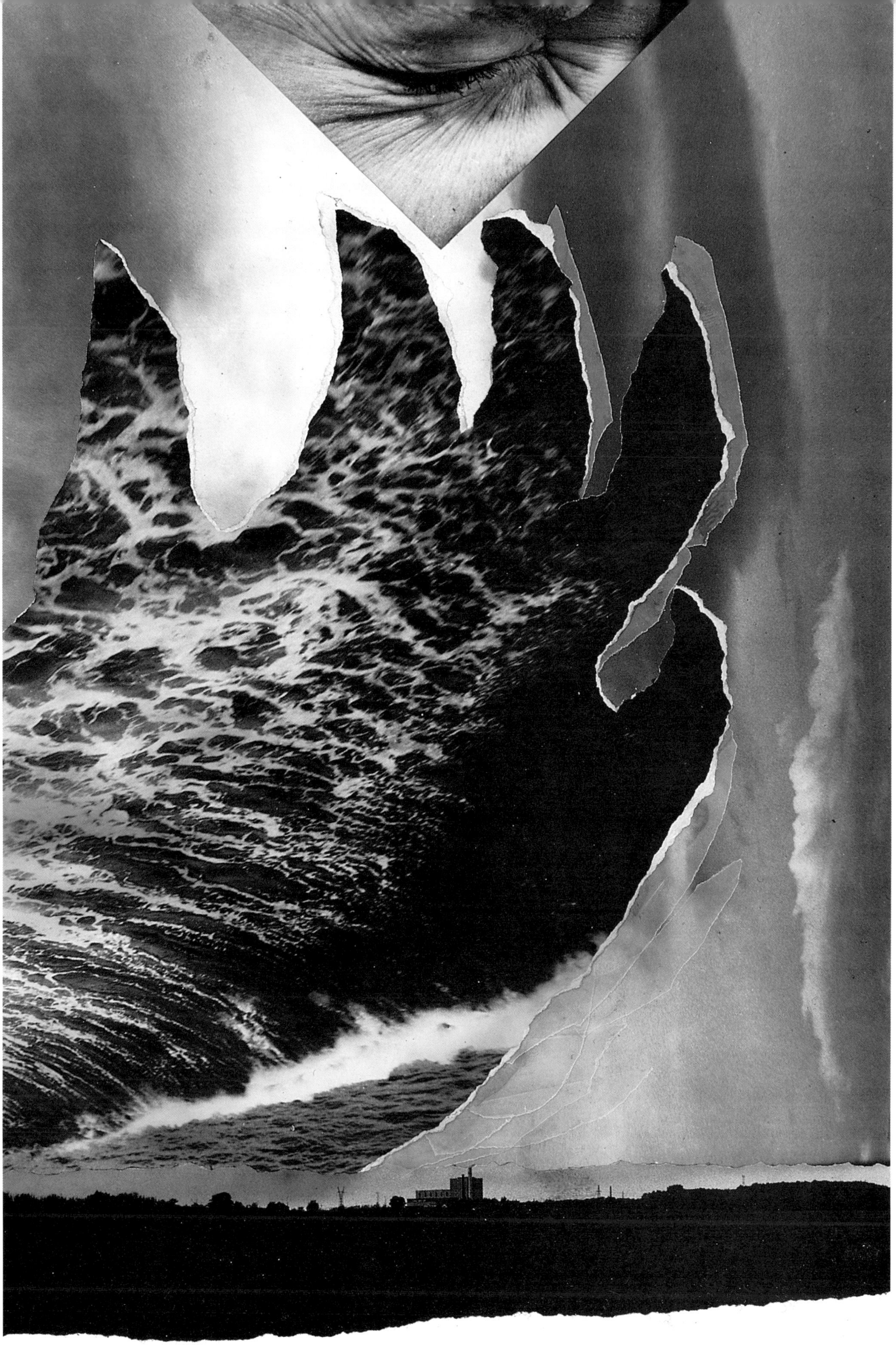

Charles Hupperts en Elly Jans

Des dieux vivants

Olympische goden in de Europese cultuur

De Grieken en hun goden

'Les dieux vivants ont leur parfum.' Wie het parfum van het merk Kouros gebruikt verwerft de volmaaktheid en schoonheid van de antieke goden, zo suggereert ons de reclametekst. De keuze voor de naam Kouros is opmerkelijk. In het oud-Grieks betekent *kouros* 'jongeman'. Daarnaast is het de technische aanduiding voor beelden van jonge naakte goden en helden. Maar hoe komt het eigenlijk dat verwijzingen naar antieke schoonheid en goddelijkheid nog steeds geacht worden mensen aan te spreken? Wat heeft dat allemaal nog te maken met de plaats die de goden in het leven en denken van de Grieken zelf innamen?

Meer dan zeventien eeuwen christendom scheiden ons van de Grieken. Maar niet alleen de tijdsafstand bemoeilijkt een goed begrip van de Griekse goden. Tussen het christelijke geloof in die ene god en de Griekse verering van talloze goden ligt een wereld van verschil. Om te beginnen kenden de Grieken geen centrale kerkelijke organisatie die de inhoud van het geloof tot in de kleinste details vastlegde. Het klassieke Griekenland bestond uit onafhankelijke stadstaten die ieder hun eigen godsdienstige zaken regelden en zelfs op eigen houtje konden besluiten nieuwe godheden in te voeren.

De Grieken vereerden talloze goden en goddelijke machten. Zij brachten ze vaak in verband met allerlei natuurverschijnselen zoals met vruchtbaarheid, geboorte, ziekte en dood, met zee en aarde, en met donder, bliksem en aardbevingen. Voor de Grieken waren al deze natuurverschijnselen geheimzinnige, onverklaarbare krachten waarachter goddelijke machten schuilgingen. Bovendien schreven ze aan goden voorkeuren voor bepaalde dieren toe. Zo zou Zeus bij voorkeur in de gedaante van een adelaar aan de mensen verschijnen, Athene in die van een uil en Poseidon in die van een stier.

De Grieken achtten hun goden niet alleen verantwoordelijk voor natuurverschijnselen, maar ook voor het culturele en maatschappelijke leven. De goden waren verbonden met steden, met oorlog, arbeid en recht, met liefde en huwelijk, en met sport, jacht, wetenschap, muziek en wijsheid. Daarbij waren dubbelfuncties niet ongebruikelijk. De godin Athene, vanouds een burchtgodin, werd door de Atheners tot hun beschermster gekozen. Daarnaast werd haar een aandeel toegeschreven in de oorlogvoering. Verder was ze het symbool van de wijsheid en genoot ze veel waardering als godin van de ambachten.

De relatie tussen goden en mensen was er een van wederkerigheid. Als de goden iets voor de mensen deden was het vanzelfsprekend dat ze ervoor werden beloond: er werden offers gebracht en wijgeschenken aangeboden. Maar omgekeerd verwachtten de mensen in ruil voor hun geschenken ook een wederdienst van de goden. Het onderhouden van de relatie met de goden ging met veel uiterlijk ritueel gepaard. De Grieken bouwden indrukwekkende tempels waar ze op de vele speciale feestdagen hun goden, godinnen en helden vereerden. Zo had de stad Athene per jaar meer dan honderd feestdagen ter ere van verschillende goden,

35

Apollo, vijfde eeuw voor Christus

Drinkschaal met Gorgo

godinnen en helden.
Ondanks de verschillen tussen de steden had het godsdienstige leven in het klassieke Griekenland toch een gemeenschappelijke basis, namelijk in de gedichten van Homeros en Hesiodos uit de achtste en zevende eeuw voor Christus. Die gedichten brachten in de wirwar van goden orde aan door ze in één familie onder te brengen en ze een woonplaats te verschaffen op de berg Olympos. De oppergod Zeus (door de Romeinen Iupiter genoemd) was getrouwd met zijn zuster Hera (Iuno). Ze hadden een broer, Poseidon (Neptunus), en twee zusters, Demeter (Ceres) en Hestia (Vesta). Hefaistos (Vulcanus) en Ares (Mars) waren kinderen van Zeus en Hera, maar Zeus had ook bij andere vrouwen kinderen, zoals Athene (Minerva), Apollo, Artemis (Diana), Dionysos (Bacchus) en Hermes (Mercurius). Afrodite (Venus) is een verhaal apart, dat nog uitgebreid aan de orde komt. Homeros stelde de goden voor als mensen met alle bijbehorende gewoonten en hebbelijkheden. De goden aten en dronken, werden verliefd en jaloers en maakten ruzie. Maar ze waren wel ideale mensen: ze hadden de eeuwige jeugd, ze bleven krachtig en mooi. De verhalen van Homeros en Hesiodos werden door de Grieken telkens opnieuw verteld, aangepast aan hun jongste ervaringen. Maar hun versies werden geen versteende teksten, zoals de verhalen uit het Oude Testament. In rite en mythe bleef de godsdienst van de Grieken een open, creatief systeem.
Hoe open blijkt wanneer we de lotgevallen van een van die antieke goden bekijken: Afrodite / Venus. De verschillende betekenissen die eerst door de Grieken, later door de Romeinen en vanaf de renaissance door Europese vorsten en burgers aan dit menselijke ideaal zijn toegekend, vormen, zo zullen we laten zien, een niet meer weg te denken onderdeel van onze cultuurgeschiedenis.

Afrodite: uit het schuim opgedoken

De verering van Afrodite is in het tweede millennium voor Christus vanuit het Oosten via Cyprus, de Griekse eilanden en de Griekse havenplaatsen in de Griekse wereld verbreid geraakt. De beroemdste tempel die aan haar gewijd was stond op Cyprus en daarom noemden de Grieken haar ook wel Kypris: van Cyprus afkomstig. Oorspronkelijk was Afrodite een godin van de vruchtbaarheid der natuur, maar later werd zij vooral met de menselijke liefde, seksualiteit en schoonheid in verband gebracht. In de vijfde homerische hymne wordt zij bezongen als *'Gouden Afrodite, Kypris, die bij de goden zoete begeerte opwekt en zowel sterfelijke mensen in haar macht heeft als de door de lucht vliegende vogels en alle dieren die in de zee en op het land leven.'*
De Grieken hoorden in haar naam de woorden *afros* (schuim) en *duomai* (opduiken). Hesiodos levert de verklaring voor haar naam met de volgende mythe over haar geboorte: Gaia, de godin van de aarde, stookte haar zoon Kronos op tegen zijn vader Ouranos, de god van de hemel. Op aandringen van haar ontmande hij zijn vader en hij gooide diens geslachtsdelen in zee. Daarop begon de zee te bruisen en dook Afrodite uit het schuim op. Al direct na haar geboorte was zij in gezelschap van de liefdesgod Eros (Cupido).
De godin Afrodite is altijd met de zee verbonden gebleven. Veel van haar bijnamen zijn aan de zee ontleend en in havenplaatsen als Korinthe werd haar naam in de vele bordelen hooggehouden. Tempels voor haar werden vaak hoog op een kaap boven de zee gebouwd, zodat zij van daaruit toezicht kon houden op het lot van de zeelieden. Beelden van haar werden ter herinnering aan haar geboorte in zee gebaad in de verwachting dat daardoor de natuur haar maagdelijke vruchtbaarheid

zou herwinnen.

Aan Afrodite werd een belangrijke rol toegeschreven in de vele liefdesverwikkelingen van goden en mensen. Zo was zij bijvoorbeeld indirect de aanleiding voor de beroemde Trojaanse oorlog. De Trojaanse prins Paris had haar als mooiste godin verkozen boven Hera en Athene. Als dank hiervoor schonk zij hem de schoonste vrouw op aarde, Helena, de koningin van Sparta. Helena, geheel in de ban van Afrodite, liet met graagte haar man Menelaos voor de knappe Paris in de steek en werd hierdoor de aanleiding voor de Trojaanse oorlog.

Zelf is Afrodite slechts een enkele keer in het net van de liefde verstrikt geraakt. Door Zeus was zij uitgehuwelijkt aan de manke Hefaistos, de god van het vuur en de smeedkunst, maar haar eigen voorkeur ging uit naar de aantrekkelijke Ares, de god van de oorlog. De liefde tussen Afrodite en Ares is altijd tot de verbeelding van mensen blijven spreken. Zij werden vaak in één tempel vereerd als symbool voor de liefde die het oorlogsgeweld in toom houdt. De Romeinen gebruikten dit symbool voor de *pax romana*, de vrede die keizer Augustus de wereld had gebracht. De Romeinse dichter Lucretius beschreef in de eerste eeuw voor Christus hoe Mars, overmand door de liefde, uitrust in de armen van Venus. Schilderijen uit de renaissance laten zien hoe Venus of haar Cupido's met de wapenrusting van Mars spelen terwijl hij, verzadigd door de liefde, vredig ligt te slapen. Kennelijk is hier sprake van een universele maar utopische wens: de liefde overwint de oorlog.

Piero di Cosimo, *Venus, Mars en Cupido*

Aphrodite, Tarente, circa 300 voor Christus

Een andere liefde van Afrodite met verstrekkende gevolgen gold een sterveling, de Trojaan Anchises. Van hem kreeg zij een zoon, Aeneas. Deze Aeneas wist met een aantal getrouwen uit het brandende Troje weg te vluchten. Na vele omzwervingen kwam hij in Italië terecht, waar een van zijn nakomelingen Rome stichtte. Zo werd Aeneas de stamvader van de Romeinen.

Maar het meest sprak Afrodite tot de verbeelding als godin van liefde, seksualiteit en schoonheid. Vele dichters, filosofen en beeldende kunstenaars vielen voor haar. Een dichter uit de zevende eeuw voor Christus verzuchtte uit de grond van zijn hart: *'Wat is het leven zonder de lieflijke Afrodite? Ik ben liever dood dan dat heimelijke liefde, hartstocht en het bed me niets meer zeggen.'*

Haar geboorte uit de zee en haar rituele bad zijn altijd geliefde thema's voor beeldende kunstenaars gebleven. Het beroemdste schilderij van haar geboorte was dat van Apelles, die in de tijd van Alexander de Grote leefde. Helaas kennen we dit schilderij alleen uit een beschrijving waaruit blijkt dat Afrodite in het water stond, bezig met het uitwringen van haar haar. In deze houding is ze talloze malen afgebeeld. Een andere beroemde variant is Afrodite gehurkt in een geopende schelp, een van haar klassieke attributen.

Praxiteles was de schepper van het mooiste en beroemdste beeld van Afrodite. In 350 voor Christus werd het opgesteld in de ronde Afrodite-tempel op Knidos, een stad aan de westkust van Turkije. Een opmerkelijk novum was dat Afrodite geheel ontkleed was afgebeeld: ze legt haar gewaad op een waterkruik die gereed staat voor haar bad. Ook de bewoners van het eiland Kos hadden eigenaar van het beeld kunnen worden, maar zij gaven de voorkeur aan de eveneens door Praxiteles vervaardigde, geklede variant.

De Afrodite van Knidos vormde eeuwenlang een toeristische trekpleister. Dat het beeld ook seksuele aantrekkingkracht uitoefende blijkt uit het verhaal van de Romeinse schrijver Plinius over een man die zo verliefd was op het beeld dat hij zich 's nachts in de tempel liet opsluiten en het beeld zo innig omhelsde dat er een smet op achterbleef. Hoe verliefd de Romeinen waren blijkt verder uit het feit dat er maar liefst 49 *full-size* kopieën van het beeld en talloze kleinere replica's zijn teruggevonden.

Venus: begeerte en kuisheid

Venus is het (onzijdige!) latijnse woord voor gratie. In Italië was Venus oorspronkelijk een godin van de natuurlijke vegetatie. Nog in de eerste eeuw voor Christus begint Lucretius zijn leergedicht *De rerum natura* met een hymne aan Venus die het hele natuurgebeuren beheerst. In de loop der tijd werd Venus hoe langer hoe meer met Afrodite vereenzelvigd. In de derde eeuw voor Christus veroverden de Romeinen tijdens de eerste Punische oorlog de berg Eryx op Sicilië. Op die berg bevond zich een Griekse tempel, gewijd aan Afrodite. Haar beeld werd door de Romeinen als Venus Victrix (brengster van de overwinning) naar Rome gevoerd. In diezelfde tijd kwamen ze ook in aanraking met de Aeneas-legende – de Sicilianen beschouwden zichzelf immers als afstammelingen van de Trojanen. Van die tijd af werd Venus, de moeder van Aeneas, gaandeweg hoe langer hoe meer gezien als stammoeder van de Romeinen, als Venus Genetrix.

In de eerste eeuw voor Christus kwam Venus steeds meer in politiek vaarwater terecht. Politici maakten aanspraak op haar speciale bescherming. De Julii, het geslacht dat heersers als Caesar en keizer Augustus voortbracht, meenden zelfs via Julus, de zoon van Aeneas, rechtstreeks van Venus af te stammen. Met het groeien

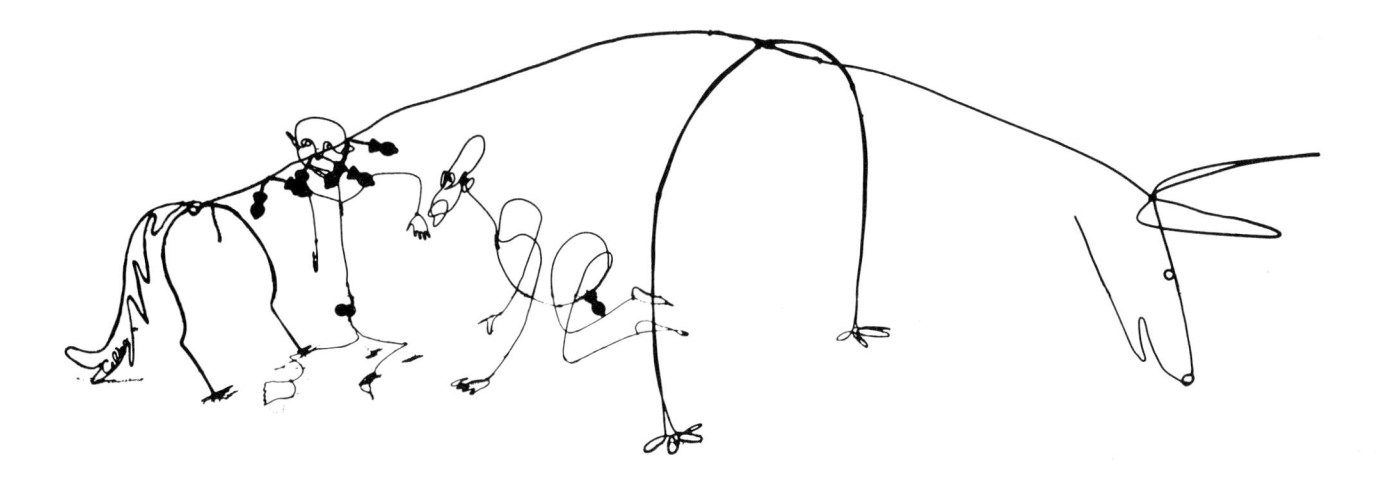

Alexander Calder, *Romulus en Remus*

van de macht der Julii werd Venus hoe langer hoe meer de nationale godin der Romeinen en verscheen zij op gemmen en munten als Venus Victrix.

Venus Victrix stond als godin die de overwinning bracht nauw in relatie met de oorlogsgod Mars. Maar beiden waren ook op een andere manier collega's. Mars werd namelijk beschouwd als de vader van Remus en Romulus, de stichters en naamgevers van de stad Rome. Zo was Mars de stamvader van de Romeinen, naast Venus als stammoeder. Terwijl Caesar voor Venus Genetrix een tempel bouwde, deed keizer Augustus dat voor Mars Ultor (Mars de Wreker). Beide goden te samen vormden, zoals gezegd, het symbool van de *pax romana*.

Keizer Augustus gaf de dichter Vergilius opdracht een nationaal epos te schrijven dat zijn afstamming van Venus en Aeneas moest onderstrepen. Met dit epos, de *Aeneïs*, zou de dichter onvergankelijke roem verwerven. Keizer Hadrianus zette deze politiek voort door op het Forum Romanum een reusachtige tempel, gewijd aan Venus Felix en Roma Aeterna, te laten bouwen. Dit prestigeobject van de eerste orde, dat in het jaar 136 werd ingewijd, verbond de eeuwige toekomst van Rome met haar oorsprong in het verre verleden. Bovendien liet Hadrianus in zijn buitenverblijf in Tivoli de ronde tempel van Knidos met het beroemde beeld van Praxiteles namaken en plaatste hij in het park talloze Venusbeelden. Ook liet hij zichzelf en zijn vrouw afbeelden als Mars en Venus. Veel later, in de renaissance, zou de schilder Titiaan deze traditie in ere herstellen door echtparen in de gedaante van antieke goden, waaronder Mars en Venus, af te beelden.

Voor de afbeeldingen van Venus gebruikten de Romeinen de Griekse Afrodite als voorbeeld. De Romeinse elite had een sterke voorkeur voor Griekse kunst. Bij hun verovering van Griekenland namen ze scheepsladingen beelden uit de overwonnen Griekse steden mee. Kunstenaars, vooral de uit Griekenland afkomstige, specialiseerden zich in het kopiëren van beroemde beeldhouwwerken. Dat leidde ertoe dat de naakte Afrodite op vele plaatsen viel te bewonderen, niet alleen in tempels en openbare gebouwen maar ook in particuliere tuinen en huizen.

Met de algemene invoering van het christendom in de vierde eeuw kwam er bijna voorgoed een einde aan de godencultuur. De kerkvaders verboden de afgoderij en de antieke beelden werden als duivelse scheppingen bestempeld en massaal vernietigd. De barbaren en de tand des tijds deden de rest. Maar weinig beelden zijn de dans ontsprongen.

Toch werd de band met het verleden niet helemaal verbroken. In kloosters verrichtten monniken hun spreekwoordelijke werk door de handschriften van de antieke schrijvers te kopiëren en te bewaren. Ook de antieke mythologie werd bewaard, zij het in de versie van de laat-Romeinse schrijvers, die er een allegorische, moralistische en christelijke wending aan hadden gegeven. Waar dat toe leidde illustreert een uit de middeleeuwen stammende, voor nonnen bestemde bloemlezing uit het werk van Ovidius. De antieke godinnen werden daarin voorgesteld als nonnen en de goden als priesters. Zo blijkt Venus van de

Sandro Botticelli, *De geboorte van Venus*, circa 1485

verderfelijke liefde naar de christelijke kuisheid te zijn omgezwaaid.
De onverwachte verschijning in 1305 van een naakte Venus markeert de overgang van de middeleeuwen naar de renaissance. Giovanni Pisano beeldhouwde haar op de preekstoel in de doopkapel van de kathedraal van Pisa. Het was een bijna exacte kopie van de antieke Venus, maar haar opwaartse blik waarborgde haar christelijke deugdzaamheid. Pisano was met dit beeld de tijd meer dan een eeuw vooruit, want voor de meeste mensen gold Venus nog altijd als symbool van de verfoeilijke begeerte. Zo werd bijvoorbeeld in 1357 nog een bij toeval in Siena opgegraven Venusbeeld officieel in het gebied van het vijandige Florence weer in de grond gestopt met de bedoeling die stad onheil te bezorgen.
Pas in de tweede helft van de vijftiende eeuw werd Venus door een groep geleerden van de Platoonse Academie in Florence in ere hersteld. Met ingenieuze argumenten slaagden zij erin haar van een object van fysieke begeerte in een voorbeeld van morele voortreffelijkheid om te toveren. Lorenzo de Medici, eveneens lid van de Platoonse Academie, gaf de schilder Botticelli de opdracht voor zijn villa een schilderij te maken en zich daarbij te laten inspireren door een passage uit een gedicht van Poliziano over de geboorte van Afrodite. Botticelli kroop in de huid van de antieke schilder Apelles en creëerde zijn beroemde *Geboorte van Venus*.
Een andere beroemde schilder, Raphaël, had getuige zijn tekeningen de Praxiteles van de renaissance kunnen worden, maar zijn opdrachtgevers, de pausen van Rome, hadden andere dingen met hem voor. Toch heeft één Venus van hem de iconografie van de godin tot in de zeventiende eeuw beïnvloed. Dat exemplaar was echter alleen uit gravures bekend omdat het tot op de dag van vandaag in privé-

bezit is: zij bevindt zich in een badkamer van het Vaticaan... Deze pauselijke hypocrisie vond veel navolging. Bij wijze van allegorische uitbeelding van de kuisheid en van de vergeestelijkte liefde werden steeds meer Venussen geschilderd: naakte vrouwen van wie de schoonheid niet alleen voor het oog een lust was.

De Europese cultuur is ondenkbaar zonder Venus. Ontelbare malen is zij beschreven, geschilderd, getekend en gebeeldhouwd, zowel ingetogen en kuis als sensueel en verleidelijk. In de pij van ethische beginselen heeft zij het christendom overleefd om vervolgens een schitterende carrière te maken als excuus om mooie vrouwen naakt af te beelden. In de hedendaagse cultuur is haar rol min of meer overgenomen door filmsterren en fotomodellen. Een Marilyn Monroe in badpak en een naakte Brigitte Bardot hebben dezelfde impact als een Venus die zich klaarmaakt voor haar bad.

De klassieken als trendsetters

De terugkeer van Venus op het culturele podium van Europa was slechts een onderdeel van een algemene trend die in de cultuurgeschiedenis als renaissance te boek staat. Aan het einde van de vijftiende, maar vooral in de zestiende eeuw verkeerde Rome in een voortdurende staat van opwinding. Met de regelmaat van de klok kwamen uit de Romeinse bodem antieke beelden tevoorschijn. Geleerden dachten aanvankelijk te maken te hebben met originele beelden uit de Romeinse en Griekse oudheid, later begreep men dat het voornamelijk Romeinse kopieën van Griekse originelen betrof.

Al gauw ontstond er een koortsachtige jacht op deze beelden. Pausen wilden er het Vaticaan en hun privé-villa's mee verfraaien. Ze bouwden de villa Belvedere en de topcollectie antieke beelden die daar een plaats kreeg (waaronder een Afrodite), oogstte grote bewondering en gaf eeuwenlang de toon aan voor de smaak van Europese kunstenaars en kunstliefhebbers. Maar ook rijke families zoals De Medici, Borghese, Farnese en Ludovisi spaarden kosten noch moeite om de originelen in hun bezit te krijgen. Hun villa's maakten een geweldige indruk op de buitenlanders die Rome bezochten.

De 'antieke koorts' werkte aanstekelijk. Koning Frans de Eerste van Frankrijk, die zijn paleis in Fontainebleau een metamorfose wilde laten ondergaan, stuurde zijn hofkunstenaar naar Rome met de opdracht zo veel mogelijk antieke beelden mee terug te nemen, of het originelen waren of kopieën deed er niet toe. Frans de Eerste gaf daarmee voor vele eeuwen de trend aan voor de culturele smaak van Europa's hoogste kringen. Vorsten uit allerlei landen van Europa volgden zijn voorbeeld. Maar niet alleen de koninklijke paleizen werden in een antiek decor omgetoverd, ook de landhuizen en tuinen van de adel werden met marmeren en bronzen kopieën van de antieke topstukken verfraaid. Het bezit van dergelijke sculpturen verhoogde de culturele status van de eigenaars en versterkte het bewustzijn van een gemeenschappelijk cultureel verleden.

Deze trend beleefde zijn hoogtepunt in de zeventiende eeuw toen Lodewijk de Veertiende besloot van Versailles een tweede Rome te maken. Honderden afgietsels van antieke beelden werden in Versailles opgesteld in een bijna krampachtige poging zich een culturele identiteit aan te meten.

In de achttiende eeuw was het in hogere kringen mode geworden een reis naar Rome, Florence en Napels te ondernemen en zich daar als bewijs van goede culturele smaak vóór een klassiek beeld te laten portretteren. Ook de voorliefde

Antonio Canova, *Paolina Borghese als Venus*, achttiende eeuw

Nike, Archeologisch Instituut Amsterdam

Forum romanum, Rome, 1974

Venus van Milo, circa 100 voor Christus

van de porseleinfabrikant Wedgwood voor klassieke motieven mag niet onvermeld blijven. De Engelsman van stand kon zich nu zelfs tijdens zijn tea een Griekse god wanen. Maar de trend bleef niet beperkt tot de allerrijksten. In de loop van de achttiende eeuw breidde de mode zich ook uit naar een breder publiek. In Rome en later ook in andere Europese steden ontwikkelde zich een ware industrie van kleine klassieke beeldjes, uit allerlei materiaal vervaardigd. Zo vonden de Olympische goden hun weg naar de schoorsteenmantel van menig Europees en zelfs Amerikaans huisgezin.

Dat de oudheid gemeengoed werd maakte haar niet minder begeerlijk en statusverhogend. Napoleon achtte althans de symbolische waarde van antieke kunst nog hoog genoeg om er politieke propaganda mee te bedrijven. Tussen 1796 en 1814 presteerde hij het om de musea van Rome bijna geheel leeg te roven. In triomf werden de beelden Parijs binnengehaald en er werd gezongen: *'Rome ligt niet langer in Rome, Rome ligt in Parijs'*. Napoleon haalde de antieke idealen van schoonheid en kracht weer van stal. Hij liet zijn zuster Pauline Bonaparte door hofbeeldhouwer Canova uitbeelden als een Venus rustend op een divan. Van zichzelf liet hij een standbeeld maken in de pose van een naakte Griekse held, wat gezien het grote verschil in postuur tussen de keizer en een Griekse held een staaltje van 'klassieke' idealisering was.

In 1820, toen de door Napoleon geroofde kunstschatten (waaronder de beroemde *Venus de Medici*) net weer naar hun oorspronkelijke eigenaars waren teruggestuurd, verwierf het Louvre als een waar geschenk der goden een beeld van een totaal onbekende Venus. Het was gevonden op het Griekse eiland Melos (spreek uit: Milos). De Fransen hadden het liefst gewild dat het een originele Praxiteles betrof, maar helaas, het voetstuk vermeldde een totaal onbekende kunstenaar. Al spoedig was dit voetstuk dan ook spoorloos verdwenen!

Tegenwoordig zijn de kunsthistorici het erover eens dat de Venus omstreeks 100 voor Christus is gemaakt en dat haar beeldhouwer heeft gepoogd een vijfde-eeuwse klassieke perfectie te bereiken. Daardoor paste ze uitstekend in de neo-classicistische smaak van het begin van de negentiende eeuw. Ze werd geweldig populair, er werden miljoenen grote en kleine kopieën van gemaakt. Zij werd het waarmerk van ideale schoonheid.

De klassieken in de reclame

De *Venus van Milo* – want onder die naam kent iedereen haar – heeft zich van waarmerk van ideale schoonheid tot het handelsmerk ervan ontwikkeld, en wel in de meest letterlijke zin. Zij wordt tegenwoordig veelvuldig gebruikt in de reclame om de consument ervan te overtuigen dat het desbetreffende produkt het absolute schoonheidsideaal benadert. In die rol treft men de *Venus van Milo* aan in reclames voor de meest uiteenlopende artikelen, zoals keramische tegels, crèmes, homecomputers en auto's. In de moderne consumptiemaatschappij oefenen de klassieke voorbeelden nog altijd invloed uit op de *lifestyle* van mensen, maar zij doen dat niet langer vanuit de paleizen van de elite of vanaf de schoorsteenmantels van de burgers, maar via het medium van de reclameboodschap.

In onze tijd heeft de reclame zich tot een van de belangrijkste overbrengers van normen en waarden ontwikkeld. Via de reclame wordt ons verteld hoe we moeten leven, hoe onze smaak moet zijn en hoe we de kwaliteit van ons bestaan kunnen verbeteren. Reclames spiegelen ons een beeld voor van de ideale *lifestyle*. Het meest voorkomende ideaal is dat van de gespierde, sportieve en vastberaden man die getrouwd is met een slanke, aantrekkelijke en zorgzame vrouw. Samen met hun twee kinderen bewonen ze een van alle luxe voorziene eigen woning. Alles is rozegeur en maneschijn en gezelligheid kent geen tijd. Iedereen is modieus en bijdetijds en de kosten doen er niet toe want de bank staat garant.

De reclame kan met recht de levensader van onze moderne cultuur worden genoemd. Er is nauwelijks een onderdeel van de cultuur dat niet in haar greep is. Onophoudelijk voedt zij onze verlangens en idealen op de meest uiteenlopende gebieden: van voedsel, kleding, woninginrichting, vrije tijd en verzekeringen tot onze begrafenis toe. Zij verleidt ons ertoe te geloven dat onze idealen van schoonheid, genot en geluk binnen handbereik liggen, dat onze dromen werkelijkheid kunnen worden. Maar tegelijkertijd vertelt ze erbij wat onze idealen moeten zijn en waar we eigenlijk van moeten dromen. En juist bij het vormgeven van onze dromen maakt de reclame gebruik van kunstvoorwerpen uit oude culturen, met name uit de Griekse en Romeinse. De klassieken worden in de reclame gebruikt om onze dromen van de glamour uit een rijk verleden te voorzien. Zuilen, ontleend aan Griekse tempels, worden gretig gebruikt om aan artikelen een zekere allure te geven. Een man met een Clasicos in de elegante handen leunt over een balustrade waar een antieke zuil op staat; de scherpe lijnen van de cannelures en de serene rust dje van de zuil uitgaat onderstrepen het stijlvolle en harmonieuze karakter van de sigaar. Een dame leunt nonchalant tegen een Dorische zuil en laat op die manier zien hoe verfijnd en elegant het leven wordt wanneer men een zeker parfum gebruikt.

In de reclame voor het parfum Men's Classic wordt op twee manieren naar de klassieke cultuur verwezen. Om te beginnen middels het embleem dat de beeltenis draagt van de discuswerper, een van de allerberoemdste Griekse beelden. De tweede verwijzing is minder letterlijk en meer associatief. De naam 'Classic' moet tijdloze klasse en superieure kwaliteit suggereren. De rest van de reclameboodschap maakt duidelijk wat onder tijdloze klasse moet worden verstaan: een antieke raceauto, een duur hotel met palmen, een ideaal gevormd, lachend gezicht boven een gespierd lijf dat gestoken is in een voortreffelijk passende, smetteloos witte broek. Het parfum, zo suggereert ons de reclame, maakt van de man een sportieve godheid die een gefortuneerd, gelukkig en glamourous leven leidt. Wie het parfum gebruikt ondergaat een metamorfose en verwerft de *lifestyle* van deze godheid – een droom wordt werkelijkheid!

In de reclame voor de Renault 5 wordt een harmonie tussen de antieke en moderne wereld gesuggereerd. De antieke bouwelementen lijken het gemis aan allure van de auto te moeten toedekken; ze maken van het bescheiden voertuig een middel om toegang te krijgen tot de dure, chique wereld van de eeuwenoude cultuur. Bovendien lijken de Ionische zuilen de degelijkheid van de auto te willen onderstrepen: de tweeduizend jaar die zij hebben overleefd wekt verwachtingen omtrent de duurzaamheid van de Renault 5.

Advertenties doen vaak een beroep op enige kennis van de oudheid, maar ze slaan daarbij de consument niet al te hoog aan. De oudheid wordt meestal aangeduid met behulp van overbekende voorwerpen. Die worden voldoende geacht om bij de consument de juiste associaties op te roepen. Neem bijvoorbeeld de advertentie voor Vier Plus-plavuizen. De *Venus van Milo* en het Parthenon moeten de klassieke degelijkheid, schoonheid en kwaliteit van de plavuizen symboliseren. Maar het is waarschijnlijk niet de bedoeling dat de consument afgaat op wat de beide symbolen van de klassieke oudheid eigenlijk betekenen. Voor het bedrijven van de liefde en het ritueel van het bidden lijken de plavuizen althans niet bijster geschikt. De twintigste eeuw kan bogen op een produkt dat dezelfde sublieme kwaliteiten heeft als de *Venus van Milo* en het Parthenon: die Vier Plus-plavuizen! We mogen de producent wel dankbaar zijn.

Er bestaat geen enkel historisch verband tussen whisky en de Romeinen, want de Romeinen hielden alleen van wijn. Toch wil de reclame voor Passport Scotch ons doen geloven dat wie deze whisky drinkt, beschikt over een klassieke smaak – het bewijs daarvoor wordt geleverd door het indrukwekkende Collosseum op de achtergrond. Maar de reclame belooft nog meer: Passport Scotch garandeert niet alleen cultuur, maar ook romantiek... Opnieuw wordt een droom werkelijkheid.

Oudheid betekent cultuur, dat wil zeggen kunst, architectuur en filosofie. Het beeld van Cicero op een Griekse zuil naast de tafel duidt op de culturele identiteit van de mensen die het geluk hebben aan deze tafel te mogen plaatsnemen. De gesprekken die ze zullen voeren gaan ongetwijfeld in een briljante retorische stijl over diepzinnige literaire en filosofische onderwerpen.

Maar de vraag rijst of er iets van de oorspronkelijke betekenis van de Olympische goden en Griekse helden in de moderne reclame is terug te vinden. In de reclame voor Antaeus, een mannenlotion van Chanel, gaat het nog om twee eigenschappen, waarvan de ene in de oudheid, de andere sinds de middeleeuwen aan de reus werden toegedicht: kracht en verleidelijkheid. Maar wat te denken van de Pallas-auto, het Zeus-hemd, de Hermes-schrijfmachine, de Mercurius-verzekering, de Leonidas-bonbons, de Hercules-fiets, de Mars-reep en de Nike-schoenen? De namen van de antieke goden suggereren hoge kwaliteit en goddelijke allure, maar meer ook niet. Zo zijn de goden van weleer verworden tot simpele symbolen die enige glans moeten verlenen aan de vergankelijke luxe artikelen waarmee mensen zich vandaag de dag *des dieux vivants* wanen.

Charles Hupperts (1951) en Elly Jans (1953) studeerden klassieke talen in Amsterdam. Beiden zijn docent klassieke talen en cultuur. Hebben verschillende publikaties over de oudheid op hun naam staan, waaronder Archè, een achtdelige introductiecursus in de Griekse cultuur.

Morič Mittelman-Dedinsky

Ketters, helden en volksheiligen
Een oneigentijdse beschouwing

Het heelal wentelt...

Niet alleen uit sprookjes maar ook uit oosterse historische documenten weten we dat er vorsten, viziren en zelfs koningen zijn geweest die om verschillende, soms verzonnen redenen uit hun paleizen de woestijn in zijn gedreven waar ze meestal van honger of dorst omkwamen. Een heel enkele keer slechts, misschien omdat er een andere koning op de troon zat of omdat de sterren gunstig stonden, werd deze of gene vizier of vorst weer naar de heilige stad teruggehaald, met trompetgeschal en een feestelijk optocht naar zijn paleis geleid en opnieuw met zijn oude waardigheden, of zelfs met hogere bekleed.

Want zoals bekend: het heelal wentelt, en wat vandaag boven was, kan morgen onder zijn en omgekeerd. Dat weten we al vanaf de oude Egyptische mythologie. We weten, we zouden althans moeten weten, dat wanneer een mens met een dier paart er een god ontstaat, dat wanneer een god met een mens trouwt er een held wordt geboren, en dat wanneer, helaas helaas, een god met een dier paart er een mens uit voortkomt. Zo zit het dus, een mens is de ene keer een dier, de andere keer een god, het hangt er maar van af onder welke hoek we naar het wentelende heelal kijken. En zo kan ook een god bij nadere beschouwing de ene keer een mens, de andere keer een dier zijn. Want het heelal draait nu eenmaal rond en alles moet worden gezien, begrepen en doorgrond vanuit het perspectief van degene die het wentelende heelal gadeslaat.

En gaat het met heiligen en ketters al niet net zo? Moeten hun beeltenissen niet gezien worden in het licht van het wentelende heelal? Enkele woorden over het ontstaan van ketters in het algemeen zijn hier misschien wel op hun plaats. Zoals bekend – en dat is hier werkelijk niet ironisch bedoeld – houden mensen er ideeën op na. Veel van die ideeën – hoewel, ook niet al te veel – werpen zoveel vruchten af, spreken de massa's zozeer aan, zijn zozeer produkten van de tijd, de epoche, de streek, dat de massa's het gevoel krijgen dat het hun eigen ideeën zijn. Uit die ideeën ontstaat dan geleidelijk een ideologie die onvoorwaardelijk de macht opeist. Maar zodra die ideologie, opgesmukt met woorden die aan de oorspronkelijke ideeën herinneren, de macht heeft verworven, smijt ze met een vanzelfsprekendheid iedere macht eigen alle verheven, edele en deugdzame ideeën in de hoek en oefent ze, weliswaar nog gebruikmakend van de oorspronkelijke maar nu holle frasen, pure macht uit. Vervolgens staan er edele, deugdzame mannen of vrouwen op die met ware heldenmoed aan de waardevolle ideeën vasthouden en ze verder blijven verkondigen en verbreiden. Onder het voorwendsel dat ze de oorspronkelijke leer verkeerd uitleggen, maar ook onder andere voorwendsels, worden deze heldhaftige vrouwen en mannen vervolgens als betrof het de meest natuurlijke gang van zaken uitgemaakt voor ketters of vervalsers van de ware leer. Voor ketters dus. En net zoals het paradijs of de hel alleen voor gelovigen is weggelegd, zo kunnen alleen heiligen ketters worden.

Ik weet dat ik op het punt sta ketterse uitspraken te doen, maar was ook Mozes niet

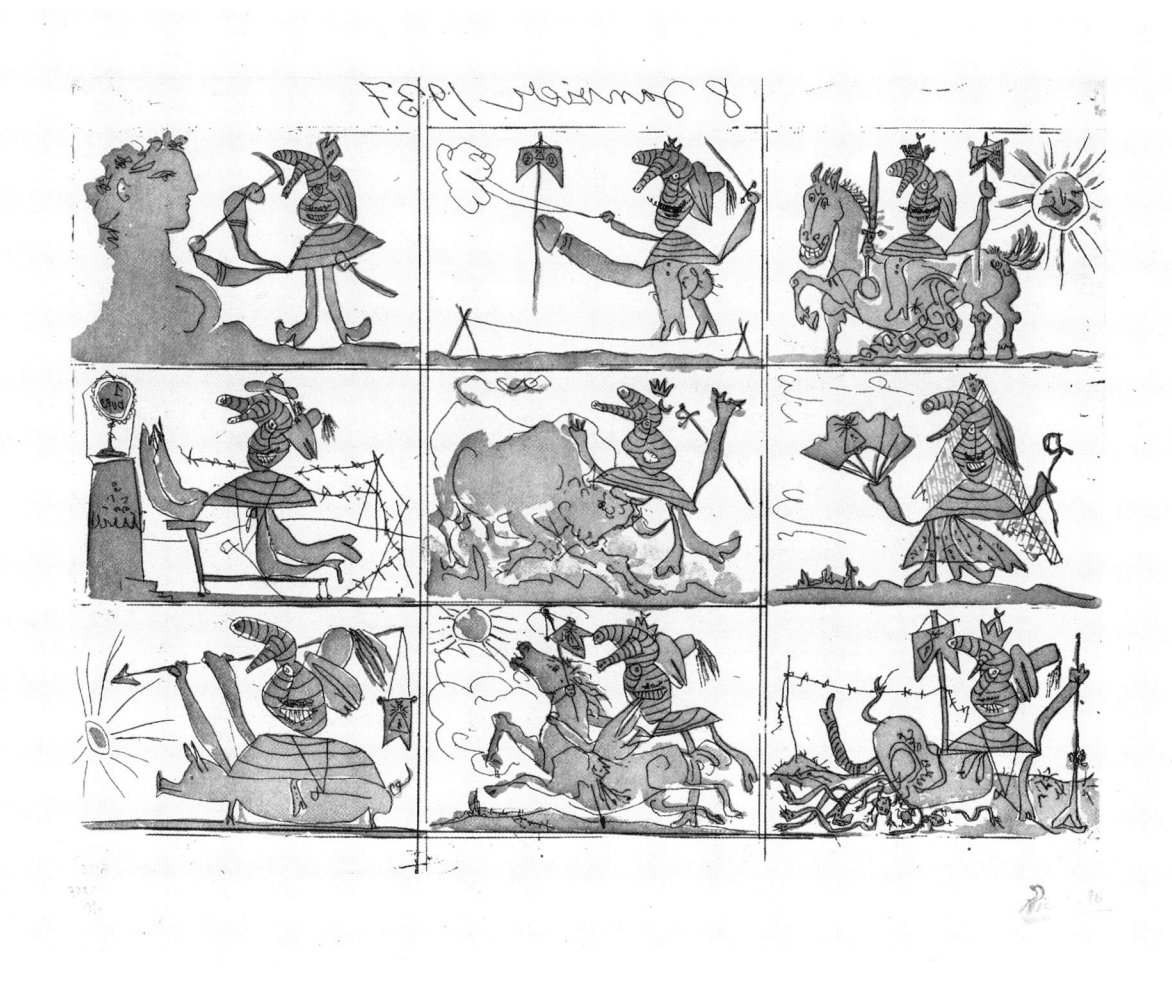

Pablo Picasso, *Leugens en dromen van Franco*, 1937

iemand die, opgegroeid en opgevoed aan het Egyptische hof – dus aan het hof van een god, want iedere Egyptische koning was immers een god –, de leer van Akhnaton – van Amenhotep de Vierde dus – te letterlijk, te eerlijk opvatte? Heeft hij het monotheïsme van Akhnaton niet te rechtlijnig uitgelegd zodat de priesters van Karnak en No, die al een nieuwe god-koning verheerlijkten, niets anders meer konden doen dan ervoor zorgen dat hij, al dan niet vrijwillig, de woestijn in moest trekken om daar veertig jaar lang de stammen van Israël de ware, zuivere idee van het monotheïsme te verkondigen? Voor de priesters uit No en Karnak was hij een ketter, maar voor de stammen van Israël een heilige. Want alleen heiligen kunnen ketters worden en omdat het heelal wentelt hangt het er maar vanaf uit welke hoek we ernaar kijken of we iemand voor een heilige of een ketter houden.

Ik ben niet meer te stuiten: was Jezus, de rabbi van Nazareth, op zijn beurt niet een ketter van het mozaïsme? Is het niet zo dat hij de woorden die vanaf de Sinaï gesproken waren uiterst serieus nam? Zag hij bijvoorbeeld niet in de schitterende tempel van Salomo een symbool van de tot macht uitgegroeide ideologie en in de woorden van de Farizeeën alleen maar de opsmuk van de macht met oorspronkelijke woorden waaruit de echte ideeën waren verdwenen? Zoals Mozes voor de priesters van No, moest Jezus voor de hogepriesters van Jeruzalem wel een ketter lijken, maar voor de massa's waar hij zich toe richtte was hij een heilige, een god zelfs.

Het hangt er maar van af uit welke hoek de beschouwer naar het wentelende heelal kijkt. De reeks kan willekeurig worden voortgezet. Want hetzelfde geldt voor Calvijn, Jan Hus en Maarten Luther. Hielden niet zowel Hus als Luther eerlijk en deugdzaam vast aan de oorspronkelijke ideeën, hielden beiden niet vast aan het oorspronkelijke woord, aan de bijbel? Predikten beiden niet tegen de tot macht verheven ideologie? En werden beiden niet beschuldigd van vervalsing en van een verkeerde uitleg van de oorspronkelijke woorden om vervolgens door de hogepriester van Rome voor ketters te worden uitgemaakt?

Misschien heeft Nietzsche – en met hem Thomas Mann – inderdaad gelijk dat alles zich herhaalt en dat alleen de gedaante en de nuancen veranderen. Men kan namelijk alles wat hier over heiligen en ketters is gezegd ook op de politiek toepassen. Danton en Robespierre, Marat en Saint Juste kunnen dan bijvoorbeeld als archetypen worden gezien van een ontwikkeling die zich in de nieuwere en zelfs de nieuwste geschiedenis van Europa herhaalt. Maar ik wil het over Jan Hus hebben, omdat hij niet alleen een heilige, een ketter en toen weer een heilige was, maar ook nog een held.

Jan Hus: ketter, martelaar, held en volksheilige

Maar wat is een held? We weten dat in de oudheid de held een krijger, veroveraar en krachtmens was, zo iemand als Achilles, die om zijn woede te koelen de verslagen vijand Hector voor de poort van Troje aan de staart van zijn paard bond en hem door het stof sleurde.

De held van de christelijke middeleeuwen was een martelaar. Uiteraard waren er ook strijdbare christelijke kruisvaarders die heldhaftig optrokken tegen Jeruzalem om de woonsteden van de heiland en zijn graf te veroveren; hun ware heldendom zagen zij in de zoetheid van het sterven voor hun idee. Volgens mij komt daar de tot op de dag van vandaag voortlevende opvatting uit voort dat pas de dood in de strijd voor een grote, heilige gedachte iemand tot een ware en echte held maakt.

In een van de eerbiedwaardige zalen van het gotische raadhuis aan het

Oudestadsplein in Praag hangt een immens olieverfschilderij: magister Jan Hus tegenover keizer Siegmund. In zijn zwarte soutane, met zijn lange baard en felle ogen staat hij onmiskenbaar pal voor zijn waarheid. Hij was inderdaad een strijdbaar man. Afkomstig van een dorpje in Zuid-Bohemen werkte hij zich van daaruit op tot de Praagse geestelijke met het hoogste aanzien. Hij kreeg de beschikking over de Bethlehem-kapel in een steegje in het oude Praag. Van daaruit riep hij het Tsjechische volk op naar de bijbel terug te keren; van daaruit streed hij ervoor dat geestelijken, de eenvoudige priesters zowel als de bisschoppen, hun armoede moesten bewaren; van daaruit ging hij tekeer tegen de rijken, die zich ten onrechte op de god van de arme en de lijdende mensen beriepen.

Maar hij streed ook voor het overleven van zijn volk. Als magister aan de Praagse universiteit kreeg hij het voor elkaar dat in het gezag over de hoogste leer de Tsjechen voortaan drie stemmen zouden hebben en de Duitsers slechts één, hetgeen voor Duitse magisters, baccalaurei en studenten reden was om naar Leipzig te vertrekken. Maar hij streed ook met andere middelen voor het overleven van het Tsjechische volk: hij hervormde de Tsjechische spelling en was in zekere zin de grondlegger van de Tsjechische taal en literatuur. Hij was een held, en omdat hij aan de woorden van de leer – de bijbel – vasthield, beschuldigde men hem niet alleen van onjuiste interpretaties van de Heilige Schrift, maar van nog veel meer. Op het concilie van Konstanz werd hij uiteindelijk officieel tot ketter verklaard, waardoor hij op de brandstapel eindigde, niet ver van het huis waar hij tijdens het proces verbleef, het huis dat tot op de dag van vandaag eigendom is van de Tsjechoslovaakse staat, die het met zorg in stand houdt.

Want Jan Hus werd voor het volk een martelaar en daardoor een volksheilige. Hij werd dus, met name na de contrareformatie en na de door de Tsjechen verloren slag om de Witte Berg bij Praag, tegelijkertijd voor ketter en voor volksheilige

Josef Lada

aangezien. Want het heelal, zoals ons nu wel duidelijk is, wentelt en in de ogen van de een bleef hij een ketter en in de ogen van de ander een martelaar, held en volksheilige van wie men de beeltenis aan de muur hing en met vrome eerbied bejegende.

Driehonder jaar lang – van 1621 tot de wedergeboorte van de Tsjechoslovaakse staat in 1918 – was Hus voor zeer velen hèt symbool voor het Tsjechische volkseigen, een symbool voor het overleven van een volk. Hij, de ketter, werd een officiële volksheilige en na 1918 zette men voor hem een immens monument neer op het Praagse Oudestadsplein. Meer nog, na 1948 reconstrueerde men, op basis van vijftiende-eeuwse etsen, de Bethlehem-kapel in de oude Praagse binnenstad. Het bleef echter bij een gebaar, zonder effect, zonder uitstraling – een museumstuk, meer niet. Want het volk kiest zijn eigen heiligen en helden, en wanneer de tijden veranderen, veranderen ook de figuren die door het volk als symbool voor zijn vitaliteit worden uitverkoren.

Onze lieveling: Josef Švejk

En zo is het kunnen gebeuren dat al in de tweede helft van de jaren twintig, maar vooral vanaf het einde van de jaren dertig, en al helemaal tijdens de Duitse bezetting, en ook vandaag nog, in Tsjecho-Slovakije een nieuwe held wordt geëerd. Aan de wanden van Tsjechische kantoren of als mascotte op Tsjechische bureaus hangt of staat de naar de tekeningen van Josef Lada gemaakte beeltenis van Josef Švejk, de nieuwe volksheld – of volksheilige als u dat liever wilt. En duizenden en nog eens duizenden toeristen, niet alleen uit Tsjechische oorden en streken maar uit heel Europa, gaan op bedevaart naar café Het Kelkje, waar Josef Palivec bediende en Josef Švejk dagelijks te gast was. Ze trekken niet naar de Bethlehemkapel maar naar het café in de Na Bojististraat om het door vliegen ondergescheten portret van keizer Frans Jozef de Eerste te gaan aanschouwen, maar vooral om de beeltenis van Josef Švejk te zien.

Josef Švejk is bedacht door Jaroslav Hašek, die over diens avonturen in de eerste wereldoorlog een onvoltooide roman schreef die men nog altijd overal ter wereld in alle mogelijke talen kan lezen. Hašek heeft deze leperd, zoals Bertolt Brecht hem noemde, Hašek dus heeft deze zwabberaar bedacht. Maar Švejk kwam niet zomaar uit het hoofd van Hašek tevoorschijn, niet zoals Pallas Athene uit dat van Zeus, Švejk was bepaald niet zonder voorouders. Integendeel, de Europese literatuur bevat vele voorouders, ooms en neven van onze held.

Elias Canetti, een van de knapste mensen van de tweede helft van onze eeuw, schreef een boek met de titel *Josephus Flavius of de kunst van het overleven*. Welbeschouwd heeft deze Josephus van Canetti wel meer met de Josephus van Jaroslav Hašek gemeen dan alleen de kunst van het overleven. Was Jopsephus Flavius een leperd en een zwabberaar? Dat was hij wel degelijk en de manier waarop hij in de gunst wist te komen van zijn meesters, de Romeinen die zijn volk onderdrukten, en het zelfs tot Romein, tot *civis romanus*, wist te brengen, doet maar al te zeer denken aan Josef Švejks manier van doen.

Toen Švejk in de kapel van de garnizoensgevangenis naar een preek van aalmoezenier Katz luisterde, begon hij bij diens woorden over het doornige pad der zonde luid te snotteren. Toen de aalmoezenier hem er in de sacristie naar vroeg gaf Švejk toe dat hij zo maar voor de grap had staan janken, omdat het hem opluchtte en omdat hij de aalmoezenier het plezier van een bekeerde zondaar gunde. U bevalt me, zei Katz daarop, en haalde Švejk uit de gevangenis. Zo werd Švejk dienstknaap van de onophoudelijk zuipende geestelijke en beiden beleefden samen een paar weken vol humor, luim en wat dies meer zij, totdat... de aalmoezenier Švejk bij het kaarten aan eerste luitenant Lukáš verspeelde.

Het is hier niet doenlijk alle avonturen te vertellen die Švejk met zijn eerste luitenant beleefde, maar het is wel van belang op te merken dat Švejk een uitgebreide liefdesbrief van zijn meerdere opvat om de rokkenjager Lukáš voor een ingewikkelde zaak voor de krijgsraad te behoeden en zo bij hem te kunnen blijven en samen met hem, zoals Brecht al opmerkte, over het krijgstoneel te kunnen zwerven zonder ooit het front te bereiken. Hoe fraai die verhalen ook zijn, hier gaat het erom te laten zien hoe slim, gewiekst, leep en draaierig Josef Švejk zich bij zijn meerderen wist in te likken en zich met handen en voeten aan hen wist vast te binden – net als Canetti's Josephus Flavius bij de heren van het Imperium Romanum in de buurt van de veroverde vesting van Massada. Is Josephus Flavius daarmee een voorvader van Josef Švejk? In de ruimste zin welzeker, maar Švejk heeft verwanten die jonger zijn en minder ver van hem afstaan.

De vele verwanten van Josef Švejk

Neem alleen al Sancho Panza, de dienaar van de edele Don Quichot de la Mancha. In het voorwoord bij Tiecks vertaling schrijft Heinrich Heine dat Cervantes met Sancho Panza een realist heeft neergezet, die in Olla Patrida en knoflookworst

Pablo Picasso, 1955

gelooft en achter de dwaze, maar door grote ideeën en idealen bezielde Don Quichot aanhobbelt – net zoals in het nuchtere en alledaagse leven het realisme gedwongen is achter grote gedachten en idealen aan te strompelen. Dat is een heel mooie gedachte van Heine, en een nog mooier stuk proza, maar... ik geloof er niet in. Ik ben ervan overtuigd dat Sancho Panza zich maar wat graag bij de edele heer uit La Mancha aansloot en aan al diens dwaasheden meedeed. Bij Don Quichot voelde hij zich geborgen, omdat hij ondanks alle omzwervingen van zijn meester en ondanks alle pakken slaag die zijn achterwerk kreeg te verduren, iedere dag weer zijn Olla Patrida en zijn knoflookworst kreeg. Zo kon hij het hoofd bieden aan de schokkende gebeurtenissen – de wereldrampen, want dat waren ze voor hem – die hem op zijn zwerftochten met Don Quichot overkwamen, op dezelfde manier als Flavius bij de verovering van Jeruzalem en Švejk in de eerste wereldoorlog.

Er zijn meer van dat soort leperds en zwabberaars die het goed hadden bij hun dromerige, avontuurlijke, dwaze of zelfs heilige meesters omdat ze zich ondanks al die dromen, avonturen en dwaasheden bij hen geborgen voelden. Dat geldt voor Leporello bij Don Juan, voor Tijl Uilenspiegel, voor Scapino en voor Sam Weller bij de heren van de Pickwick Club. Ondanks dat Tijl Uilenspiegel op zijn omzwervingen langs steden, burchten en kastelen zijn vele meesters te grazen nam en ze telkens te slim af was, ondanks alle kwajongensstreken die hij aan tafel en zelfs in bed wist uit te halen, en ondanks alle pogingen eindelijk eens van hem af te komen, hielden ze hem bij zich en bleef hij bij hen zoals Scapino bij zijn meesters. Of zoals Sam Weller, die zijn heren en graven onvermoeibaar prikkelde, bespotte en uitlachte, zich telkens weer in de Pickwick Club wist te handhaven. Of zoals Figaro, de burgerlijke kwajongen, steeds de lieveling van zijn grafelijke klandizie bleef hoewel hij hen, zoals Beaumarchais vertelt, met bergen plagerijen, brutaliteiten en boosaardigheden overlaadde. En niet te vergeten de onvergetelijke Pippi Langkous en Pinokkio, of de Peter Pans en de Alices in Wonderland die telkens weer nieuwe generaties, hoe anders die ook waren, in zulke overlevingsstrategieën oefenden.

Zij zijn allen, ja echt allemaal, ooms en neven, en zo het uitkomt nichten, voorouders en voorvoorouders van onze geliefde Josef Švejk. En ze hebben allen met elkaar gemeen dat ze de wereld en het leven op deze wereld met al zijn ijdelheid (of die van hun meesters) niet zo serieus nemen. Zeker, ze zijn niet zo serieus als Amenhotep de Vierde, als Mozes, Hus, Luther of Danton en Robespierre, maar ook zij hebben iets ketters, iets afwijzends, iets Kaïn-achtigs, ook zij halen de bezem door de gebruikelijke, dus behoudende orde en blazen er het stof van af. Zeker, ze zijn geen heiligen zoals Mozes, Hus of Luther, ze wekken geen ontzag, ook niet het aristotelische *eleos* en *phoibos;* ze zijn inderdaad niet geschikt om uit te groeien tot de tragische helden van een drama, maar dat willen ze ook niet, ze willen alleen maar begrepen en daardoor geliefd worden.

En dat zijn ze ook: geliefd. Ze worden door het volk al net zo vertroeteld en geliefkoosd als door hun bedenkers. Lees de Don Quichot er maar eens grondig op na en u zult zien hoe Cervantes met zijn Sancho Panza sympathiseert, hoe alle vertellers – ook de rechtschapen Hans Sachs – met Tijl Uilenspiegel sympathiseren, net als Molière met Leporello en Dickens met Sam Weller en Hašek met Josef Švejk. En eigenlijk hebben onze helden ook de sympathie van hun meesters. Om daarvan te getuigen zou men honderden citaten uit de genoemde epossen kunnen aanvoeren. De meesters voelen sympathie ofschoon hun dienaren eigenlijk het hele gedrag, de hele misplaatste fraseologie van hun meesters op de korrel nemen en persifleren door hun geklets, hun frasen en hun preken met

Carl Hollander

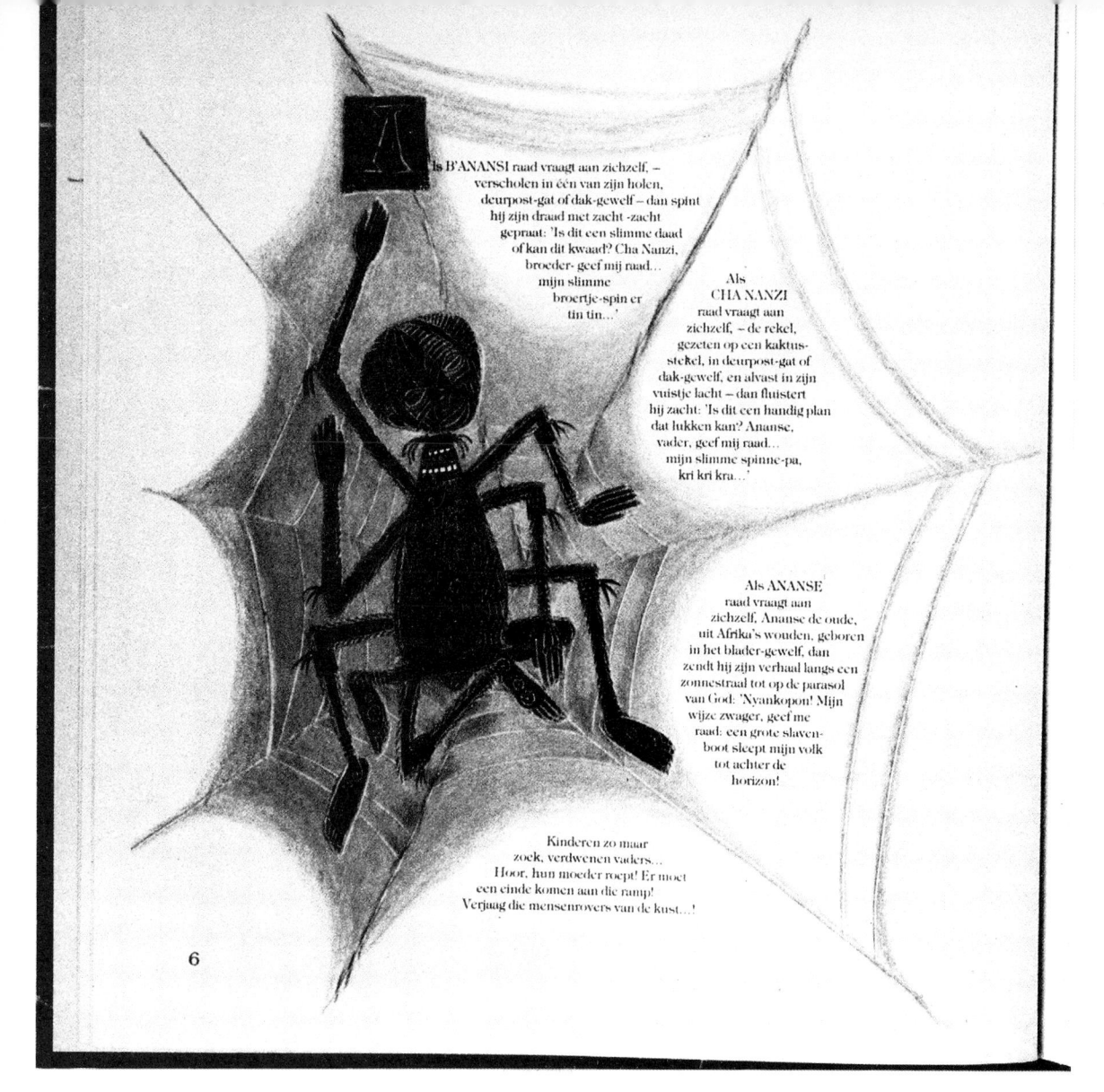

Als B'ANANSI raad vraagt aan zichzelf, –
verscholen in één van zijn holen,
deurpost-gat of dak-gewelf – dan spint
hij zijn draad met zacht -zacht
gepraat: 'Is dit een slimme daad
of kan dit kwaad? Cha Nanzi,
broeder- geef mij raad...
mijn slimme
broertje-spin er
tin tin...'

Als
CHA NANZI
raad vraagt aan
zichzelf, – de rekel,
gezeten op een kaktus-
stekel, in deurpost-gat of
dak-gewelf, en alvast in zijn
vuistje lacht – dan fluistert
hij zacht: 'Is dit een handig plan
dat lukken kan? Ananse,
vader, geef mij raad...
mijn slimme spinne-pa,
kri kri kra...'

Als ANANSE
raad vraagt aan
zichzelf, Ananse de oude,
uit Afrika's wouden, geboren
in het blader-gewelf, dan
zendt hij zijn verhaal langs een
zonnestraal tot op de parasol
van God: 'Nyankopon! Mijn
wijze zwager, geef me
raad: een grote slaven-
boot sleept mijn volk
tot achter de
horizon!

Kinderen zo maar
zoek, verdwenen vaders...
Hoor, hun moeder roept! Er moet
een einde komen aan die ramp!
Verjaag die mensenrovers van de kust...!

Noni Lichtveld

Josef Lada

Morič Mittelman-Dedinsky (Tsjechoslowakije, 1912) nam deel aan de Praagse Kring voor structuralistische literatuuranalyse. Zat tijdens de tweede wereldoorlog in een concentratiekamp. Onder Stalin opnieuw in de gevangenis. Doceerde in de jaren zestig in Keulen theaterwetenschap. Heeft meer dan achthonderd essays, monografieën en besprekingen over literatuur en theater op zijn naam staan. Vertaalde onder andere uit het Italiaans, Hebreeuws en Duits. Was actief op het gebied van de culturele uitwisseling tussen de Tsjechen en de Slowaken. Woont momenteel in Bratislava.

gelijke munt terug te betalen. Eén voorbeeld dat voor vele staat:
Nadat Švejk om zijn gehoorzaamheid te bewijzen zijn eerste luitenant iets hoogst vaderlandlievends en heldhaftigs heeft gezegd, mompelt eerste luitenant Lukáš na een ogenblik in zichzelf: *'God nog aan toe, maar ja, ik klets toch zelf ook vaak genoeg uit mijn nek. Het verschil ligt alleen maar in de vorm waarin ik het giet.'*
En waarom is dat zo? Waarom zijn ze allemaal weliswaar geen heiligen en ook geen ketters, maar toch zoiets als volksheiligen of op z'n minst volksmascottes, volks-*bel amis*, volksvrienden – waarom toch? Ook dat kan men bij Švejk lezen. Wanneer de brave soldaat Švejk wegens gekte moet worden afgekeurd, zegt de voorzitter van de commissie, bevelvoerend arts dokter Grünstein: *'Der Kerl denkt, man wird glauben, er sei ein wirklicher Idiot. Maar jij bent helemaal geen idioot, Švejk, een doortrapt individu ben je, een schoft ben je, een tuchthuisboef, een vlegel ben je, begrepen?'* En Švejk antwoordt: *'Melde gehorsamst: ik begrijp het.'*

Dieter Ronte

Tussen hofetiquette en lifestyle

De kunstenaar als avantgardist

Küss die Hand, gnä' Frau

Küss die Hände der Herr zou als typisch Oostenrijks motto de hele ruimte kunnen omvatten die van hofetiquette tot *lifestyle* reikt. En dat eens te meer omdat wie anno 1987 tijdens een bezoek aan Wenen goed luistert, deze zin nog altijd kan horen. Met het *Küss die Hand* geeft iemand direct te kennen dat hij aan conservatieve, de traditie getrouwe gedragsvormen hecht en die gerechtvaardigd acht omdat hij gelooft dat de toekomst in het verleden ligt en het heden er in het geheel niet toe doet. Positief uitgedrukt ziet hij het van oudsher bestaande, het overgeleverde, de traditie zonder meer als basis voor al het toekomstige denken, als onderdeel van een utopie waarop hij zijn hoop kan vestigen maar die in feite, negatief uitgedrukt, neerkomt op nostalgie, imitatie, regressie en nietszeggendheid. De hofetiquette als vaststaand ceremonieel geldt nog altijd als nastrevenswaardig voorbeeld, als toonbeeld van *Bildung*, met het hof als *Leitbild* – als nabeeld van wat ooit was en door de enkeling opnieuw zou moeten worden uitgebeeld. Maar de hofetiquette is ook een beeld waarop rebellen en individualisten hun pijlen richten. Zij geloven op hun beurt weer in een ander beeld, namelijk in het beeld van de exploderende enkeling, het beeld van de burger, van de psyche, die uit elkaar spat zodat er alleen een tachistisch schilderij overblijft. Terwijl de eersten eisen: 'Gij zult alleen uw gebieder uitbeelden', geloven de laatsten in de uitbeelding van individuele, culturele gedragsvormen.

Lifestyle daarentegen staat voor een levensstijl die cultureel verankerd is in de massa en dan ook alleen tegen de achtergrond daarvan begrepen kan worden. Net als bij de hofetiquette, maar toch ook weer anders, produceert een massamaatschappij aan de hand van een voorbeeld reeksen op elkaar gelijkende beelden en voorstellingen. Maar *lifestyle* berust op een consumptieve houding zonder welke de kapitalistische maatschappij niet in staat zou zijn cultuurprodukten goedkoop en met winst te vervaardigen. Op die manier biedt *lifestyle* net als de hofetiquette de enkeling de zekerheid en veiligheid van een geregeld leven, maar tegelijk ook gekanaliseerde losbandigheid, revolutie op vertoon van entreebewijs – een entreebewijs dat overigens ook voor de hofetiquette nog wel betaalbaar zou zijn geweest.

De overgangssituatie waarin Midden-Europa rond 1900 verkeerde, mondde uit in de eerste wereldoorlog, die een einde maakte aan de meeste monarchieën, in het bijzonder aan de multinationale staat van de *kaiserliche und königliche* monarchie van de Habsburgers. In deze landen, waar de Franse revolutie destijds niet meteen tot een nieuwe staatsorde had geleid, ontwikkelde zich tussen hofetiquette en *lifestyle* geen radicale tegenstelling en was het verschil tussen beide hooguit voor intellectuelen een principieel probleem. De bindende kracht van de hofetiquette was in Midden-Europa zo sterk dat ze vanaf de jaren twintig tot nu haar stempel op

Oskar Kokoschka, titelpagina van *Die träumenden Knaben*, 1908

de *lifestyle* heeft gedrukt. Voortdurend veranderen, de ene overgang na de andere voltrekken, is voorbehouden aan wie met zijn hoofd denkt, maar wie met zijn buik denkt is daar niet toe in staat (en volgens het *Opernballprinzip* gaat de wals nu eenmaal door de maag).

De vertwijfeling van de avantgardist

Het kan geen toeval zijn dat het begrip avant-garde – een militaire term voor degenen die voorbij de buitenste wachtposten opereren – een Europees begrip is dat alleen een esthetische betekenis heeft gekregen in landen waar revolutionaire elementen in bijzonder sterke mate hun stempel op het artistieke leven hebben gedrukt. Dat zijn de landen waar de Franse revolutie niet ongemerkt aan voorbij is gegaan en waar republikeins denken betrekkelijk snel de overhand heeft gekregen. Maar in samenlevingen die onder de keizerlijke invloedssfeer vielen zijn de conservatieve verhoudingen overeind gebleven en werd de kunstenaar met zijn salonkunst onderdeel van de hofetiquette. Avantgardistische kunstenaars zetten zich daar vanuit een republikeinse optiek tegen af in de hoop daar in de toekomst voor beloond te worden. Behoudende artistieke stromingen stuitten op progressieve stellingen, aangepastheid op esthetisch verzet. Pas in de jaren zeventig en vooral in de postmoderne jaren tachtig komen pretentieloosheid en nietszeggendheid samen in een alomvattend massagebeuren. Uit primaire esthetische principes ontstaat een visuele osmose die de beschouwer de illusie van een houvast geeft.
Een karakteristiek voorbeeld van deze ontwikkeling van hofetiquette tot *lifestyle* biedt de beeldende kunst in Oostenrijk, al moet bedacht worden dat de

Oskar Kokoschka, Sogenanntes Selbstporträt

kunsthistoricus achteraf probeert in de geschiedenis een logica aan te brengen die in de werkelijkheid nooit zo precies is terug te vinden. In het irreële beeld dat zo'n terugblik oplevert ziet men de enkeling, in het bijzonder de kunstenaar, voor de keuze staan van zelfmoord of emigratie. Want wie probeert zijn stempel op de maatschappij te drukken stelt zich in tijden van de hofetiquette bloot aan existentiële vertwijfeling en in tijden van *lifestyle* aan het schavot van de belachelijkheid of aan de juridisch verpakte naspeuringen door de overheid.
Het prototype van zo'n Middeneuropese kunstenaar is Oskar Kokoschka. Zijn levensloop laat zien hoe een in alle hevigheid uitbarstend kunstzinnig streven onvermijdelijk tot een breuk met de hofetiquette leidt en hoe de kunstenaar zelf een *lifestyle*-model wordt voor latere generaties. Die levensloop zelf staat voortdurend in het teken van vertwijfeling, vlucht, emigratie, terugkeer en uiteindelijk nogmaals emigratie, en dat allemaal omdat het fascisme een esthetische hofetiquette invoerde waarvan de totalitaire radicaliteit voor de kunstenaar nog veel onverdraaglijker was dan de *kaiserliche und königliche* hofetiquette. In het twintigste-eeuwse Europese fascisme werd voor het eerst een poging gewaagd hofetiquette met *lifestyle* te verbinden, want de dictatuur liet de enkeling geen enkele keuze: van de manier van groeten tot de inhoud van schilder-, beeldhouw- en bouwkunst, voor alles bestond een voorbeeld dat onmiddellijk moest worden nagevolgd.
Voor de artistieke voorhoede viel alleen met de hofetiquette te leven wanneer men zoals Robert Musils *Mann ohne Eigenschaften* zijn toevlucht nam tot de parallel-actie: voor de vrije geest lag de waarheid in de hoerenbuurt, aan de achterkant van, maar parallel aan de hofetiquette. Ten tijde van de hofetiquette werd de *Mann ohne Eigenschaften* heel vanzelfsprekend opgenomen, een plaats toegewezen en in de logisch juiste richting gedirigeerd. De verhoudingen vroegen niet om een persoonlijke stellingname, aangezien niemand, behalve de kunstenaar zelf, de moeite nam die te ontcijferen. Ten tijde van *lifestyle* daarentegen behoort het innemen van een persoonlijk standpunt, althans bij een zekere mate van ontwikkeling, tot de republikeinse vooronderstellingen.
IJdele politici en burgers die zich Europees willen voordoen en daartoe het continent doorkruisen om de historische diversiteit te bestuderen, treffen overal in de winkels en de warenhuizen evenals in de musea en de theaters hetzelfde aanbod aan. Om de absurditeit daarvan op een bevredigende manier te ondervangen geven ze een nieuwe, ruimere intellectuele definitie van de kunstenaar, of roepen ze een of ander artistiek surrogaatkunstwerk korte tijd tot favoriet uit om het dan snel weer tot afval te verklaren, of laten ze aangepaste kunstenaars in de roddelrubrieken opdraven om hun *lifestyle* uit te dragen (natuurlijk in de schaduw van de avant-garde – of juist aan de zonzijde daarvan?).

De verleidingen van de commercie

'Van pruik tot macho', 'van de kuif van Elvis tot punkkapsel', 'van maatpak tot massaconfectie' – motto's die allemaal even nauwkeurig aangeven waar het bij *lifestyle* om gaat. Maar dat maakt het des te noodzakelijker ook in de beeldende kunst onderscheidingen aan te brengen die de veelzijdigheid en het individualisme waar onze eeuw zo van doortrokken is duidelijk laten uitkomen. Vanaf de negentiende eeuw is het prototype daarvoor steeds meer de vrije kunstenaar geworden, de kunstenaar die subjectiviteit en individualiteit tot uitgangspunt neemt. Veranderende maatschappelijke omstandigheden kunnen hem niet van de

Paletten mit Öl getränkt.

Form 1   Form 2    Form 3

Form 1, 2, 3. Zentim.	15	18	20	23	25	28	30	35	40	45	50
Birnbaum per Dtzd. Mk.	3,00	3,30	3,60	4,20	4,80	5,40	6,00	7,00	8,00	9,50	11,00
Nußbaum " " "	3,30	3,60	4,20	4,80	5,40	6,00	6,60	7,80	9,00	10,80	12,00

Form 4   Form 5

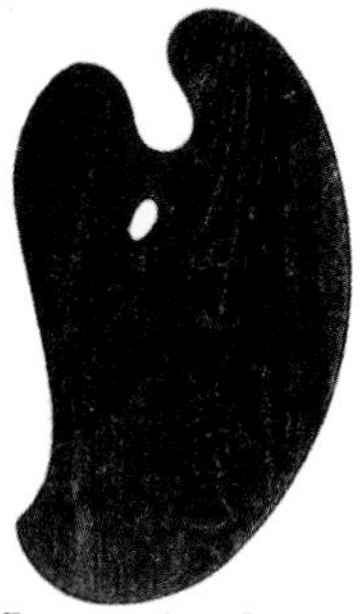

Form 4. Klapp-Paletten.   Form 5. Arm-Paletten.

Zentim.	30	35	40		Zentim.	50	55	60	65	70
Birnbaum per Dtzd. Mk.	12,00	13,80	15,60		Birnbaum per Stück Mk.	2,50	2,75	3,00	3,25	3,50
Nußbaum " " "		13,20	15,00	16,80		Nußbaum " " "		2,75	3,00	3,25	3,50	3,75

Paletten, einseitig poliert, stellen sich um 25 % höher,
         " zweiseitig " " " 40 % "

Keilrahmen.

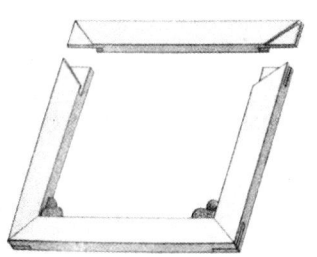

per lauf. Meter inkl. Keile Mk. 0,35

Malstöcke.

No. 135.	130 cm	unpoliert	p. St. Mk. 0,25
" 136.	130 "	poliert	" " 0,40
" 137.	95 "	dreiteilig, unpoliert	" " 0,55
" 138.	95 "	" poliert	" " 0,75
" 139.	130 "	vierteilig, unpoliert	" " 0,65
" 140.	130 "	" poliert	" " 0,85

Malerlineale aus Fichtenholz, 4 cm breit.

Zentim.	100	110	125	150
per Dtzd. Mk.	1,20	1,35	1,60	2,00

verantwoordelijkheid die hij tegenover zichzelf heeft ontslaan, te meer daar hij door het wegvallen van de opdrachtgever in een positie van extreme autonomie terecht is gekomen. Deze autonomie heeft in Midden-Europa een scheiding teweeggebracht tussen twee commercieel verschillende domeinen, namelijk de serieuze kunst en de onderhoudende kunst.

De serieuze kunst is in toenemende mate aan commerciële uitbuiting ten prooi gevallen doordat haar primaire esthetica in een *lifestyle* werd omgezet. Toch heeft de autonomie van de kunstenaar daar minder onder te lijden dan onder de hofetiquette. Die autonomie staat nog altijd garant voor individuele vrijheid en diversiteit van mogelijkheden zonder dat de kunstenaar onder existentiële druk komt te staan. De commercie verwerkt de esthetica pas achteraf tot een *lifestyle*, de kunstenaar neemt zelf niet meer aan dat verwerkingsproces deel, tenzij hij zich tot compromissen laat verleiden.

De kunstenaar van tegenwoordig is al lang geen god meer, al heeft hij wel eeuwenlang goden mogen afbeelden. In de strijd om zijn kunst kan hij zich wellicht als held manifesteren die de strijd met zijn materiaal aanbindt. Hij is de heilige die op de lange duur uit zijn isolement wordt gehaald door een economische vaticanisering, door een commerciële heiligverklaring die een einde maakt aan zijn bestaan als totembouwer.

In dit proces kunnen kunstenaars in de comfortabele haard van de algehele lichtzinnigheid snel opgebrand raken, vooral wanneer ze hun artistieke pretenties omlaag schroeven en in hun seniliteit het zoeken al op hun dertigste opgeven, gehaast als ze zijn om zichzelf en hun esthetica als gedemocratiseerde hofetiquette erkend te krijgen. Ze wijden zich aan hun eigen, zelf vormgegeven voorouderverering met commercialisering als onmiddellijk doel.

Die commercialisering verlangt van hen, niet dat ze de helden lezen, maar dat ze de helden spelen, te meer daar ketters als *lifestyle*-modellen niet meer zo in trek zijn. De kunstenaar die zich op het pad van de ik-heilige heeft begeven, laat zich niet meer met oneigentijdse beschouwingen in. Hij herhaalt zichzelf voortdurend, hij imiteert zichzelf. Eenmaal gevonden formuleringen verstarren tot beelden die de kunstenaar zelf niet meer in beweging weet te krijgen. Hij wordt een marionet van zijn eigen hofetiquette, hij houdt op als voorbeeld te fungeren. Hij deinst ervoor terug de grenzen van onze kennis te verleggen, bang als hij is in het onbekende verstrikt te raken. Goya, Picasso en Beuys worden per slot van rekening tegenwoordig toch ook met het grootste gemak door de tijdgeest opgenomen in de rijen van Armani, Lagerfeld en Mercedes?

De kunstenaar op een tweesprong

Hofetiquette en *lifestyle* kunnen niet los worden gezien van de mythe van de kunstenaar die voor de keuze staat de hofnar te spelen of de revolutionair uit te hangen. In beide gevallen staat hij buiten het economische proces. De revolutionair ziet opzettelijk van een economische positie af, terwijl het aan de hofetiquette aangepaste genie van iedere economische zorg vrij is.

Uit beide posities is geen uitweg mogelijk. Zelfs het stelen van zilveren lepels doet de posities niet teniet: de machthebbers of de massa's zijn maar al te bereid dergelijke overtredingen te vergoelijken. De afhankelijkheid van sociale verhoudingen heeft in tijden van zogenaamde vrijheid plaatsgemaakt voor de afhankelijkheid van economische verplichtingen die de kunstenaar nog maar weinig vrijheid laten. Alleen wie de vrije marges optimaal weet te benutten slaagt erin aan

Keith Haring, Popshop, New York, 1986

het cultuurprodukt existentiële zeggingskracht mee te geven.
Maar iedere verbintenis die de kunstenaar aangaat, gaat ten koste van zijn betekenis voor de toekomst. De ware held heeft net als Hercules in de eerste plaats een goddelijke vader als getuige nodig, ook al moet dat met amfitryonisch bedrog gepaard gaan. De enkeling kan alleen de juiste weg kiezen wanneer hij zich tot een persoonlijkheid ontwikkelt die het collectief weliswaar als serieuze gesprekspartner erkent, maar zich bij zijn scheppende arbeid niet door diens logica laat regeren. Kunst komt alleen daar tot stand waar de kunstenaar zijn artistieke strevingen in absolute vrijheid tegenover zichzelf verantwoordt en zijn positie onafhankelijk van het alledaagse gebeuren bepaalt, een positie die eerst in esthetische termen moet zijn omschreven alvorens ze op haar algemene geldigheid kan worden getoetst.
In de hofetiquette zijn de regels duidelijk omschreven, maar toch zijn de vrijheden niet absoluut beperkt. In het domein van de *lifestyle* zijn er opties op de toekomst mogelijk, maar die zijn niet gegarandeerd en zelfs niet per se noodzakelijk. De postmodernisten ervaren de binding aan een theorie, aan het progressief-intellectuele gedachtengoed, als terrorisme aangezien daardoor de mens als individu wordt onderdrukt. Daarin hebben ze inzoverre gelijk dat zowel de hofetiquette als ook de latere stilistische *Leitbilder* de enkeling die zich wil profileren neurosen bezorgen die altijd in zijn nadeel zullen werken zolang hij blijft weigeren zich met behulp van het esthetisch-sociale corset overeind te houden. Wanneer een zogenaamde ster zich door een deskundige tot een held laat maken, hoeft dat nog geenszins een persoonlijkheid in de zin van Humboldt op te leveren.

Het is maar al te moeilijk een geloofwaardige individuele mythologie te creëren. Maar toch kan alleen het persoonlijke accent iets voor de toekomst betekenen.
In de tang genomen door hofetiquette en *lifestyle* wordt de kunstenaar gedwongen zijn maatschappelijke afhankelijkheid te verzoenen met zijn streven in vrijheid zijn eigen weg te gaan, ook al komt hij daarbij als avantgardist in een revolutionaire reuk te staan.
Deze gespletenheid tussen maatschappelijke inperking en sociaal-esthetische vlucht levert een rijk geschakeerde geschiedenis op, en tegelijk een gefascineerd publiek. De kunstenaar heeft zich in de renaissance, toen hij zich aan de status van handwerker ontworstelde, niet echt van het systeem van de alles bepalende opdrachtgever bevrijd. De kunstenaar blijft ondanks alle autonomie van de beeldende kunsten, de uitvoerder van de wil van een ander. Net als degene die onder het dictaat van de eigen artistieke strevingen werkt is hij een executeur. De opdrachtgever is vervangen door de economische dwang van de massa.
Hofetiquette en *lifestyle* impliceren zowel grensbepaling als grensverlegging, zowel volgzaamheid als vrijheid. Bij het bestuderen van de geschiedenis valt niet te ontkennen dat de kunstenaar zijn speelruimte heeft vergroot, maar zich daarvoor wel steeds onderdanig heeft verontschuldigd. Bindingen brengen leugens voort, kijk maar naar het hoerige gedrag waarmee de kunstenaar ten tijde van de hofetiquette probeerde te overleven. En die leugens doen zich ook voor wanneer het om schijnbaar zuiver esthetische discussies gaat. Toch staat uiteindelijk de kwaliteit van het kunstwerk voorop. *Lifestyle* kent op dat punt zelfs geen enkel pardon: alleen wie zich met een optimaal gevoel voor kwaliteit tegenover de massificatie opstelt, bereikt dat hij iedereen ten voorbeeld wordt gesteld. Maar dan kunnen we niet meer om de vaststelling heen dat de meeste kunstenaars falen.
De poging van de kunstenaar binnen collectieve waardesystemen een eigen weg te vinden heeft nog het meeste weg van een *va banque*-spel. De zekerheden uit de tijd van de hofetiquette zijn weggevallen. Het risico drukt volledig op de schouders van de enkeling die geroepen is de massa een prototype te leveren. Hij is degene die moet besluiten of hij zijn zogenaamde artistieke *output* zo maar op de markt gooit of dat hij met zekerheid of desnoods onzekerheid weet dat zijn artistieke bestaan op het spel staat en beseft dat het er bij het zoeken naar de waarheid van de tijdgeest om gaat absolute duidelijkheid te scheppen.

L'art pour le commerce?

Esthetische produktiviteit beweegt zich tussen hermetisch denken *(l'art pour l'art)* en optimale efficiëntie *(l'art pour le commerce)*. Het maatschappelijke spel is slechts in naam vrij en kan het niet stellen zonder het kapitalistische marktmechanisme. De kunstenaar zal dan ook om zijn bestaan zeker te stellen met het probleem van de verkoop rekening moeten houden.
Deze gespletenheid temidden van de burgerlijke netheid, het geregelde en welvarende villa-leven, de auto's, de vriendinnen en de verschillende vrouwen bevordert het in elkaar overlopen van oorspronkelijke artistieke strevingen en vernieuwende ethetische principes. Deze principes moeten helpen een onderscheid te maken tussen successen op de korte en op de lange termijn en moeten tegelijk stategieën leveren die zijn afgestemd op het beschikbare talent.
Het idee dat de hofetiquette vooral comfortabel is terwijl het vrije kunstenaarsschap een onbestendige psychische druk met zich meebrengt is genoegzaam uit de geschiedenisboeken bekend. Maar als hedendaagse waarheid

West-Broadway, New York, 1986

gaat het niet op. De discrepantie tussen doen en zijn, het uiteenlopen van produktie en receptie, is een zwaard van Damocles dat pas dan voor wederzijdse verdraagzaamheid wijkt wanneer bij een volgende poging tot algemene aanvaarding enig water in de esthetische wijn wordt gedaan. In de regel gaat het om het afzwakken van uitspraken. Extreem individualisme is pas mogelijk wanneer de Humboldtse manier van denken weer als methode wordt gebruikt om op het spoor te komen van de aloude waarheidsaanspraken van een kunst zonder kapitalistisch rendement.

Toch wordt onze tegenwoordige cultuur niet uitsluitend door het probleem van de marketing bepaald. De ware kunst, de eigenlijke – en Francis Goya levert daarvoor het krachtige bewijs, evenals Vincent van Gogh – vond altijd daar plaats waar de gedachte aan het te gelde maken niet op de voorgrond stond. Het is uiteindelijk het persoonlijke, het eigenzinnige, het zichzelf rechtvaardigende dat ervoor zorgt dat schilderijen en beeldhouwwerken zich van hun voortbestaan als op zichzelf staande cultuurprodukten verzekeren – met wellicht als uitzondering de architectuur, die zich altijd met bouwvoorschriften moet compromitteren.

Terwijl de hofetiquette de toekomst in het heden verankerd ziet, geldt bij *lifestyle* het omgekeerde, namelijk dat een enkele jaren eerder ontwikkeld visueel proces pas later algemene geldigheid verkrijgt. In dit verschil in tijdsverloop ligt de hoop en de toekomst van de kunstenaar besloten. Dat eigenzinnige gedachten algemene aftrek kunnen vinden is een oeroud menselijk verschijnsel dat zich telkens voordoet wanneer het bijzondere en het algemene samenvallen. Het bijzondere impliceert selectie, exclusiviteit en elitisme en kan alleen vanuit haar elitaire functie worden begrepen. In onze huidige tijd, waarin men hecht aan democratie, tolerantie en openheid, is elitisme iets wat slechts weinigen zich hebben eigen gemaakt. En dat terwijl elitisme voor een *lifestyle* van groot belang zou kunnen zijn wanneer het erom gaat het maatschappelijk leven kritischer te stileren.

Maar dan niet zonder etiquette, graag!

Dieter Ronte (Leipzig, 1943) studeerde kunstgeschiedenis, archeologie en romanistiek in Münster, Pavia en Rome. Promoveerde op een studie over de Nazareeërs. Sinds 1971 is hij in verschillende functies werkzaam geweest in het Keulse museumwezen. Sinds 1979 is hij directeur van het Museum moderner Kunst in Wenen en doceert hij aan de Hochschule für Angewandte Kunst en de Hochschule für Musik und darstellende Kunst in Wenen. Heeft talrijke publikaties over de Nazareeërs, de schilderijen van Brueghel en de moderne kunst op zijn naam staan.

Pieter Kievit

Bij de dood van een held
Drie leerstukken van Bertolt Brecht

Joeri Gagarin

Even buiten Moskou ligt het stadje Zvjozdni, 'Sterrenstad'. Zvjozdni is speciaal gebouwd voor de huisvesting en training van Russische kosmonauten. Het stadje wordt gedomineerd door een meer dan levensgroot monument ter nagedachtenis aan Joeri Gagarin, de eerste mens die ooit in een baan rond de aarde cirkelde. Een paar jaar na zijn historische vlucht verongelukte Gagarin dodelijk bij een testvlucht met een nieuw militair vliegtuig, maar in Zvjozdni leeft hij voort – als voorbeeld voor de kosmonauten ná hem, die leren in zijn geest verder te werken aan de verovering van de ruimte ter meerdere eer en glorie van de Unie van Socialistische Sovjetrepublieken en tot heil van de mensheid in het algemeen.

Gagarin is verstard tot een beeld – het beeld waarmee zijn opvolgers zich identificeren en waaraan ze de motieven voor hun handelen ontlenen. Het beeld van de held Gagarin is het symbool geworden van de groepsidentiteit van de Russische kosmonauten. Daarmee vervult het een functie die in alle samenlevingen en in alle tijden voorkomt.

Groepen van mensen danken hun samenhang en continuïteit aan een gemeenschappelijk beleefde identiteit die haar oorsprong vindt in een stichtingsdaad en vorm krijgt in een beeld. De stichtingsdaad leeft voort in de overlevering en wordt op gezette tijden symbolisch hernieuwd in herdenkingsrituelen. De helden en idolen vormen niet alleen een voorbeeld voor de groep, maar drukken ook de normen, waarden en voorstellingen uit met behulp waarvan de leden van de groep elkaars handelingen interpreteren en waarderen. Dat geldt niet alleen voor min of meer afgezonderde groepen, maar ook voor samenlevingen als geheel. Zelfs onze huidige *no nonsense*-samenleving drijft op helden en idolen: *captains of industry* en politici-met-spierballen zijn de moderne helden die door hun voorbeeldfunctie nieuwe vormen van (a)sociaal gedrag oproepen en legitimeren.

Een groepsidentiteit ontstaat niet in een luchtledig. Het beeld dat een groep of samenleving als geheel van zichzelf schept is steeds een antwoord op vragen en problemen waarvoor ze zich geplaatst ziet. Maar vragen lossen elkaar af en problemen verschuiven en dus kan ook het antwoord niet steeds hetzelfde zijn. Normen en waarden verliezen op den duur hun geldigheid en de groepsidentiteit verstart tot een antwoord op een niet langer gestelde vraag, een vervulling van een niet meer gevoelde behoefte.

Joeri Gagarin, 1961

TENTOONSTELLING

TROPENMUSEUM

TOTEM

goden
helden
heiligen

Ieder mens wil weten wie hij is, bij wie hij hoort en hoe hij kan overleven. Met die drijfveren zoeken mensen naar idealen die een antwoord kunnen geven op de wezenlijke vragen van het bestaan. Daarbij omringt hij zich met hulpmiddelen zoals afbeeldingen van goden, helden en heiligen, met symbolen en met voorwerpen waaraan een specifieke betekenis wordt toegekend.
Het Tropenmuseum wil in 'TOTEM, goden, helden, heiligen' laten zien dat iedere cultuur dergelijke voorwerpen kent.
Tegelijkertijd toont de tentoonstelling hoezeer deze voorwerpen per cultuur verschillen naar vorm en functie.

Tropenmuseum, Linnaeusstraat 2, Amsterdam, (Amsterdam Oost, bij Artis)
openbaar vervoer: tram 10, 14. Vanaf C.S. tram 9, bus 22
algemene informatielijn: 020-5688200; afd. voorlichting: 020-5688295
open: maandag t/m vrijdag: 10.00 - 17.00 uur; zaterdag, zondag, feestdagen:
12.00 - 17.00 uur; gesloten: 30 april, 5 mei
entreeprijzen: volwassenen f 5,—; groepen van 10 personen en meer f 2,50 p.p.
tot 18 jaar; houder 65+ pas f 2,50; CJP, Museumkaart: gratis; NS-dagtocht 33.

AMSTERDAM cultural capital of Europe 1987

26/3 T/M 16/8 1987

Bertolt Brecht, circa 1929

Charles Lindbergh, 1927

De beperkte geldigheid van collectieve zelfbeelden vraagt om een voortdurend onderzoek naar de draagkracht van die beelden. De dolende ridder was de hoogste uitdrukking van de hoofse identiteit in de feodaal-adellijke middeleeuwen, maar werd een belachelijke strijder tegen windmolens toen de stedelijk-burgerlijke samenleving van de vroege renaissance opkwam. Na het vonnis dat Cervantes over de dolende ridder Don Quichot voltrok was het ridderdom niet langer een adequaat antwoord op de vraag naar gedragsmodellen voor de nieuwe elite van kooplieden, bankiers en burgerlijke machthebbers. De ridder leefde slechts voort als spel van poses en attributen – een spel waarin slechts een element van tragische ernst sloop wanneer een der spelers het spel voor werkelijkheid nam en aan de pose te gronde ging.

Cervantes' Don Quichot is bepaald niet het enige literaire werk waarin een bestaand beeld onderuit wordt gehaald. De kunst is de plaats bij uitstek waar het onderzoek naar de draagkracht van collectieve beelden en rituelen voor allen zichtbaar plaatsvindt. Bijzonder duidelijk wordt deze functie van de kunst in drie leerstukken van Bertolt Brecht: *Der Lindberghflug*, het *Lehrstück* en *Die Maßnahme*.

Paul Hindemith, circa 1929

Der Lindberghflug

Op 20 mei 1927 begon Charles Lindbergh aan zijn beroemde solovlucht over de Atlantische Oceaan van New York naar Parijs. Het was niet de eerste poging de oceaan in een vliegtuig over te steken. Vier dagen voor Lindbergh waren van Le Bourget bij Parijs twee Franse luchtmachtofficieren opgestegen in de richting van New York – na enige uren werden ze vermist en er is nooit meer een spoor van hen gevonden. Lindbergh had meer succes. Zijn toestel, de *Spirit of Saint Louis*, landde op de avond van 21 mei op Le Bourget. Het was een dubbele triomf: met behulp van zijn techniek had de mens gezegevierd over de natuur en de grenzen die zij stelt; maar het was ook een overwinning van de Nieuwe Wereld op het oude Europa. Met Lindbergh was een nieuwe held geboren.

Op 27 juli 1929 ging in Baden Baden Brechts leerstuk *Der Lindberghflug* in première als onderdeel van het programma *Aufführung von Originalmusik für Rundfunk*. De radio was in de jaren twintig een nieuw medium en op het festival voor experimentele muziek dat elk jaar in Baden Baden werd gehouden probeerden merendeels jonge componisten een muziekstijl te ontwikkelen die de mogelijkheden van het nieuwe medium optimaal zou benutten. Voor het leerstuk van Brecht werd de muziek geschreven door Paul Hindemith en Kurt Weill.

Kurt Weill, circa 1929

De tekst van Brecht vertelt in zeventien korte scènes het verhaal van Lindberghs Atlantische vlucht. De vlieger en zijn toestel worden voorgesteld, de uitrusting wordt opgesomd, de Amerikaanse pers spreekt de verwachtingen uit die de tocht alom in de USA wekt, terwijl de Franse kranten hun scepsis uiten. Onderweg heeft Lindbergh te kampen met de natuur: mist, sneeuwstorm en slaap proberen hem tevergeefs tegen te houden. Dan volgt de glorieuze aankomst en het enthousiasme van het Franse publiek.

Der Lindberghflug is een heldenlied. De vlieger voert een eenzame strijd tegen de demonische machten van de natuur en door die machten te overwinnen bevestigt hij de geldigheid van de menselijke normen en waarden. Waar chaos heerste vestigt hij de orde die menselijk samenleven mogelijk maakt. In dat opzicht is de vlieger gemodelleerd naar de voorbeelden van de ridder en de cowboy. Net als zij is de vlieger een eenling die, slechts vertrouwend op zijn eigen kunnen en moed, zich opwerpt als kampioen van de beschaving. En zoals zo veel ridders en cowboys heeft ook Lindbergh een 'trouwe kameraad': zijn vliegtuig dat hem door het gevaar heen loodst. Op Lindberghs vraag of het nog wel verder kan, antwoordt het met tevreden motorgebrom.

Der Lindberghflug is vooral ook een modern heldenlied en Lindbergh een moderne held. De demonische natuur wordt tegemoetgetreden met *'twee elektrische lampen, een rubberboot, een kompas en vijf conservenrantsoenen van het Amerikaanse leger'*, alles meegevoerd in een vliegtuig *'met een topsnelheid van 210 kilometer per uur'* en gebouwd in de vliegtuigfabrieken van San Diego onder persoonlijk toezicht van de *'Amerikaan'* Charles Lindbergh. Zijn kunnen is een technisch kunnen en zijn moed komt voort uit de zekerheid dat er voor de Nieuwe Wereld geen natuurlijke grenzen bestaan. Daar waar Franse luchtmachtofficieren falen, zegeviert de Amerikaanse technicus. Lindbergh is de held die een nieuw tijdperk aankondigt, hij is het beeld van de nieuwe mens. En in het uitzinnige enthousiasme van het Amerikaanse en Europese publiek lijkt dit beeld absolute geldigheid te krijgen. Maar *Der Lindberghflug* eindigt met het 'Bericht vom Fliegen'. In dit 'Bericht' wordt de conclusie uit de tocht van Lindbergh getrokken: hij heeft laten zien wat mogelijk is, *'zonder te laten vergeten: het ONBEREIKBARE'*. Aan dit onbereikbare is het tweede leerstuk gewijd.

Het Lehrstück

Het *Lehrstück*, later genoemd *Das Badener Lehrstück vom Einverständnis*, ging op 28 juli 1929 in Baden Baden in première, een dag na *Der Lindberghflug* en in hetzelfde festival voor experimentele muziek. De muziek bij het stuk is van Paul Hindemith. Het stuk bestaat uit zeven scènes, waarvan het vierde de vertoning van een aantal dia's behelst.

Het *Lehrstück* is een commentaar op het heldenlied over Lindbergh. De eerste scène begint met het 'Bericht vom Fliegen' waarmee het vorige stuk eindigde. De vlieger, die nu geen naam meer heeft, is neergestort. In zijn roes van snelheid en techniek is hij het doel en de zin van zijn vlucht vergeten. Als hij geen hulp krijgt zal hij sterven. De vlieger vraagt de mensheid, vertegenwoordigd door een koor, om brood en water. Maar de mensheid vraagt zich af of die hulp wel geboden moet worden.

In de tweede scène stelt het koor een onderzoek in naar de vraag *'of de ene mens de andere helpt'*. De conclusie is dat de vlieger met zijn vlucht de mensheid niet geholpen heeft: *'Het brood werd niet goedkoper.'* *'Terwijl jij vloog, kroop een ander over de grond, niet langer een mens.'* In de derde scène wordt de vlieger de uitslag van het onderzoek meegedeeld: omdat hij de mensen niet heeft geholpen, kunnen de mensen hem nu niet helpen. De vlieger moet *'de bühne verlaten'*, hij moet sterven. In de vierde scène wordt hem de dood getoond in de vorm van een aantal opnamen uit de eerste wereldoorlog: foto's van frontscènes en verminkte slachtoffers, ontleend aan het boek *Krieg dem Kriege* dat in 1924 was uitgegeven als aanklacht tegen de gruwelen van de oorlog.

Nu hij de dood heeft gezien kan de vlieger zich niet neerleggen bij zijn eigen sterven. In de vijfde scène wordt de vlieger uitgelegd waarom zijn dood toch noodzakelijk is. In de vorm van een parabel wordt hem duidelijk gemaakt dat hij de natuur alleen heeft kunnen overwinnen door de wetten van de natuur te accepteren en er gebruik van te maken. Hetzelfde wat voor technische vooruitgang geldt, geldt ook voor maatschappelijke vooruitgang: de eenling moet zich neerleggen bij de

wetten die gelden voor de ontwikkeling van het algemeen welzijn. Een betere wereld is alleen mogelijk wanneer mensen niet langer uit eerzucht streven naar persoonlijke roem. De vlieger ziet zijn fout in.
De zesde scène is een scène tussen drie clowns. Twee clowns helpen de derde, meneer Schmitt, door elk lichaamsdeel waar hij last van heeft te amputeren. Op het laatst krijgt meneer Schmitt last van vervelende gedachten en heel behulpzaam amputeren de twee anderen zijn hoofd.
In de laatste scène, 'Examen', toont de vlieger wat hij heeft geleerd. Hij ziet in dat hij als eenling niets te betekenen heeft en dat zijn leven of dood ondergeschikt is aan het streven van de mensheid naar een betere wereld. Alleen anoniem, als klein radertje in het grote mechanisme, kan hij de mensheid dienen; al het andere leidt tot grootheidswaan.
Het *Lehrstück* bevat een drievoudig commentaar op *Der Lindberghflug:* op het beeld van de held als zodanig, op de technische vooruitgang als doel op zich, en niet in de laatste plaats op de samenleving die zich met het beeld van de technicus identificeert, hem als een held vereert, maar daardoor ongemerkt in de richting van de afgrond glijdt.
Het *Lehrstück* is een onderzoek naar de functie en het nut van het beeld van de heldhaftige eenling. Brecht maakt duidelijk dat huzarenstukjes van eenlingen de mensheid niet verder helpen. Daarmee ontneemt hij het beeld van de held het recht om als identificatieobject te dienen. De dood van de vlieger is de dood van een bepaald type held. In diens plaats treedt een nieuwe held, een anonieme held, een onzichtbaar maar goed werkend radertje in de menselijke gemeenschap op weg naar een betere toekomst.
Naast een held is de vlieger ook een technicus. Met zijn vlucht voltrekt hij de overwinning van de techniek op de grenzen die de natuur de mensen stelt. Maar, zo laat Brecht zien, de ontwikkeling van de techniek houdt geen gelijke tred met de ontwikkeling van de sociale rechtvaardigheid. En dat zal zo blijven zolang de samenleving de technicus als held blijft vereren: op die manier komt de techniek alleen de enkeling ten goede doordat ze diens dromen van roem, macht en geld vervult.
In zijn kritiek op het beeld van de technicus-vlieger als held van de Nieuwe Wereld levert Brecht impliciet kritiek op de samenleving die zich met dat beeld identificeert. In het beeld dat die samenleving door die identificatie van zichzelf ontwerpt heeft technische vooruitgang veruit de prioriteit boven het bereiken van een menswaardig bestaan voor allen. Op dit punt schemert al iets door van Brechts overgang naar het marxisme, waartoe hij zich in het derde leerstuk, *Die Maßnahme*, uiteindelijk openlijk bekent.

Die Maßnahme

Die Maßnahme is minder een toneelstuk dan een optreden van een groot koor en vier toneelspelers. De muziek is deze keer van Hanns Eisler. *Die Maßnahme* ging op 13 december 1930 in Berlijn in première.
Vier communistische agitatoren staan voor een partijrechtbank. Ze hebben in China propaganda bedreven voor het communisme. Daarbij zijn ze gedwongen geweest een jonge kameraad te liquideren. Om de partijrechtbank te overtuigen van de noodzaak van deze moord, tonen ze in een aantal scènes het gedrag van de jongen.
Het wordt duidelijk dat de jongen beschikte over een groot revolutionair elan, een

Hanns Eisler, circa 1929

warm hart voor zijn in nood verkerende medemens en een goed ontwikkeld eergevoel. Maar zijn elan maakte dat hij te veel in één keer wilde. Zijn goede hart bracht hem ertoe mensen meteen hulp te bieden in plaats van aan een structurele verbetering op de langere termijn te werken. En zijn eergevoel verhinderde hem samen te werken met een corrupte wapenhandelaar, hoewel die samenwerking de revolutie verder zou hebben geholpen. De vijf agitatoren komen in moeilijkheden. De jongen wordt geraakt door een kogel van de politie. Door zijn verwonding dreigen ze in handen van hun achtervolgers te vallen. De vier zien zich genoodzaakt de jongen te doden en zijn lijk in een kalkgroeve te werpen om ontdekking door de achtervolgers te voorkomen. Vooraf vragen ze de instemming van de jongen.
Hij ziet in dat het niet anders kan en stemt toe *'in het belang van het communisme, in overeenstemming met de opmars van de proletarische massa's aller landen en instemmend met de wereldrevolutie'*.
De partijrechtbank komt tot de conclusie dat de vier goed gehandeld hebben en spreekt haar tevredenheid uit.
In *Die Maßnahme* illustreert Brecht zijn concept van het nieuwe heldendom, dat in het *Lehrstück* nog abstract bleef, aan een concreet geval. Hij maakt duidelijk dat de eigenschappen van de traditionele heldenfiguur – elan, een goed hart, eergevoel – alleen van nut zijn voor het bereiken van persoonlijke glorie. Zij werken echter in

het nadeel van het streven naar een betere wereld voor allen en vormen een gevaar voor de voortgang van het revolutionaire proces.
Toch is de jonge kameraad een held. Een held van het nieuwe type, een 'held van de arbeidersklasse', zo men wil. Zijn heldendaad bestaat uit het offer dat hij brengt. Nu brengen ook traditionele helden wel eens offers, maar zij hebben daarvoor altijd persoonlijke, emotionele motieven, zoals de glorie die hen na hun dood ten deel zal vallen. Bij de jonge kameraad ligt dat niet zo. Zijn naam leeft niet voort, zijn graf is de kalkgroeve. Zijn heldendaad bestaat uit inzicht – het inzicht dat het om objectieve redenen noodzakelijk is dat hij van de bühne van de wereldgeschiedenis verdwijnt. Zijn heldendaad bestaat uit zijn onderwerping aan de objectieve wetten van de sociale vooruitgang.

Van de drie leerstukken die hier beschreven zijn, bestaan meerdere versies. Er zijn vroegere ontwerpen en ook na de eerste uitvoering bleef Brecht aan de stukken werken, wat soms tot aanzienlijke veranderingen leidde.
Het meest opmerkelijk zijn de lotgevallen van *Der Lindberghflug*. Het stuk werd in 1933 gepubliceerd onder de naam *Der Flug der Lindberghs* om aan te geven dat het minder om de persoon van Charles Lindbergh dan om een bepaald type held gaat. Na 1933 compromitteerde Lindbergh zich echter met zijn enthousiasme voor Goerings Luftwaffe. Brecht reageerde daarop door *Der Flug der Lindberghs* te veranderen in *Der Ozeanflug*. In het stuk werd overal de naam van de vlieger geschrapt en in een proloog die voor de uitvoering van het stuk moest worden uitgesproken werd daarvoor als motivering gegeven dat *'hij die zijn weg vond over de oceaan maar verdwaalde in het doolhof van de steden'* het niet verdient zijn

Brechts' *De maatregel* door studenten van de Toneelschool en De Volharding in Marcanti v/h de Hoeksteen tijdens een manifestatie van HBO-studenten in 1973; doek: *Demokratiseer!* door studenten van de Rietveld Academie

naam vereeuwigd te zien in een heldenlied.

Bij de versie van het *Lehrstück* uit 1929 tekende Brecht uitdrukkelijk aan dat de tekst slechts fragmentarisch was. Hij heeft hem dan ook niet zelf gepubliceerd. De tekst is opgenomen in het programmaboekje van het festival in Baden Baden en in de partituur van de muziek die Paul Hindemith bij het stuk schreef. Eind 1930 publiceerde Brecht zelf *Das Badener Lehrstück vom Einverständnis*. De veranderingen tegenover het *Lehrstück* zijn aanzienlijk. Niet alleen breidde hij het aantal scènes uit, hij veranderde ook de volgorde en wijzigde enkele scènes. De belangrijkste verandering is de verlegging van het zwaartepunt van het stuk. Er is niet langer sprake van één vlieger, maar van vijf: een piloot en vier monteurs. Terwijl de piloot hardnekkig in zijn zelfoverschatting volhardt, tonen de monteurs zich ontvankelijk voor de kritiek. Zij zien in dat ze hun moed en hun kunnen in dienst moeten stellen van de gehele mensheid. De piloot moet sterven, terwijl de monteurs op de bühne mogen blijven.

Die Maßnahme tenslotte, is het eerste stuk waarin Brecht zijn kunst expliciet in dienst stelt van de marxistische partijdoctrine, en dan nog wel in de stalinistische variant daarvan. Het stuk werd na de première door zowel links als rechts bekritiseerd. Volgens rechts propageerde Brecht de onderwerping van het individu aan een onmenselijke partijdiscipline. De kritiek van links kwam erop neer dat Brecht de communistische partij al te star en dogmatisch voorstelde en geen rekening hield met de dialectiek van theorie en praktijk. Brecht schreef een nieuwe versie, die op 18 januari 1932 in première ging en nog zes opvoeringen beleefde voordat de nazi's de macht overnamen.

Van modernist tot marxist

In de *roaring twenties* begint in Europa een bepaald Amerika-beeld post te vatten: de Verenigde Staten als het land van de onbegrensde mogelijkheden, van economische en technologische topprestaties, van sport, amusement en glamour. De Amerikaanse mens was efficiënt, snel, zakelijk en bovenal 'modern' – een voorbeeld voor de Europeanen die op de slagvelden van de eerste wereldoorlog het failliet van hun cultuur hadden beleefd.

In die tijd was Brecht nog geen marxist. In stukken als *Im Dickicht der Städte*, *Baal*, *Aufstieg und Fall der Stadt Mahagonny* en *Die Dreigroschenoper* is hij eerder de provocateur van het burgerdom dan de architect van een nieuwe samenleving. De waarheden die hij uitspreekt zijn onaangenaam omdat ze illusies ontmaskeren, niet omdat ze de bestaande orde in twijfel trekken. Brecht prikkelt eerder dan dat hij aanvalt. Uit een gedicht dat Kurt Tucholsky op 1 november 1930 in *Die Weltbühne* publiceerde blijkt hoe men destijds over Brecht dacht:

Ram – pampampam
Wij zijn van de Mahagonny-stam
We komen van ver en staan zo na
We komen uit het Beierse Amerika.

En wat dat politiek te betekenen had, maakte Tucholsky ook duidelijk:

Exotisme in de literatuur
dient het gemak en doet niemand kwaad
geen kapitalist voelt zich geschaad.

N.N. Sjoekov (Stalinprijs 1942), Karl Marx (1818-1883), 1938

Brecht werd eerder gezien als een vertegenwoordiger van het Amerikaanse modernisme dan als iemand die iets van politieke betekenis te melden had. Maar daarmee werd hem, zeker in die tijd, onrecht gedaan. De drie leerstukken uit 1929/1930 kunnen worden gezien als een stap in de richting van zijn latere epische theater: theater dat de toeschouwers met de maatschappelijke werkelijkheid confronteert en hen overtuigt van de veranderbaarheid van de samenleving. Het leerstuk als genre was door Brecht uitdrukkelijk bedoeld om de spelers (eerder dan de toeschouwers) kritisch inzicht te geven in maatschappelijke verhoudingen, conventies en gedragsmodellen.

Der Lindberghflug bezingt de mythe van de nieuwe mens die door technische perfectie en heldenmoed in zijn eentje een betere wereld kan creëren. Die mythe wordt onderuitgehaald in het *Lehrstück*, waarin de neergestorte vlieger het symbool wordt van de burgerlijke maatschappij die zich in het verderf stort van een door technologie overheerste samenleving waarin honger en armoede alleen maar erger worden. In *Die Maßnahme* construeert Brecht vervolgens het concept van een held die wèl bijdraagt tot de ontwikkeling van een betere wereld voor iedereen. Met zijn demasqué van het beeld van de burgerlijke held beweegt Brecht zich op het terrein van de zelfbeelden van een samenleving. Samenlevingen en groepen kiezen helden waaraan ze gedragsmodellen en voor een deel ook hun groepsidentiteit ontlenen. Voor het individu betekent die groepsidentiteit aan de ene kant een beperking van het in principe oneindige aantal gedragsmogelijkheden. Aan de andere kant gaat het individu niet helemaal in de groepsidentiteit op. Er bestaat een voortdurende spanning tussen individuele behoeften en de aangeboden beelden en rituelen van de collectieve identiteit. In die spanning ontstaat voor het individu de speelruimte om eigen gedragsvarianten te ontwikkelen, een speelruimte die tevens een verplichting inhoudt, namelijk de verplichting bestaande beelden te onderzoeken op hun functie in het heden en hun mogelijkheden voor de toekomst. Wanneer Brecht het beeld van de held Lindbergh ten val brengt, rekent hij af met meer dan een bepaalde variant van het heldendom: hij doet een poging mensen te bevrijden uit de slagschaduwen van door hen zelf opgerichte monumenten. Dat hij de zo ontstane speelruimte meteen weer opvult met een model dat mensen ertoe uitnodigt zich in dienst te stellen van een anonieme wetmatigheid, is een keuze die voor onze tijd niet meer acceptabel is, ook al doet hij zijn best ons te doen geloven dat de jonge kameraad uit *Die Maßnahme* in vrijheid handelt – de jeugdige agitator volgt immers geen voorbeeld maar komt door zelf na te denken tot zijn besluit zich neer te leggen bij wat historisch noodzakelijk is.

De drie leerstukken van Brecht dragen de sporen van hun tijd. Maar tijdloos is zijn appel helden en idolen kritisch te beschouwen, een appel gericht aan alle mensen die zich waar dan ook aaneensluiten. Een staat kent zijn officiële ideologie, een bedrijf zijn *corporate identity*, een vereniging haar specifieke mores, subculturen hun regels voor gedrag en uiterlijk, families hun traditis. In al die situaties bestaat de mogelijkheid dat het individu zijn eigen verantwoordelijkheid ten offer brengt aan de voet van het monument dat de collectieve identiteit symboliseert. Hiertegen waarschuwen de drie leerstukken van Brecht en daarmee wijzen ze op de mogelijkheid en op de taak die ieder individu in iedere situatie heeft: zelf zijn wereld te interpreteren en op basis daarvan zelf zijn keuzen te maken in een vrijheid die tevens verantwoordelijkheid inhoudt.

Pieter Kievit (1953) studeerde germanistiek, filosofie en kunstgeschiedenis in Amsterdam en Düsseldorf. Is als vertaler en dramaturg verbonden aan de toneelgroep Handke/Weiss-gezelschap in Amsterdam. Publiceerde artikelen op het grensgebied van kunst, wetenschap en filosofie.

Michael Hutter

Transformaties van tijd en ruimte

Kunst als economische stimulans

Kunstwerken, zo luidt mijn stelling, dragen bij aan de technische en sociale vooruitgang, ze verhogen de produktiviteit van arbeiders en ondernemers en ze vermeerderen het kapitaal. Die stelling laat zich niet gemakkelijk bewijzen, ze laat zich hooguit met behulp van overtuigende voorbeelden aannemelijk maken. Ik wil hier twee van zulke voorbeelden aandragen. Het eerste voorbeeld betreft twee schilderwerken uit de Italiaanse renaissance, het tweede de relatie tussen tijd en ritme in dertiende-eeuwse muziek.

Masaccio en Ghirlandaio

De twee schilderijen met behulp waarvan ik mijn stelling wil onderbouwen bevinden zich allebei nog op de plaats waar ze oorspronkelijk voor bestemd waren: de dominicaanse kerk Santa Maria Novella in Florence. In 1427 werd het derde altaar in het linker zijschip van een fresco voorzien door de zevenentwintigjarige Masaccio. Het fresco is zodanig geschilderd dat het de illusie van een kapel schept. In die kapel komen we illustere gasten tegen: boven de drievuldigheid, in het midden de maagd Maria en de heilige Johannes en onder het patroonsechtpaar, afgebeeld boven een dodenaltaar. Tijdgenoten vonden de illusie van een kapel zó frappant dat ze, zoals de toenmalige kunstcriticus Vasari schrijft, werkelijk geloofden dat de muur was uitgehold.
Zestig jaar later verwierf Giovanni Tornabuoni, de broer van de moeder van Lorenzo de Medici, het patronaat over het meest prestigieuze deel van de kerk, de absis. Hij schakelde het beste atelier van Florence in, dat van Domenico Ghirlandaio, en bepaalde over welke onderwerpen de in totaal dertig fresco's precies zouden moeten handelen. De onderste schilderingen, die het meest in het oog sprongen, waren gewijd aan familie en vrienden van Tornabuoni, de bovenste betroffen religieuze onderwerpen. Rechts aan de onderkant is een fresco terechtgekomen dat over de geboorte van de maagd Maria lijkt te handelen, maar in wezen het leven van de Florentijnse *upper class* uitbeeldt: de dochter van Giovanni, Ludovica (vooraan in het midden), bezoekt met haar gevolg een vriendin en die vriendin stelt de heilige Anna voor die zojuist van de maagd Maria is bevallen.
Voordat ik inga op de economische effecten die beide kunstwerken op de lange termijn hadden, wil ik allereerst enkele opmerkingen maken over hun effecten op de korte termijn, en daarmee bedoel ik vooral hun functie als reclame – voor hun opdrachtgevers, voor hun schilders, voor de afgebeelde objecten. Masaccio is architectonisch zó precies dat iedere bouwmeester zich kan voorstellen hoe hij zijn eigen *palazzo* in die stijl zou kunnen verfraaien. Ghirlandaio schildert een reclamefolder, een soort *Schöner Wohnen* van de vijftiende eeuw. Het inlegwerk in de houten panelen, de friezen met hun putti, het bonte stucwerk op de pilaren, de brokaten gewaden van Ludovica en van de vriendin die naast de vroedvrouw zit – het zijn allemaal consumptiegoederen die enkele steegjes verderop gemaakt en

Masaccio, *Trinità*, 1427

Domenico Ghirlandaio, *De geboorte van de maagd*, 1491

verkocht werden.

Maar om de vraag te stimuleren bestonden er destijds nog wel andere mogelijkheden dan alleen de fresco-reclame. De economische effecten op de lange termijn lieten zich daarentegen veel moeilijker door andere middelen vervangen. Vandaar dat ik bij die effecten wat uitvoeriger zal stilstaan.

Perspectivisch waarnemen en sociale verandering

De bijdragen van zowel Masaccio's als Ghirlandaio's schilderwerken aan de technologische en sociale vooruitgang vormen wellicht het belangrijkste onderdeel van mijn stelling over de lange termijn-effecten. In beide kunstwerken zijn door de scheppers intuïtief allerlei technische en sociale wetmatigheden uitgebeeld die pas veel later expliciet werden geformuleerd. Wat de technologie betreft schuilt de betekenis van beide kunstwerken in de gebruikte perspectivische techniek. Masaccio's *Trinità* is de eerste ons bekende schildering waarin consequent gebruik is gemaakt van de perspectief. Bij deze nieuwe techniek komen alle lijnen die vanaf de toeschouwer parallel weglopen in het zogeheten verdwijnpunt samen. In dit geval ligt dat punt in het midden van de bovenrand van het altaar. Op de aldus gevormde horizon liggen een tweede en derde verdwijnpunt, die even ver van het centrale verdwijnpunt verwijderd zijn als een imaginaire toeschouwer. Wanneer iemand precies op de plaats van die imaginaire toeschouwer vóór het schilderij staat, krijgt hij de illusie in een ruimte naar binnen te kijken. Dankzij dit principe kan hij bijvoorbeeld ook een zijaanzicht van het schilderij construeren, waarop hij samen met de andere personen in de kapel staat afgebeeld.

De nieuwe vinding berust voornamelijk op de inzichten van Brunelleschi. In 1435 publiceerde L.B. Alberti het eerste en lange tijd gezaghebbende leerboek over de nieuwe perspectivische techniek. Toen Ghirlandaio de absis schilderde, behoorde de perspectief al tot de standaardtechnieken. De geboorte van Maria vindt in een ruimte plaats die ontegenzeglijk met behulp van een achter de panelen verborgen verdwijnpunt is geconstrueerd.

Welke effecten kunnen nu aan de uitvinding van de perspectief worden toegeschreven? In het begin van de vijftiende eeuw waren alleen nog maar kusten in kaart gebracht ten behoeve van de kustvaart. De kaarten betroffen alleen bepaalde stukken van de kust en dienden ervoor bij het navigeren de juiste positie van het kompas in te stellen. Ptolemeus was weliswaar al zeventienhonderd jaar eerder op het idee gekomen de globe in lengte- en breedtegraden te verdelen, maar

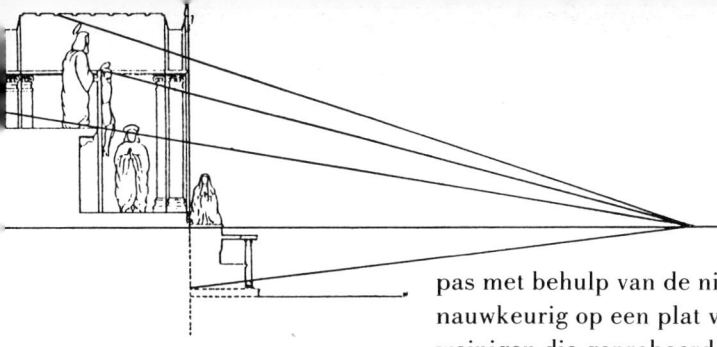

pas met behulp van de nieuwe projectietechniek was het mogelijk een bolvorm nauwkeurig op een plat vlak af te beelden. Samuel Y. Edgerton, een van de weinigen die geprobeerd hebben de effecten van een artistieke innovatie op de economische ontwikkeling in detail te reconstrueren, schrijft daarover:
'De renaissance-theoretici van de lineaire perspectief lieten als eersten zien hoe een raster van ongeacht welk oppervlak op een tweedimensionale afbeelding kon worden geprojecteerd. Op die manier maakten ze van dit universeel toepasbare structureringsprincipe een opmerkelijk communicatiemiddel. (...) Ptolemeïsche cartografie vergrootte evenals de nieuwe dubbele boekhouding het werkterrein van de ondernemer. Hij kon "in het groot" gaan denken doordat hij meer zicht en daardoor meer greep had op de plaatsen waar hij investeerde. (...) Dankzij het abstracte raster beschikte hij over een tastbare voorstelling van de richting waarin die plaatsen lagen en van de afstanden ertussen zonder dat hij door allerlei bijzonderheden en topografische grilligheden werd afgeleid.'
Edgerton vermeldt ook dat al in 1470 de Florentijnse geleerde Paolo Toscanelli het Portugese koningshof had proberen uit te leggen hoe het mogelijk was met behulp van een geometrische indeling van de westelijke oceaan de afstand tussen Cathay en Portugal nauwkeurig te bepalen.
Naast deze invloed van de schilderkunst op de cartografie valt er nog een tweede effect te vermelden. De truc van de perspectief is dat parallellen in een snijpunt bij elkaar worden gebracht waarbij dan wordt gesuggereerd dat de parallellen elkaar 'in het oneindige' snijden. Deze wijze van voorstellen is in de loop van de daaropvolgende eeuw gemeengoed geworden. Maar wat in schilderijen intuïtief werd toegepast zou pas in 1609 door Kepler theoretisch worden geformuleerd. Om zijn opvattingen over de loop der planeten mathematisch te onderbouwen moest hij uitvinden hoe een parabool kon worden geconstrueerd en daarvoor had Kepler een brandpunt nodig dat in het oneindige lag. William Ivins, die de ontwikkeling van de geometrie en de wisselwerking tussen de mathematica en de kunst is nagegaan, schrijft daarover in 1946:
'De vooronderstelling dat parallelle lijnen samenkomen lag impliciet besloten in Alberti's in 1435 ontwikkelde schema van projecties en snedes, maar niemand had het toen in de gaten, ondanks Alberti's opmerking dat zijn constructie aantoonde hoe de horizontale parallelle lijnen op zijn schaakbord van lengte leken te veranderen naarmate ze verder en verder weg lagen, tot in het oneindige – quasi per sino in infinito.'

De sociale effecten van de beide schilderwerken kunnen op dezelfde wijze worden aangetoond als hun technologische effecten. Kunstwerken kunnen sociale wetmatigheden bevestigen of ze kunnen laten zien dat er ook een andere sociale orde mogelijk is. Meer nog: wanneer zich voortdurend veranderingen voordoen en sociale structuren daarbij zowel stabiel als flexibel moeten zijn, kunnen kunstwerken aangeven welke structuren op een gegeven moment aan verandering onderhevig zijn.
Onze beide voorbeelden markeren het begin- en het eindpunt van een economisch belangrijke maatschappelijke verandering: de opkomst van een nieuwe, minder gesloten elite van leidende figuren. In de *Trinità* van 1427 lijkt de sociale hiërarchie nog in overeenstemming met de conventie: de patronen onder, erboven de heiligen en helemaal boven de godheid. Maar er valt reeds een subtiel verschil waar te nemen: de toeschouwer bevindt zich in dezelfde ruimte als de goddelijke figuren; de religie vormt in ieder geval in ruimtelijke zin niet langer een apart

domein.

In de zestig jaar later geschilderde *Geboorte van de maagd* wordt deze nivellering op haast blasfemische wijze onderstreept: de Florentijnse patriciërsklasse verkeert met de heiligen op voet van gelijkheid. De patriciërs worden nu evenals de heiligen gezien als onderdeel van een voor verandering vatbare elite die aan de moderne republiek leiding geeft. De ietwat ouderwetse Ghirlandaio speelt in de naar zijn einde spoedende vijftiende eeuw in dit opzicht overigens een marginale rol. Toonaangevend wat betreft de produktie van schilderijen voor de leidende elite was Sandro Botticelli. Zijn *Lente* bijvoorbeeld is een ingenieus beeldraadsel vol verwijzingen naar antieke mythen en gedichten van Ovidius, Vergilius en Poliziano, verwijzingen die veel genoegen verschaften, alleen al door de uitdaging ze op het spoor te komen.

Kunstwerken als informatiedragers

Wat betreft de technologische en sociale vooruitgang kon ik nog met enkele concrete bewijsstukken voor mijn aanvankelijke stelling aankomen, maar als het om de produktiviteit van arbeiders en ondernemers gaat, is de bewijsvoering een stuk moeilijker. Nieuwe vaardigheden worden, zodra mensen ze beheersen, iets vanzelfsprekends. Vooruitgang op het gebied van de produktiviteit spruit niet voort uit bepaalde technische of sociale vernieuwingen die de arbeidsproduktiviteit verhogen, maar uit een algemene verandering van de waarneming of van het vermogen tot logisch denken, een verandering die gevolgen heeft voor velerlei arbeidsprocessen en de voorwaarde schept voor de invoering van nieuwe, complexere arbeidsprocessen. Zulke geleidelijke doch fundamentele veranderingen in de waarneming kunnen hier onmogelijk in detail worden weergegeven. Ik zal me daarom tot een enkele aanwijzing beperken.

Alberti's *Della pittura* is niet alleen een leerboek, het is een manifest waarin het basisconcept van de nieuwe schilderkunst wordt uitgewerkt. Dat basisconcept omvat drie elementen. De mathematica wordt tot fundament van kunst en wetenschap verheven. Perspectief *(prospettiva)* en historiciteit *(istoria)* worden belangrijke inhoudelijke vormelementen. En tenslotte worden volume, compositie en licht als de belangrijkste vormproblemen gedefinieerd.

De voor die nieuwe schilderkunst noodzakelijke vaardigheden – een rationele benadering van problemen, een samenhangende weergave van ruimten en verhalen, de oplossing van specifieke problemen aan de hand van technische maatstaven – waren in de renaissance net zo zeldzaam als ze tegenwoordig vanzelf spreken. De schilderijen van Masaccio of Ghirlandaio werden niet in de laatste plaats zo gewaardeerd omdat ze van een superieure beheersing van juist deze vaardigheden getuigden. Iedereen die te maken heeft met collega's of andere arbeidskrachten bij wie deze basisvaardigheden ontbreken, weet hoe dat de produktiviteit kan remmen. En deze vaardigheden zijn al net zo noodzakelijk voor de produktiviteit van ondernemers, want alleen wanneer problemen rationeel worden doorgrond en hun context rationeel wordt benaderd kunnen er nieuwe zakelijke projecten worden ontwikkeld.

Is de invloed van de beide kunstwerken op de produktiviteit dus nogal indirect, wanneer we het over kapitaalvermeerdering gaan hebben krijgen we weer wat vastere grond onder de voeten. We moeten daarbij onderscheid maken tussen reëel kapitaal en financieringskapitaal. Tot het reële kapitaal, dus tot de produktiemiddelen van een maatschappij, behoort onder meer de kennis, de knowhow, oftewel de hoeveelheid informatie die op de een of andere manier is verzameld en opgeslagen. Bezien we de totale kunstproduktie van de renaissance vanuit dit gezichtspunt dan blijkt daarin een enorme rijkdom aan kennis schuil te gaan. In de literatuur, beeldende kunst en architectuur van de renaissance werd wat er bekend was over de sociale organisatie van de antieke wereld voor de nieuwe elite toegankelijk gemaakt.

De architectuur van de *Trinità* is geen fantasieprodukt maar het resultaat van het jarenlange onderzoek van Brunelleschi, die in Rome de nog bewaard gebleven resten van de antieke cultuur bestudeerde en daarop een nieuwe architectuur baseerde. In schilderingen als de *Trinità* werd deze kennis opgeslagen en ter beschikking gesteld aan wie haar gebruiken wilde. Zestig jaar later, in de tijd van Ghirlandaio, was de kennis van de antieke cultuur al weer verder ontwikkeld.

De decoraties, de putti en het inlegwerk op de *Geboorte van de maagd* zijn gemaakt naar antieke voorbeelden die in schetsboeken naar Florence zijn gebracht en daar opnieuw werden gebruikt. En wanneer we vervolgens naar Botticelli's schilderijen kijken dan zien we hoe ook de antieke ideeënwereld in beeldvorm werd overgedragen.

Kunstwerken bevatten dus in gebundelde vorm de meest uiteenlopende soorten informatie uit de meest uiteenlopende tijden. Ook wij maken op het ogenblik van deze vierhonderd jaar oude schilderijen gebruik om er informatie uit te halen en in die zin zijn ze ook nu nog produktief.

Naast produktiemiddelen heeft een economisch stelsel ook middelen nodig om de eenmaal geproduceerde waarde in op te slaan, evenals middelen om de nog te produceren waarde te financieren. Tevens vergroten kunstwerken het reservoir van beschikbaar financieringskapitaal. Ze dienen als waardemaatstaven en als manieren om waarde te bewaren, vooral wanneer ze niet meer zoals fresco's aan één plaats gebonden zijn maar zich zoals schilderijen ertoe lenen te worden vervoerd en opgeslagen. De 'netto opbrengst' van schilderijen ligt weliswaar aantoonbaar lager dan die van conventionele waardepapieren, maar juist op langere termijn blijken kunstwerken oorlogen en crises beter te kunnen doorstaan dan andere, veel stabieler geachte materiële waarden.

Voorlopig kunnen we concluderen dat het in principe mogelijk is met voorbeelden aannemelijk te maken dat kunstwerken met name op de lange termijn een economische rol spelen. Een onweerlegbaar bewijs voor mijn stelling is daarmee natuurlijk nog niet geleverd. Voor zo'n bewijs zou de hele kunstproduktie van een tijdperk moeten worden beschouwd. Niet alleen de beeldende kunst, maar ook de muziek, het theater, het ballet en de literatuur dragen ieder op hun eigen manier bij aan de economische ontwikkeling. En daar komen dan nog voor iedere kunstvorm de minder vernieuwende, eerder ambachtelijke produkten bij die onontbeerlijk zijn voor de verbreiding van nieuwe ideeën – denk maar eens aan de miljoenen schilderijen en tekeningen die nodig waren om het perspectivisch waarnemen tot iets vanzelfsprekends te maken.

In plaats van mijn stelling op een dergelijke manier in de breedte uit te werken, stel ik voor de gebruikte wijze van argumenteren op een andere kunstvorm uit een ander tijdperk toe te passen, namelijk op de muziek uit de twaalfde en dertiende eeuw. Wanneer het lukt te laten zien dat die muziek op de lange termijn economische effecten heeft gehad, dan zegt dat in ieder geval iets over de vruchtbaarheid van de door mij gehanteerde aanpak.

Driestemmig motet, dertiende eeuw; de onderste balk is de *tenor*.

De school van de Notre Dame

Muziekstukken bestaan uit niets anders dan luchttrillingen in een ruimte.
In vergelijking met kunstwerken die uit verf, linnen, hout, papier en dergelijke bestaan is onze westerse muziektechniek een hoogst immateriële kunstvorm, wat het er niet gemakkelijker op maakt de effecten ervan op de economische groei van onze maatschappij aan te tonen. Daar komt nog bij dat de 'uitvinding' van een of andere vorm of inhoud zelden aan één enkel individu kan worden toegeschreven. Bovendien houden muziekstukken op te bestaan zodra ze niet meer worden uitgevoerd. En omdat het repertoire van de ensembles die de huidige muziekmarkt bepalen – symfonieorkesten, operagezelschappen, rockbands – zelden ouder is dan tweehonderd jaar, zijn wij met muzikale ontwikkelingen uit een verder verleden veel minder vertrouwd dan met bijvoorbeeld schilderwerken uit de Italiaanse renaissance.
De ongrijpbaarheid en vergankelijkheid van muziek rechtvaardigen echter niet de

conclusie dat ze geen effecten zou sorteren. Integendeel, onze waarneming wordt door de ons (in letterlijke zin) omringende muziek veel fundamenteler beïnvloed dan door schilderijen, waar we ons immers gemakkelijker voor kunnen afsluiten. De effecten van de consumptie, produktie en vernieuwing van muziekstukken op de technologische en sociale vooruitgang, op de produktiviteit en op de kapitaalvorming zijn dan ook navenant veelomvattend.

Hoe veelomvattend de economische invloed van muziek is, wil ik hier illustreren aan de hand van het beklemtoonde maatritme dat aan het einde van de twaalfde eeuw door de zogeheten Notre Dame-school werd geïntroduceerd. Ik zal kort schetsen onder welke omstandigheden die vernieuwing plaatsvond en hoe ze werd verbreid, om vervolgens te laten zien hoe ze het tijdsbesef van de middeleeuwse Europese maatschappij beïnvloedde.

Van een beklemtoond maatritme[1] spreekt men wanneer het ritme van de melodie samenvalt met de klemtoon van de woorden. De ontdekking van dat maatritme, die algemeen gezien wordt als een mijlpaal in de geschiedenis van de polyfonie, kan bij uitzondering wèl aan één enkel individu worden toegeschreven: aan Perotinus, een van de meesters van de muziekschool en het koor van de Notre Dame in Parijs. In de gregoriaanse muziek van de twaalfde eeuw omspeelde een stem in een vrij ritme een vaste, onveranderlijke *cantus firmus*, die in de *tenor*[2] werd gelegd. Aan het einde van de twaalfde eeuw begon Perotinus in deze werken tussendelen, zogenaamde *clausulae*, in te voegen. In die tussendelen werkte hij ook de *cantus firmus* zèlf uit in regelmatige, zich herhalende patronen, òf hij componeerde tegenmelodieën voor de hoge stemmen, waardoor meerstemmigheid ontstond.

Om deze meerstemmigheid zodanig te kunnen noteren dat iedere nieuwe noot op het juiste moment werd ingezet, moest hij een nieuw systeem bedenken. Zo leidde de invoering van een vaststaand ritme in meerstemmige muziek tevens tot de invoering van een notenschrift waarin de nieuwe, nauw luisterende verschillen in de tijdsduur van tonen konden worden vastgelegd. Deze in de twaalfde eeuw ontwikkelde, zogeheten mensurale notatie, een notenschrift waarbij uit de vorm van de noten en hun plaats ten opzichte van andere noten de duur der tonen afleesbaar is, is door de invloed van het werk van Perotinus van grote betekenis geweest voor de muziekproduktie van de dertiende eeuw. Ik kan daar nu niet nader op ingaan, maar wat in ieder geval vaststaat is dat het beklemtoonde maatritme de ritmische basis is gaan vormen voor het motet[3], een belangrijke muziekvorm van de dertiende tot de vroege vijftiende eeuw.

Lineair tijdsbesef en vooruitgang

Wat voor een effect heeft een vaststaand beklemtoond ritme? Ik zou willen beweren dat uitvoerenden en toehoorders van de *clausulae* van Perotinus voor het eerst in de westerse cultuurgeschiedenis een lineair tijdsbesef zintuiglijk ondergingen. In deze klankstructuren staat de tijd niet stil zoals in het op en neer gaan van het gregoriaans, hij draait niet in een kring rond zoals in de volksdanswijsjes, maar hij schrijdt eindeloos voort. Het zou evenwel lange tijd duren voordat dit gevoel van het eeuwige voortschrijden zich boven het niveau van de onbewuste ervaring verhief en bewust geformuleerd werd. In de veertiende eeuw werd het lineaire tijdsbesef een vast kenmerk van het Europese denken. Pas op dat moment werd 'vooruitgang' een categorie die zich ook op het economische leven liet toepassen, en dan zowel op de technologische als de sociale aspecten daarvan.

Door het nieuwe tijdsbesef was het komende tijdperk niet langer het koninkrijk

---

1. Het woord 'maat' komt van meten; meten is altijd: verdelen in gelijke delen. Maat in de muziek is de verdeling van de tijdsduur in gelijke delen door middel van regelmatige klemtonen.
2. *Ténor* betekent in het Latijn: houder; in de muziek is het de stem die een bestaande melodie (een *cantus firmus*; bij Perotinus een gregoriaanse melodie) zingt of speelt.
3. Een motet is een meerstemmig muziekstuk, waarbij elke stem een andere tekst heeft, soms zelfs in een andere taal.

Perotinus, *Alleluia, Nativitas*, fragment, eind twaalfde eeuw

gods maar gewoon een nieuwe periode, een nieuwe maat in een voortgaande melodie. De consequentie daarvan is dat iemand die plannen maakt voor de toekomst voort kan bouwen op de stabiliteit van de bestaande verhoudingen. Een dergelijke 'ondernemer' moet dan wel in staat zijn de complexiteit van een langere tijdsspanne te overzien. De opdeling in maten geeft hem ook op dat punt een fundamenteel instrument in handen. Kortom: ruimte noch tijd zijn natuurlijke, vanzelfsprekende zaken, ze moeten middels maatschappelijke activiteiten voortdurend opnieuw worden geproduceerd en geactualiseerd. Daarbij speelt de cultuur een belangrijke rol doordat ze de afzonderlijke individuen de structurele middelen verschaft waarmee ze hun complexe handelingen in ruimte en tijd kunnen lokaliseren.

Het vinden van concrete aanwijzingen voor de invloed die Perotinus' ontdekking heeft gehad op de temporele structuur van de produktieve activiteit van arbeiders en ondernemers, is nog lastiger dan in het geval van de beide Florentijnse schilderingen. Maar wellicht legt de volgende uitweiding enig gewicht in de schaal. In het begin van de veertiende eeuw werden in Europa de eerste mechanische uurwerken ontwikkeld. Nog steeds vragen wetenschapshistorici zich af waarom China, waar de techniek zo veel verder was, daar niet eerder mee kwam. Omdat het praktische nut van die instrumenten nog lange tijd gering bleef wordt de verklaring gezocht in de bevrediging die het technische kunnen schonk, dus in een soort immanente ontdekkingsdrang. Maar een misschien even aannemelijke verklaring is dat in een maatschappij waar men door de muziek de regelmatige en gelijkvormige interpunctie van de tijd als vanzelfsprekend is gaan ervaren, vanzelf de behoefte groeit aan een methode om de tijd op overeenkomstige wijze te meten en daarmee afstand te nemen van de grove indeling van de tijd middels zonnewijzers en waterklokken. Dat zou betekenen dat het nieuwe tijdsbesef geleid heeft tot een nieuwe methode om de tijd te meten, en niet omgekeerd.

Wat betreft het laatste punt van mijn stelling: ook motetten laten zich als kapitaal opvatten, weliswaar niet als financieringskapitaal maar zeker wel als reëel kapitaal. Structuren bestaande uit luchttrillingen worden met veel succes ingezet ter ondersteuning van macht, ter uitbeelding van religieuze saamhorigheid of ter omlijsting van verstrooiende spelen. Op deze punten moeten muziekstukken concurreren met andere goederen en diensten, zoals wapens, bouwwerken, levensmiddelen, andere kunstwerken. Maar composities bevinden zich in een goede concurrentiepositie omdat ze hetzelfde presteren met verhoudingsgewijs minder middelen. De kapitaalreserve waarover een maatschappij in de vorm van zijn musici beschikt is niet minder onaantastbaar en niet minder wezenlijk dan de know-how en het gedragsrepertoire van de specialisten in de technische beroepen. Het succes van het motet, de levendige vraag naar specialisten die de compositie en uitvoering ervan beheersten, geven aan welke waarde men in die tijd aan deze muziekvorm toekende.

Kunnen we nu zeggen dat de stelling waar ik mee begon bewezen is? Dat zou een wel wat al te overhaaste conclusie zijn. Bovenstaande besprekingen van voorbeelden uit de schilderkunst en de muziek behelsden niet meer dan een korte excursie op een nog braak liggend sociaal-wetenschappelijk terrein. Dergelijke excursies lenen zich alleen voor het uitproberen van methoden en voor het verzamelen van bodemmonsters. Ik denk dat de beide voorbeelden de verwachting rechtvaardigen dat er in het niemandsland tussen kunst en economie nog allerlei onontdekte schatten verborgen liggen.

Michael Hutter (1948) studeerde onder andere wiskunde en economie in de Verenigde Staten. Doceert staathuishoudkunde aan de Ludwig Maximilians-Universität München en is medewerker aan het project 'De economische betekenis van kunst en cultuur'. Publiceerde over economische theorie, economische geschiedenis, concurrentiestrategieën en de economie van het recht, de gezondheidszorg en de kunst.

Lifestyle

Politiek, economie en cultuur in het hedendaagse Europa

Karla Fohrbeck

Eerst profiel, dan stijl

Het moderne ik op het levenstoneel

De terugkeer van de collectieve identiteit

Nog tot zo'n jaar of twee, drie geleden wemelde het in advertenties en reclames van de typische jaren zeventig-begrippen in de trant van 'individualisme voor iedereen'. Zelfs autofabrikanten wierven met 'persoonlijkheid' (Porsche), 'intelligentie op wielen' (Citroën), 'understatement' (Opel Senator), 'creativiteit, individualiteit en originaliteit' (Fiat Panda) en 'weg met het conformisme' (Austin Rover). Halverwege de jaren tachtig is de teneur veranderd. De trefwoorden in de reclame geven nu te kennen dat groepsvorming weer mag. Tegenwoordig gaat het om levensstijl, *lifestyle*, stijl en identiteit, terwijl ook luxe weer bezig is met een comeback. In de kleine lettertjes van de autoreclames wordt nog steeds over 'kracht en creativiteit' gesproken, maar de grote letters verraden: 'Ik wil luxe', en die kan men kennelijk bereiken vìa 'Ik wil macht', 'Ik wil techniek' en 'Ik wil alles'. Twintig jaar geleden was de weg omhoog nog geplaveid met smaak, mode en stijl. Stijl voorzien van een internationaal tintje, wel te verstaan – zie bijvoorbeeld de poging in de jaren zestig om in de wirwar van dansstijlen, waar men zich kennelijk vreselijk aan ergerde, weer een keurige 'werelddansorde' aan te brengen. Stijl sloot veelvormigheid niet uit, maar dat hoefde niet meteen zo'n afgrijselijke kluwen te zijn waar niemand wijs uit kon worden.

De onzekerheden van het dagelijks leven ging men destijds ook met een ander populair begrip te lijf: het rolbegrip. 'Rol' heeft met 'stijl' gemeen dat ze op min of meer vergelijkbare wijze orde schept, namelijk door een ruimtelijke mise-en-scène, door ritualisering of stilering van het handelen en door de bijval van het publiek. Voor het maatschappelijke 'systeem' van toen waren dat centrale begrippen, want de volle subjectiviteit gold als een onzekere factor die in bedwang moest worden gehouden zodat men met zekerheid kon zeggen hoe mensen zich zouden gedragen. Nu de grote systemen wat meer ruimte laten en de integratie weer een zaak wordt van kleinere eenheden en het afzonderlijke subject, lijkt de vraag naar stijl weer toe te nemen. Om een herkenbaar levensterrein af te bakenen kan men niet langer volstaan met zich van anderen te onderscheiden, origineel te zijn. 'Eerst profiel, dan stijl', luidt de maxime voor iedereen die zijn terrein, bevochten in de ellebogenstrijd van de jaren tachtig, wil verdedigen. Maar niet alleen voor hen is stijl een strijdmiddel.

De *homo ludens* kan niet zonder stijl, en dan gaat het niet meer alleen om het stijlbegrip uit de kunstgeschiedenis, maar veeleer om dat uit de theaterwereld. Mise-en-scène, ritualisering, publiek – het leven van de jaren tachtig speelt zich af op het toneel, het levenstoneel dat vorm geeft aan identiteiten of, in het geval van de markt en de produkten die er worden aangeboden, aan stijlen. De afstand tot het publiek werkt tegelijkertijd verlichtend, want het blijkt op den duur toch te vermoeiend steeds maar alleen met zichzelf te moeten samenvallen, of dat althans voortdurend te moeten bewijzen.

Zijn we de veelvormigheid, die zich eigenlijk nog maar net begon af te tekenen, dan al weer zat? Verlangen we al weer naar heldere, alomvattende stijlconstructen, ontleend aan de kunstgeschiedenis waar alles zo zuiver en keurig chronologisch geordend lijkt? Het is per slot van rekening opmerkelijk dat men tegelijkertijd een persoonlijke èn een groepsidentiteit verlangt, dat men consistentie net zo goed zoekt in multifunctionaliteit als in stilistisch design. Men wil weliswaar betekenissen relativeren, een einde maken aan een tijd waarin alles veel te letterlijk werd genomen, maar tegelijkertijd wil men ook het emotionele gat dichten dat 'het systeem', met zijn opsplitsing naar functies en met zijn technologische ontwikkeling, voor velen heeft achtergelaten.

Daaruit blijkt ook dat er geen sprake is van een duidelijke evolutie, zelfs niet van een principiële wending in de richting van een stabiliserende stijl an sich.

We hebben veeleer te maken met twee verschillende stijlbegrippen die elkaar deels overlappen, maar deels elkaar ook in tegenbewegingen opstuwen. Beide bewegingen grijpen momenteel terug naar het overkoepelende begrip 'identiteit'. Stijl is bij nadere beschouwing vooral een instrumentarium voor het spel van de identiteit, een voorraad requisieten die heel wat speelruimte laat. Deze elkaar kruisende tendensen laten zich zowel vanuit een biografisch als vanuit een collectief gezichtspunt beschrijven, want op beide speelvelden figureren momenteel dezelfde begrippen, zonder dat ze hetzelfde betekenen.

De levenscyclus van een stijl

Laten we beginnen bij de biografische identiteitsvorming. Wanneer men zich naar binnen bokst in de open samenleving, een samenleving die geen rollenkorset meer biedt en waar vaak ook geen sprake meer is van een arbeidsmarkt met stabiele patronen waaruit duidelijke stijgingskansen en plaatstoewijzingen volgen, komt het aan op de subjectieve voorstelling die men van zichzelf heeft, en daarbij speelt styling een grote rol. De alledaagse cultuur is geheel van dit verschijnsel doortrokken, iedereen is een kunstenaar van de ikvorming geworden. De enkeling blijkt momenteel geenszins het slachtoffer van zeden en gebruiken, hij is een actieve stilist op het toneel van het alledaagse leven, waar de meest uiteenlopende uitdrukkingsvormen met elkaar wedijveren. Zo ontwikkelt hij zijn profiel, zo verschaft hij zich toegang tot de markt, zo kristalliseren zijn pogingen zich van anderen te onderscheiden uit in een identiteit. Originaliteit en de kunst zich te onderscheiden zijn zaken die voor de leeftijdsgroepen tussen de tien en dertig jaar van buitengewoon groot belang zijn.

Maar is men eenmaal tot de markt doorgedrongen, dan wordt het andere aspect van stijlvorming van wezenlijker belang, namelijk het vasthouden van een stijl. Dat is dan wat men identiteit noemt en niet alleen maar identificatie. De man of vrouw van boven de veertig, dus uit de leeftijdscategorie die langzaam maar zeker de jeugdcultuur van haar prominente plaats in de hedendaagse cultuur verdringt, heeft juist behoefte aan meer dan alleen een 'persoonlijke noot'. 'Tijdloos klassiek' is maar een van de cliché's waarmee de reclame mensen uit deze categorie duurzaamheid belooft. Wie in tijdschriften voor management en design bladert vindt tegenwoordig genoeg materiaal voor het nieuwe vocabulair.

Alternatieve designbureaus, overigens zelf deel uitmakend van een nieuwe economische elite, proberen economische moraal, culturele aspecten van de kapitalistische vrije markt en persoonlijke levensstijl met elkaar te versmelten, maar dat is geenszins het enige kleurmengsel op het palet. Bijna alle belangrijke firma's werken momenteel met hetzelfde begrippenmateriaal, ongeacht de politieke kleur. Ze hebben het over de signaalfunctie van het design en over de bedrijfscultuur. Ze hebben het erover dat leidinggevenden creatief en origineel moeten zijn, dat ze persoonlijkheid moeten uitstralen. Ze hebben het weer over werkstijl, over bedrijfsethiek, over ondernemingsfilosofie. Technocratische strategieën zoals humanisering van de arbeid en profilering van het merk zijn de werktuigen van gisteren.

Düsseldorf   Stuttgart

Daarbij heeft het voorbeeld van Japan zeker een bepaalde rol gespeeld, op z'n minst als katalysator. Want in de aldaar woedende concurrentieslag hebben de grote ondernemingen laten zien dat economische groei niet alleen afhangt van design en technische vooruitgang, maar ook van een bepaalde sociaal-culturele dimensie die tot uiting komt in de *corporate identity* en de bedrijfsethiek waarmee men het prestatievermogen opdrijft.

In het economische leven gaat men er tegenwoordig van uit dat men minstens tien jaar nodig heeft om een *corporate* of merkidentiteit op te bouwen en economisch renderend te maken. Aan de andere kant geldt als vuistregel dat zo'n identiteit nauwelijks langer dan twintig jaar zonder te verstarren in de permanente concurrentiestrijd overeind blijft. Wanneer men opbouwfase en looptijd van zo'n identiteit bij elkaar optelt, krijgt men een tijdsspanne die al heel wat langer is dan de cyclus van een modeverschijnsel. Die tijdsspanne komt wellicht aardig overeen met de biografische cyclus van een stijl.

Niet alleen bedrijven, ook 'openbare lichamen', zoals partijen, provincies, buurtschappen en landstreken, doorlopen tegenwoordig de hele cyclus van stijlontwikkeling en identiteitsbehoud. Zij hebben het weliswaar niet over *corporate identity*, maar over 'culturele identiteit', waarachter dan bijna dezelfde belangenconstellaties schuilgaan. Ook de manier waarop die identiteit tot stand komt is vergelijkbaar. Kijk maar naar het opkomende neonationalisme of neoregionalisme. Of naar de culturele concurrentie tussen zulke grote steden als Parijs, Londen en Amsterdam, of Frankfurt, München en Keulen – een concurrentie die zich net als in de renaissance toespitst op de bouw van cultuurcentra, operagebouwen en musea, op cultuurprijzen, culturele manifestaties

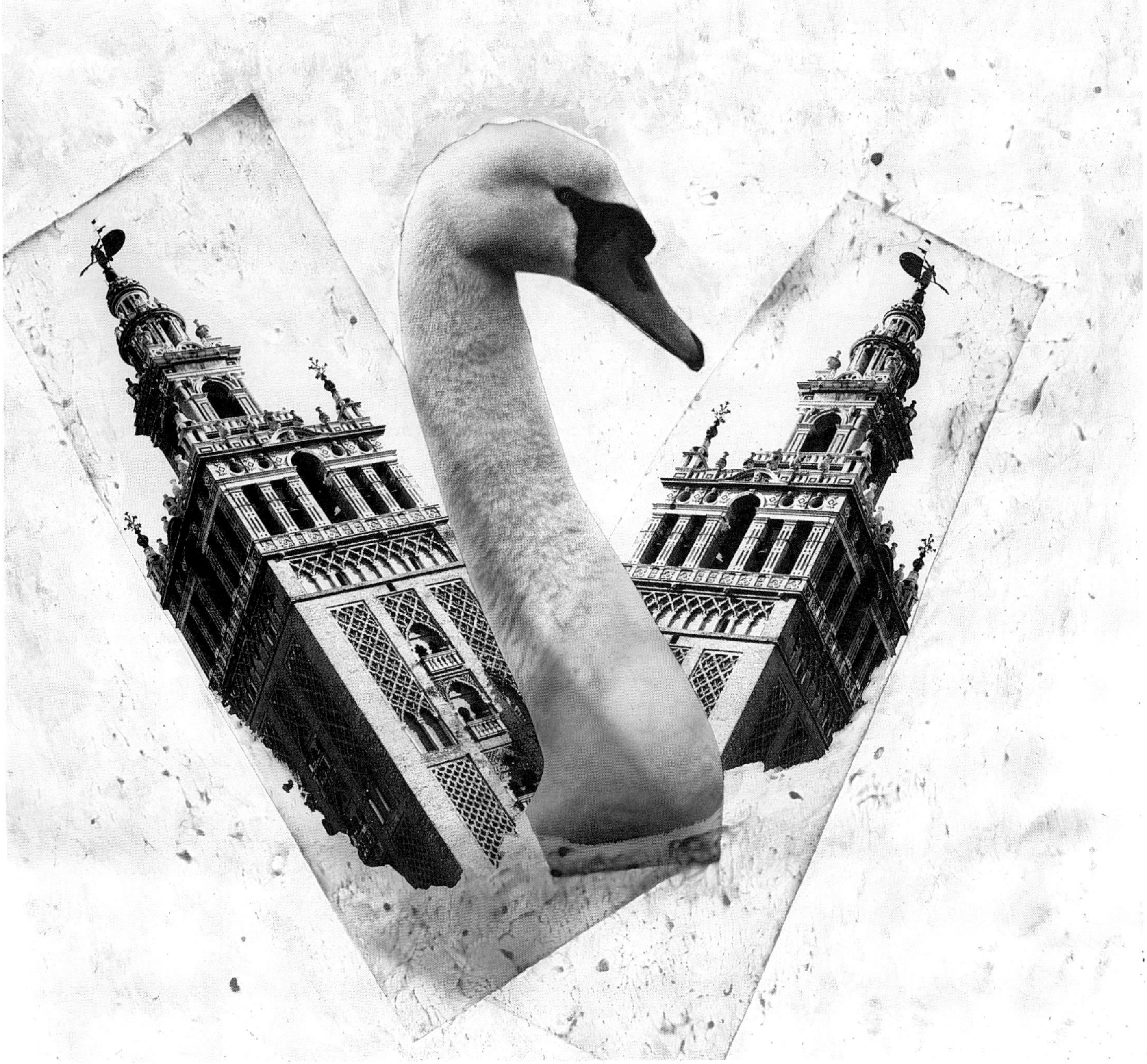

of al die andere manieren waarop men zich cultureel kan profileren. Of kijk naar de partijprogramma's, waarin tegenwoordig altijd wel een paar woorden aan cultuur worden gewijd.

Om een stijl te ontwikkelen is het noodzakelijk zich te onderscheiden, en daarvoor zijn complexere betekenisdragers nodig dan de objecten uit de wereld van het design. Het gaat om betekenisdragers die te samen een systeem vormen dat ontwikkeling mogelijk maakt. De belangrijkste niveaus daarin zijn *Leitbilder* 'van bovenaf' en alternatieve voorstellingen 'van onderop', parallel aan de eroude trend van decentralisatie versus concentratie.

Cultureel totemisme

Mensen hebben van oudsher *Leitbilder* gecreëerd om hun identiteit aan op te hangen en zich van anderen te onderscheiden. Maar om te verhinderen dat de fantasie van mensen al te voortvarend aan het creëren van eigen beelden sloeg, werd de produktie van *Leitbild-* en voorbeeldsystemen voorbehouden aan bepaalde heersende kasten, priesters, pausen, vorsten, standen en later aan de kunsten en de cultuur, respectievelijk de cultuurindustrie. Van voorouderscultus tot Marlboroman, van goden, heiligen, helden en sterren tot supervrouwen: het culturele totemisme leeft voort in de hedendaagse *Leitbild*systemen.

De eenvoudigste manier zich te onderscheiden en een eigen stijl te ontwikkelen is nog altijd het natuurtotemisme. Samenlevingen waarin men zich niet in de eerste plaats economisch van elkaar onderscheidt, moeten, zo luidt de these van de antropoloog Claude Lévi-Strauss, hun toevlucht nemen tot culturele differentiatie, tot kunstmatige clanvorming. Daarbij wordt tot op de dag van vandaag nog verbazingwekkend vaak teruggegrepen op het totemdier, dat bepaald niet alleen op de totempalen van de Indianen voorkomt. Duitse adelaars, Nederlandse leeuwen of Gallische hanen moeten nog altijd de nationale identiteit symboliseren.

De alternatieve bewegingen tooien hun stickers en affiches met 'antidieren', zoals egels, hazen, kikkers, ratten en mollen. En tegenwoordig is het bijna al weer *bon ton* om na de eerste twee, drie zinnen naar elkaars dierenriemteken te informeren teneinde vast te stellen of men bij elkaar past of niet.

De mens zelf, met zijn biografie, zijn karakter, deugden en ondeugden, zijn *lifestyle*-attributen en achtergronden, is als betekenisdrager ongetwijfeld veel geschikter dan de natuurtotem. Een van de meest voor de hand liggende *Leitbild*systemen wordt nog altijd gevormd door de voorouderscultus, een systeem dat geenszins alleen maar 'van bovenaf' wordt opgelegd. Terwijl men de voorouderscultus bij anderen maar al te graag tot de magie rekent, wordt hij bij ons in leven gehouden met behulp van een eindeloze reeks jubilea, verjaardagen, herdenkingen en soortgelijke rituelen. Of de voorouder nu Goethe of Brecht heet, Einstein of Rosa Luxemburg, Hitler of keizerin Theresa, Erasmus of Leonardo da Vinci – hij of zij staat net als het totemdier voor een bepaalde klasse van eigenschappen en biedt daarenboven nog een persoonlijke levensgeschiedenis waar men zich aan kan spiegelen of juist tegen af kan zetten.

Zelfs de Griekse Olympos en het Romeinse Pantheon, met hun uitgebreide familiesystemen van individuen en persoonlijkheden en met hun cultus van de jeugd, hebben nog altijd invloed op de ontwikkeling van stijlen. Zeus-hemden en Kouros-parfums zijn echter slechts zwakke afspiegelingen van wat tot nu toe vooral via theater, opera en ook film in leven werd gehouden als alternatieve en verdrongen goddelijke *Leitbilder*.

Amsterdam, 30 april 1983

Het zou historisch interessant zijn vanuit een dergelijk gezichtspunt ook eens nieuw licht te werpen op het gigantische aanbod van middeleeuwse heiligen, schutspatronen en beschermengelen, van martelaren en ketters – een ongelooflijke hoeveelheid excentriekelingen, buitenbeentjes en graalzoekers met evenzovele karakteristieke levensgeschiedenissen. We hebben hier te maken met een van de weinige tijdperken waarin het alternatieve subject om zo te zeggen 'heilig' werd verklaard, hetgeen de 'aardbewoners' een zeker niet te verwaarlozen systeem bood om als leidraad te dienen bij hun eigen speurtocht naar een levensstijl en identiteit. Deze weg naar individualiteit, deze persoonlijke *lifestyle*, deze rechtstreekse relatie tot de Openbaring – zoals later tot de Verlichting en de genialiteit – werd sedertdien ook door veel kunstenaars bewandeld. De kunstenaar is al meer dan een eeuw lang het prototype van iemand die zijn leven in dienst stelt van de avant-garde, de creativiteit en de oorspronkelijkheid – hoewel men bij nadere beschouwing moet vaststellen dat slechts zeer weinigen de kelk van de stilering en clanvorming aan zich voorbij hebben laten gaan.

Wat zeker niet uit het oog mag worden verloren is de rol die de markt heeft gespeeld, niet alleen bij de opbouw van de massacultuur, maar ook, zeker daar waar de basisbehoeften goeddeels bevredigd waren, bij het introduceren van nieuwe differentiatieprocessen in de samenleving. Dat ze daarbij ook alle belang had bewijst een firma als Reemtsma, die met een gering aantal soorten tabak een imperium van tegen de veertig persoonlijkheidstypen beheert. Het blijkt dat het sigarettentotemisme – deels in samenwerking met andere produktsectoren – aan de culturele differentiatie bij kan dragen en tegelijkertijd nieuwe markten kan openbreken.

Natuurlijk is hier ook sprake van de door intellectuelen zo verfoeide manipulatie. Maar de dwang die daarachter steekt lijkt niet zo groot dat er geen plaats meer is voor speelse en zelfs emancipatorische aspecten, die tot verdere differentiatie aanzetten. Vrouwen zullen zich ongetwijfeld in hun huiselijke strijd gesteund voelen wanneer een damesblad plotseling een stijl- en zelfbewuste campagne begint voor de vrouw met het eigenzinnige uiterlijk en de eigenzinnige persoonlijkheid – een prototype dat in het sigarettentotemisme, met al zijn verschillende persoonlijkheden, nog altijd nauwelijks vertegenwoordigd is.

Nozemachtige alternatieven

De afwisseling van manipulatie en spel kenmerkt ook de totstandkoming van levensstijlen en culturele stijlen 'van onderop'. Men kan die processen natuurlijk louter uit het gezichtspunt van design en stijl beschouwen, te meer daar ze op de langere termijn toch bijna allemaal alleen als mode overleven en dan gemakkelijk over een internationale of regionale markt kunnen worden verspreid. Maar ontstaan zijn ze meestal uit andere motieven en overleven doen ze ook op andere niveaus.

Laten we bij wijze van voorbeeld eens kijken naar de naoorlogse Duitse jeugdcultuur, die wellicht niet zo veel van de Nederlandse verschilt. Voor de beroemde *Halbstarken* uit de jaren vijftig (in Nederland de nozems) was muziek het belangrijkste expressiemiddel, en voor alle jeugdculturen die daarop volgden zou dat zo blijven. De daarmee verbonden protestacties zetten politiek nog niet veel zoden aan de dijk en werden ook in de theorie als een tijdelijk probleem gezien – per slot van rekening hebben alle jonge generaties daar last van, ze moeten gewoon even uitrazen, het gaat wel weer over.

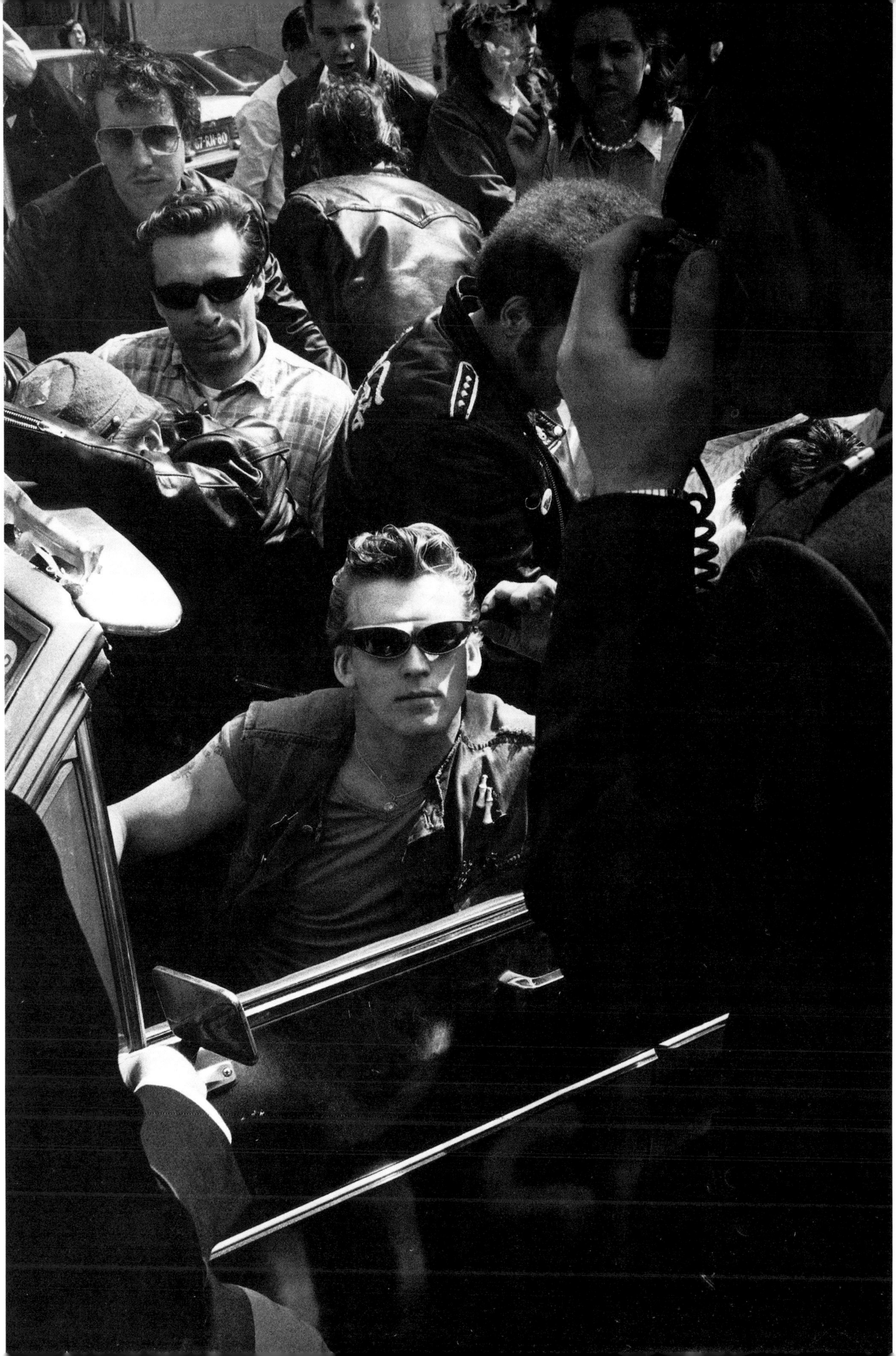

Den Haag, 29 oktober 1983

De studentenrevolten en buitenparlementaire oppositie aan het eind van de jaren zestig verplaatsten de stijl- en uitdrukkingsmiddelen deels weer van de muziek naar het woord. Daarnaast ontleenden ze hun politieke uitdrukkingsvormen voor een groot deel aan de beeldende kunstenaars met hun straatkunst, happenings en *performances*. De jeugdculturen van de jaren zeventig droegen weer veel meer het stempel van een openbare cultuur, zij stonden weer in nauw contact met de beeldende kunst en met het streven zich in de openbaarheid te manifesteren.
In de jaren tachtig, wanneer in de ogen van de jeugd de *Apo-opa's* (zeg maar: bejaarde politico's) al weer gezelschap hebben gekregen van de grootvaderlijke alternativo's en de milieufreaks, kan de manier waarop de jeugd haar leven stileert en dramatiseert het beste worden getypeerd met het principe van het theater, van de mise-en-scène van het zelf, van de kunst van de ikvorming (met de wereld als podium). En daarbij spelen zoals dat hoort ook kostuums en requisieten, maskers en decors een rol.
De sociale en politieke pretentie waarmee die manier van stileren gepaard gaat is duidelijker dan bij ons aanwijsbaar in de jeugdculturen van Groot-Brittannië en de Verenigde Staten. Die jeugdculturen hebben mode en design weliswaar veel impulsen gegeven, maar hun voedingsbodem is duidelijk ook het politieke contrast tussen klassen en rassen, de conflicten tussen zwart en blank, tussen proletariaat en middenklasse. De als provocatie of als verdediging van het eigen terrein bedoelde stijlen en culturele conflicten dragen op die manier niet alleen bij aan de mode, de muziek en de persoonlijke levensstijl, maar evenzogoed aan de politieke cultuur en de culturele openbaarheid.
Wat al deze bewegingen in ieder geval laten zien is dat sociale betrokkenheid heel goed met stijlvorming en esthetisering samen kan gaan. Daarbij doet het er tegenwoordig niet toe welke stijl ooit geschiedenis zal maken — dat gebeurt of dat gebeurt niet. Pogingen de geschiedenis een handje te helpen door de diversiteit van stijlen door eenvormigheid te vervangen, moeten tegenwoordig al na korte tijd worden opgegeven.

Politiek, economie en cultuur

De individuele zowel als de *corporate* identiteitsstrategieën (en de bijbehorende overtuigingen) ruimen buitengewoon veel plaats in voor het gebruik van beelden. Twintig jaar geleden, in het tijdperk van de 'warenesthetiek', stonden intellectuelen en kunstenaars heel verschillend tegenover dit beeldgebruik. De eersten analyseerden de manipulatieve en verleidingsfuncties van reclamebeelden; de laatsten ontwikkelden steeds geraffineerdere vervreemdingstechnieken en zelfs een esthetiek van het afstotelijke om zo aan het opdringerige imperialisme van de verpakkings- en cultuurindustrie te ontsnappen of het op z'n minst een paar stappen voor te blijven.

Twintig jaar later wordt de culturele dimensie of de culturele factor niet meer alleen maar als 'derde pijler van de buitenlandse politiek' gezien, als smeermiddel voor de gevallen dat de beide dragende pijlers, economie en politiek gesteund door wetenschap en techniek, niet meer voldoende functioneren. De culturele dimensie wordt zelf als produktieve factor gezien.

Dat geldt om te beginnen voor het politieke leven, waar de culturele concurrentie een belangrijke rol speelt in het streven naar regionale autonomie en het zoeken naar een evenwicht tussen centralisatie en decentralisatie. Maar het geldt in wellicht nog sterkere mate voor het economische leven, dat in toenemende mate afhankelijk is geworden van culturele differentiatie, van kwalitatieve groei. Aan de ene kant uit zich dat in een permanente differentiatie van waren, een differentiatie die slechts voor een gering deel over de sporen van de technische ontwikkeling loopt en voor het grootste deel over die van mode, *styling*, smaakontwikkeling, verpakking, vormgeving, reclame, gevoelsontwikkeling en esthetische profilering. Aan de andere kant wordt de differentiatie van het warenaanbod op haar beurt

光榮牌
榮牌香烟
芒果
YangQun
二十支裝
大
门
十支裝
工字牌
机制雪茄
四川
什邡烟厂
FEIMA
SHANGHAI JUANYANCHANG CHUPIN
上游
如意
香烟
河南省
开封卷烟厂出品
恒大牌
高級香煙
特製大號
国营天津卷烟厂出品
大英雄
中国烟草总公司郑州卷烟厂
双鹅
SHUANGE
XIANGYAN
100's
帥
中国·陕西
WUDANG
大雁塔
国营宝鸡卷烟厂出品
金丝猴
金丝猴香烟
黄金叶
国营郑州卷烟厂出品
唐城
TANGCHENG
花溪
HUAXI
贵阳卷烟二厂出品
宝成牌
香烟
国营宝鸡卷烟厂出品

weer gevoed door de differentiatie van de markt zelf, door de vraag van de consumenten. Hun behoefte zich van elkaar te onderscheiden vormt een belangrijke impuls voor het vermogen van de economie tot innovatie en ontwikkeling.

Nu de grenzen van de kwantitatieve groei bereikt zijn wordt voor de economie kwalitatieve groei en verveelvoudiging van de belangen van de bevolking van levensbelang. Omgekeerd moeten veel groepen in onze samenleving belang krijgen bij het basisprincipe van de veelvormigheid, bij het open systeem, bij geïntegreerde ontwikkeling. De nauwe samenhang tussen alledaagse cultuur en economie, de behoefte aan identificatie maar evenzogoed aan afwisseling van persoonlijkheids- en levensstijlen, kan niet meer worden begrepen door alle culturele aspecten van het leven naar de 'bovenbouw' te verbannen en de economische grondslagen als 'basis' te zien.

Dat dat inmiddels een schijntegenstelling is geworden, wordt nog indringender geïllustreerd wanneer we naar de meeste niet-Europese landen kijken. Hun oude dorps-, nomaden- en hoofse culturen laten een even rijke en vervlochten geschiedenis zien als de Europese cultuur, maar door de massieve manier waarop die landen tot grondstoffenmarkten zijn gereduceerd, blijven ze in hoge mate verstoken van de ontwikkelingsmogelijkheden die de culturele differentiatie biedt. Nationalistische varianten van een bezinning op 'culturele identiteit' of de technocratische assimilatie van 'sociaal-culturele factoren' mogen niet worden verward met de historisch gegroeide manieren waarop mensen tegen de wereld aankijken en hun leven inrichten.

Economie en politiek moeten het – op z'n minst bij ons en in de meeste industrielanden – in toenemende mate hebben van culturele belangen en behoeften. Daarbij zijn culturele belangen zeker niet langer meer een privilege van de hogere klassen en hebben ze niet alleen maar betrekking op de verfraaiing en veredeling van de levensstijl. De markt voor muziek, boeken en kunst, in de ruime zin van het woord de 'software' van de hedendaagse media-industrie, is in ieder geval een niet meer te verwaarlozen tak van de economie, die bovendien nog het voordeel heeft de roofbouw op materiële grondstoffen te beperken of in ieder geval af te leiden naar die in principe onbeperkte en grotendeels immateriële grondstof die 'cultuur' heet. Ze bevordert tenslotte ook dat materiële korte termijn-verlangens en -voornemens opnieuw worden gekanaliseerd in 'immateriële' of voor een langere termijn geldende doelen en waarden.

Er is geen reden om minderwaardigheidscomplexen te ontwikkelen tegenover de grote stijlepochen van de kunstgeschiedenis, ook al omdat die sowieso pas veel later in termen van ideaaltypische reinculturen werden gereconstrueerd.

Het schijnpluralisme van de markt, waar de culturele concurrentie tussen de verschillende soorten stijlen een eigen vorm aanneemt, mag dan wellicht tegen de eeuwigheidspretenties van bepaalde stijlrichtingen ingaan, het valt aan de andere kant ook niet vol te houden dat de cultuur er alleen maar de dupe van wordt. De markt is trouwens niet zo pluralistisch als ze lijkt; ze is dat vooral voor wie een stijlanalyse achterwege laat en haar alleen maar ziet als een openstapeling van produkten.

Dat politiek, economie en cultuur bijzonder nauw verweven zijn, is ons uit de kunstgeschiedenis, uit de verschillende renaissances en andere bloeiperioden, goed bekend. In naoorlogse perioden lijken we echter enkele tientallen jaren lang te moeten vinden dat er allerlei tegenstellingen tussen die drie instanties bestaan. Maar de perioden waarin men dat vindt duren niet eeuwig.

Karla Fohrbeck (Aachen, 1942) studeerde antropologie, sociologie, filosofie en economie in Freiburg, Frankfurt, Londen en Parijs. Doceerde in Frankfurt en Hamburg. Leidt samen met Andreas Joh. Wiesand het Zentrum für Kulturforschung in Bonn (voorheen in Hamburg). Talrijke publikaties en voordrachten over kunst- en cultuurpolitiek, cultuursociologie, cultuur en economie, cultuur en media, cultuur en ontwikkeling. Boeken onder andere: *Wir Eingeborenen - Magie und Aufklärung im Kulturvergleich* (1983) en *Renaissance der Mäzene?* (1987).

Bazon Brock

Sterren, deskundigen en helden
Persoonlijkheid als hoogste goed

Zijn er eigenlijk nog wel sterren?

Wie wil zich nou laten bejubelen door mensen die niet goed snik, of op z'n minst behoorlijk kinderachtig lijken? De leeftijd van de krijsende horden is al jarenlang flink aan het dalen, zodat men voornamelijk nog tien- tot veertienjarigen voor sterren in zwijm ziet vallen. Men zou dat ontucht met kinderen kunnen noemen, en wie zou dat nu op z'n geweten willen hebben?
Met de jeugdcultuur is het zonder meer afgelopen. Bijna niemand voelt zich nog geroepen jongeren als opinieleiders, laat staan als navolgenswaardige voorbeelden te zien. In deze eeuw van het kind dacht men aanvankelijk met een pront lijf, enkele vlotte babbels en een nietszeggende openheid op ouderen indruk te kunnen maken. Maar de ouderen zijn zich eindelijk op hun rol gaan bezinnen: ze hebben het geld, ze hebben de ervaring, ze weten wat genieten is en ze waarderen het leven omdat ze meer of minder hardhandig hun grenzen hebben leren kennen. De grijze panters slaan hun klauwen uit: de ouderdom radicaliseert. Opa's op sportschoenen verslaan moeiteloos de jeugdige televisiestrompelaars, en niet alleen op de marathon voor amateurs. Aan hun doktoren en een streng dieet danken ze een goed ontwikkelde weerstand, waardoor ze minder klagerig, veel taaier en minder prikkelbaar zijn dan de slachtoffers van de hardrock, die weinig anders rest dan de angst voor hun onmacht met extatisch gedoe te verdringen.
Sterren fungeren vooral als voorbeeld voor naäpers. Maar de krijsende kinderen zullen de licht grijzende sterren niet zo gauw de kunst van het overleven afkijken zolang ze nog totaal niet in de gaten hebben dat het leven geen eindeloze discodreun is. Omgekeerd is het misschien wel wat te veel van het goede om de overlevenden van de olympiade van het dagelijks leven tot sterren te kronen. Sterren zijn trouwens ondanks de schijn van het tegendeel niet langer baas over leven en dood. Is de partij, die altijd gelijk heeft, een ster? Kan men zich achter de multinationale machtsnetwerken nog personen voorstellen nu zelfs god moeite heeft gelovigen voor zijn persoon te interesseren? Wanneer in deze eeuw van oorlogen en massamoorden, van de vernietiging van de natuur en de macht van het systeem, het volbrengen van de inspanningen des levens het hoogste goed is geworden, dan is iedereen die weet te overleven een ster – maar zo iemand noemen we een held, de enige die we nog zonder bedenkingen zo kunnen noemen: de held van de anonimiteit, de onbekende held.

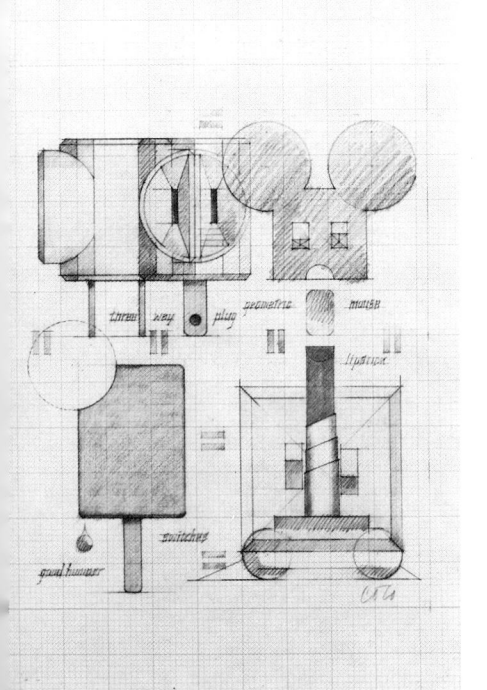

Claes Oldenburg, *Systems of iconography, plug, mouse, good humor bar, switches and lipstick*, 1970

Genieën, sterren, deskundigen

De sterrencultus is erg goed in staat zichzelf te ondergraven: iedere maand weer nieuwe idolen, nieuwe sterren, nieuwe gangmakers, nieuwe ophitsers – het is zelfs voor de meest marktgevoelige mensen niet bij te benen. Het tempo van opkomst en afgang is zo enorm gestegen dat men zich nauwelijks de namen van de nieuwe sterren heeft ingeprent, of ze worden al weer afgevoerd.

Rome, 1974

Maar de violist Krebbers gaat toch al ongeveer dertig jaar mee, de toneelheld Croiset toch al zo'n twintig jaar en modemaakster Fong Leng ruim tien jaar! Zoals gezegd, zij hebben alles overleefd, net als hun publiek, dat daarom uit louter sterren bestaat. Zulke sterren zijn niet meer de godgewijde uitzonderingen die de menselijke doorsnee verre overtreffen; ze staan voor iedereen, ze zijn van democratisch kaliber. Willy Brandt, zelf een ster in het overleven, heeft het duidelijk genoeg gezegd: in een democratie zijn er geen uitverkorenen, er zijn slechts gekozenen, en de kiezer is bepaald niet onverstandig wanneer hij de macht alleen aan zijns gelijke toevertrouwt in plaats van zijn hoop te vestigen op mensen die op een mysterieuze wijze al die dingen uitstralen die hij bij zichzelf mist.
Maar hoe nu? Moet men soms mensen gaan bejubelen die uitdrukkelijk niet beter willen zijn dan de middelmaat? Bij een ster stelde men zich altijd een uitzonderlijk, uniek en onnavolgbaar persoon voor. De ster was voor de massacultuur wat het genie voor de burgerlijke cultuur was. Maar sinds de massa's weten dat ze niet alleen op zichzelf mogen stemmen maar dat ze zelf ook de maatstaf van alle waarden zijn, is de sterrencultuur aan het verbrokkelen.
De plaats van de ster wordt ingenomen door de deskundige. Kwam er vroeger heel wat bij kijken voordat iemand een ster was, tegenwoordig is men al bekend wanneer men wordt herkend, en men wordt herkend wanneer men vaak genoeg wordt gezien. Het doet er niet toe wie door de massamedia aan ons wordt voorgesteld – of we hem kennen, ofte wel herkennen, hangt er alleen maar van af hoe váák we hem krijgen voorgeschoteld.
Omdat we de shows op televisie en de story's in de bladen zo gemakkelijk verstouwen denken we maar wat graag dat we ook in staat zijn het werk te beoordelen van de deskundigen op het gebied van amusement of ruimtevaart, huwelijk of hygiëne, economie of geschiedenis. Zijn werkelijke macht toont de deskundige wanneer we hem laten uitleggen waarom sterren hoogstens nog sterretjes zijn. Zodra hij ons met een beroep op zijn wetenschap vertelt hoe het sterrendom psychologisch werkt, dus hoe wij zelf psychisch in elkaar zitten, dan laten we, gehoorzaam aan de wetenschap als we zijn, iedere illusie over sterren vallen en houden we ons aan het oordeel van de deskundige.
Er zijn dus niet alleen geen sterren meer omdat de jeugdcultuur haar toonaangevende rol is kwijtgeraakt, er zijn vooral geen sterren meer omdat men alleen nog maar zinvol van sterren kan spreken wanneer men iedereen een ster noemt. Er zijn geen sterren meer omdat de populair-wetenschappelijke voorlichting te zeer gevorderd is. De rol van de ster is overgenomen door de deskundige die ons voorlicht over sterallures en sterrendom. Op alle niveaus van het maatschappelijke leven, in de showbusiness net zo goed als in de politiek, de economie en de wetenschap, gaat het niet meer om geboorteadel, niet meer om aangeboren genialiteit, en krijgen hoogdravende heilbrengers en aanstekelijke zonderlingen niet meer de waardering die ze verdienen.
Overal regeert het expertocratische, populistische directoraat. Maar dat moeten dan wel directeuren met persoonlijkheid zijn!

De leidinggevende persoonlijkheid

Het wereldkampioenschap voetbal was een ramp, en nog saai ook, wat toch maar van weinig rampen kan worden gezegd. Maar heeft niet iedereen die ramp zien aankomen?
Iedereen die zich voor voetbal interesseerde en zich erover uitliet heeft van tevoren

Berlijn, mei 1981

gezegd dat er voor voetbal meer nodig is dan een aantal goede en zeer goede spelers. Voor een boeiend en succesvol voetbalspel komt het veeleer aan op de persoonlijkheid van de spelers. Ruim vóór het wereldkampioenschap stelden de commentatoren vast dat het de meeste teams aan spelers met persoonlijkheid ontbrak. Daarom werd er luid om persoonlijkheden geroepen. Tja, maar wat is dan die persoonlijkheid waar iedereen, van journalist tot lezer en van speler tot borreltafelstrateeg, het bij voorbaat zo met elkaar over eens was?

Bedoeld kan niet zijn dat een speler met persoonlijkheid zich alleen van een topvoetballer onderscheidt door een nòg grotere balvaardigheid. Spelers met persoonlijkheid, zo valt te beluisteren, moeten in staat zijn het spel voort te stuwen en richting te geven, ze moeten het geheel overzien en hun medespelers tot doorzetten bewegen zelfs wanneer de situatie uitzichtloos lijkt. Men gaat heus niet te ver wanneer men zegt dat de roep om voetballende persoonlijkheden hetzelfde is als de roep om leidinggevende persoonlijkheden. Voortstuwen en richting geven, het geheel overzien, tot doorzetten bewegen – dat zijn onmiskenbare leiderskwaliteiten, en niet alleen van voetbalspelers, maar van iedere leidinggevende persoonlijkheid.

Aan de andere kant kunnen ook één of twee leidinggevende persoonlijkheden een spel niet beslissen; ze moeten daarnaast medespelers hebben die op hun aanzetten reageren, die de aangewezen richting inslaan, die in staat zijn de op het totaaloverzicht gebaseerde tactiek uit te voeren. Getuigen die kwaliteiten niet óók van een persoonlijkheid? Is het daarom niet zinvoller ervan uit te gaan dat iedere speler, en in ruimere zin dus ook ieder mens, een persoonlijkheid is? In onze dagelijkse omgangstaal lijken we daar inderdaad van uit te gaan, hoewel we het wel steeds hebben over sterke en zwakke persoonlijkheden en over imponerende, oorspronkelijke en bleke persoonlijkheden.

Wat bedoelen we daarmee? In ieder geval niet dat iedere oorspronkelijke, imponerende en sterke persoonlijkheid een leidinggevende persoonlijkheid is en al helemaal niet dat iedere oorspronkelijke persoonlijkheid het in zich heeft een leidende rol te spelen.

Het prototype van de leidingevende persoonlijkheid wordt over het algemeen gezien in de genoemde speler met persoonlijkheid en in allerlei docenten, ondernemers en officieren, managers en regisseurs; zij worden net als oorspronkelijke persoonlijkheden gewantrouwd, ze worden echter niet belachelijk gemaakt maar gevreesd, ze worden niet bespot maar in de watten gelegd.

De oorspronkelijke en de onafhankelijke persoonlijkheid

We noemen iemand oorspronkelijk wanneer hij (of zij natuurlijk) onafhankelijk is in zijn oordeel, rijk is aan initiatieven en anders is dan anderen. Zelfstandig en oordeelkundig is iemand die niet alleen platgetreden paden bewandelt maar de durf heeft zaken anders aan te pakken dan op de gebruikelijke en voor de hand liggende manier. Wie anders dan anderen handelt wijkt af van ingesleten werkwijzen, gedachten en voorstellingen. Men zou kunnen zeggen dat het alledaagse denken aan een sterke of imponerende of oorspronkelijke persoonlijkheid het vermogen toeschrijft van normen en verwachtingen af te wijken.

Mensen bij wie dat vermogen extreem ontwikkeld is worden in de wandeling als 'origineel' betiteld. Kunstenaars en wetenschappers worden over het algemeen als de prototypen van zulke oorspronkelijke persoonlijkheden beschouwd,

Vassily Kandinsky in zijn atelier

respectievelijk belachelijk gemaakt, bespot en gewantrouwd – zolang ze althans niet tot voorbeelden, tot trendsetters worden gebombardeerd.

Vaak doet men het voorkomen alsof het beslissende kenmerk van een persoonlijkheid gelegen is in het vermogen zichzelf bloot te geven. Welbeschouwd gaat men ervan uit dat persoonlijkheden daar de minste moeite mee hebben. Maar daarin vergist men zich, want zelfs de meest geroutineerde toneelpersoonlijkheid kent de angst zich bloot te geven, een angst die we meestal plankenkoorts noemen. Ook de meest succesvolle schijversperoonlijkheid, zoals bijvoorbeeld Georges Simenon, is iedere keer weer bang zich bloot te geven, wat zich bij hem regelmatig uit in krampen en misselijkheid.

Wanneer men zichzelf niet blootgeeft kan men zijn persoonlijkheid niet waarmaken, laat staan haar tot gelding brengen. Maar zichzelf blootgeven is niet hetzelfde als een persoonlijkheid zijn, hoezeer dansscholen en instituten voor retorica mensen ook voorspiegelen dat ze bij hen kunnen leren een persoonlijkheid te worden. In feite leren ze op die instituten hoe ze zichzelf bloot kunnen geven. Maar dat leren mensen eigenlijk al voornamelijk buiten die instituten en van kindsbeen af.

Hoewel, mensen leren juist ook dat wie zich niet blootgeeft op minder moeilijkheden stuit en meer succes kan hebben dan anderen. Wie zichzelf blootgeeft weet intuïtief wat hij doet, maar hij zou zich er misschien toch beter wat meer bewust van kunnen zijn. Iedereen geeft zich in kleding en gedrag intuïtief bloot, terwijl er maar heel weinig mensen zijn die duidelijk voor ogen hebben hoe mode en lichaamstaal als technieken om zich bloot te geven de uitdrukking en verwerkelijking van de persoonlijkheid beïnvloeden.

Toch lijkt iedereen te beseffen dat het onmogelijk is louter uit kleding en gedrag iets af te leiden over de persoonlijkheid die daarin tot uitdrukking komt. Niemand gaat er serieus van uit dat we onze persoonlijkheid veranderen zodra we ons anders kleden of gedragen. Men weet wel dat iedere persoonlikeid zich in de loop van het leven ontwikkelt en verandert, maar die veranderingen vallen niet samen met de veranderingen in de manier waarop we ons middels mode en gedrag uitdrukken.

In ons alledaagse denken lijken we nog van een derde type persoonlijkheid uit te gaan: de integere, onzelfzuchtige, onafhankelijke persoonlijkheid. De prototypen daarvoor zien de meeste mensen bij voorkeur in een dokter of goeroe, in een dominee of rechter, in een heilige of oude wijze.

Wanneer men zijn oor goed te luisteren legt, komt men er al snel achter dat voor veel mensen en vooral voor jongeren de ideale persoonlijkheid niet de leider of de

originele geest is, maar de onafhankelijke persoonlijkheid – de Socrates en de oude wijze, of meer bijdetijds gezegd: de therapeut en de goeroe. Ze zouden als het maar even kan het liefst uitgroeien tot een afgeronde persoonlijkheid.
De afgeronde, integere of onafhankelijke persoonlijkheid ontleent haar werking niet zoals de leidinggevende persoonlijkheid aan de gerichtheid op vastgelegde doelen of zoals de oorspronkelijke persoonlijkheid aan het streven naar zelfontplooiing. Haar werking is die van een katalysator of medium. Alle mensen

Venetië, 1976

die met haar te maken krijgen beseffen dat de afgeronde persoonlijkheid niet haar eigen of andermans beslissingen door wil drukken, maar hen wil helpen hun eigen beslissingen te nemen. Socrates, een van de vroegste en meest beschreven voorbeelden van een afgeronde persoonlijkheid, zag zichzelf als een vroedvrouw die niets anders doet dan ervoor te zorgen dat een natuurlijk proces met zo min mogelijk storingen en risico's verloopt. Een persoonlijkheid die zo te werk gaat vertegenwoordigt dan ook niet een wereldbeeld van anderen, maar lijkt het zonder een uitdrukkelijke verklaring van de samenhang der dingen te kunnen stellen. Misschien omdat ze alleen al door er te zijn zèlf als de samenhang der dingen kan worden gezien.

Grijze muizen en de roep om persoonlijkheden

Het gezonde verstand lijkt over het algemeen wel te weten waar het onderscheid tussen zulke typen persoonlijkheid goed voor is. De meeste mensen weten dat iedere persoonlijkheid elementen in zich heeft van de leidinggevende persoonlijkheid, de oorspronkelijke persoonlijkheid en zelfs ook van de onafhankelijke persoonlijkheid. Met het onderscheid in typen wil men alleen maar zeggen dat in elke afzonderlijke persoonlijkheid de kenmerken van de drie typen meer of minder sterk ontwikkeld zijn en dat iemand naargelang de aanleiding, de gelegenheid of de mogelijkheden hetzij zijn leiderscapaciteiten, hetzij zijn oorspronkelijkheid, hetzij zijn integriteit zal inzetten.
Het spreekt namelijk helemaal niet vanzelf dat alle mensen er aanspraak op maken een persoonlijkheid te zijn, zelfs wanneer men hen – en zij zichzelf – als een persoonlijkheid ziet. Er zijn heel, heel, heel veel mensen die er maar het liefst van afzien een persoonlijkheid te zijn. Ze zeggen dat het helemaal niet in hun bedoeling ligt zich te onderscheiden of zich bloot te geven. Want zich blootgeven houdt altijd een risico in. Wanneer men het over aanpassers, meelopers, conformisten, over grijze muizen en onopvallendheidsstrategen heeft, dan heeft men het over mensen die er heel bewust van afzien zichzelf bloot te geven. Daarmee zien ze tegelijkertijd af van iedere mogelijkheid zich ooit als persoonlijkheid te manifesteren en waar te maken. Zulke mensen weten namelijk dat de maatschappij een dergelijke bescheidenheid beloont. In de maatschappij zijn speciaal allerlei loopbanen en levenslopen uitgestippeld voor wie zich niet blootgeeft en geen persoonlijkheid tentoonspreidt.
Maar nogmaals: waarom wordt er dan tegenwoordig zo hard om leidinggevende persoonlijkheden geroepen?
Men zegt dat het maatschappelijke leefklimaat verandert. We zouden zichtbaar dichter in de buurt van een functionarissenmentaliteit terechtkomen, hetgeen zou blijken uit het feit dat bijna niemand nog bereid is de persoonlijke verantwoordelijkheid voor beslissingen op zich te nemen. Wie op zoek gaat naar degene die als eerste een beslissing nam, zal, zeker wanneer het om een twijfelachtige beslissing gaat, van het kastje naar de muur worden gestuurd en te horen krijgen dat men beslissingsprocessen niet moet verpersoonlijken aangezien het systeem of de maatschappij verantwoordelijk is voor de beslissingen. Maar het systeem zelf of de maatschappij in haar geheel neemt geen beslissingen, beslissingen worden altijd en overal alleen door enkelingen in concrete situaties genomen, ook wanneer die enkelingen deel uitmaken van groepen of commissies. Eén ding geldt altijd en overal: om het maatschappelijke leven tot bloei te brengen móeten er beslissingen worden genomen. Misschien is in het maatschappelijke

Berlijn, mei 1981

leven wel de klad gekomen omdat, gezien de bestaande risico's, niemand meer beslissingen neemt, of dat iedereen alleen maar doet alsof terwijl in werkelijkheid de boel overeind wordt gehouden doordat de bureaucratische machine ook zonder beslissingen wel blijft draaien. Omdat men dat beseft roept men om persoonlijkheden, om te beginnen om leidinggevende persoonlijkheden.
Heeft Franz Josef Strauss misschien zo'n succes omdat hij zich openlijk aanbiedt als leider voor al die armzalige, autoriteitsgevoelige en zwakke karakters die nu eenmaal een Führer nodig hebben? Het zou gevaarlijk zijn het verder bij deze verklaring te laten, want het zijn niet alleen de zwakken en wankelmoedigen die om persoonlijkheden roepen. Men wil niet als een kind door een vader aan de hand worden genomen, maar men wil een leidinggevende persoonlijkheid die voor

iedereen zichtbaar het feit en de kern van de beslissing vertegenwoordigt, dat wil zeggen iemand die iedereen op niet mis te verstane wijze te kennen geeft dat beslissen kiezen uit alternatieven betekent en dat dat altijd met zich meebrengt dat de voorstellen en aanspraken van een bepaalde groep of van bepaalde personen worden buitengesloten. De leidinggevende persoonlijkheid moet dus vooral duidelijk maken hóe beslissingen tot stand komen en wie om welke reden overwint. Maar hij moet ook laten zien dat beslissingen kunnen worden aangevochten, wat er concreet op neerkomt dat leidinggevende persoonlijkheden moeten kunnen worden afgezet.

Het is maar al te duidelijk dat degenen die bij ons in de politiek en de economie, in het gezin, de vereniging en de instituties de leidersrollen vervullen alleen nog maar bereid zijn de materiële en immateriële revenuen op te strijken, maar niet bereid zijn zich aan kritiek bloot te stellen. De rijken komen niet meer voor hun rijkdom uit, de machtigen verstoppen hun macht achter de macht der dingen en systemen. Dáárom weerklinkt de roep om leidinggevende persoonlijkheden.

Let wel: we breken hier geen lans voor de persoonlijkheidscultus. De cultussen rond Stalin en Kojak proberen te doen vergeten dat idolen ook maar mensen van vlees en bloed zijn, wat gewone mensen overigens maar al te goed in de gaten hebben, reden waarom ze zo veel belangstelling hebben voor de privélevens van hun sterren. De cultuspredikers en sterrenfabrikanten hebben geen oog voor deze belangstelling en doen het liefst alsof hun vereringsobjecten zich ook op de plee nog waarmaken. In het belang van de onderneming construeren ze kunstmatige persoonlijkheden en doen ze alles om te voorkomen dat men zich af gaat vragen of de sterren er eigenlijk wel terecht aanspraak op maken een persoonlijkheid te zijn. De postmoderne bewering dat het burgerlijke individu met zijn ideaal van persoonlijke ontplooiing in het tijdperk van de totale elektronische simulatie niet meer als *Leitbild* fungeert, is een projectie van intellectuelen. Juist nu ze in de gaten krijgen dat ondertussen ook de gewone, anonieme burgers ruimte opeisen om hun persoonlijkheid te onplooien, worden ze bang voor het verlies van wat hen tot nu toe van de massa onderscheidde, namelijk hun persoonlijkheid. In plaats van zich erover te verheugen dat hun idealen zo wijd verbreid zijn geraakt, beweren ze dat hun persoonlijkheidsidealen in de postindustriële communicatiemaatschappij niet langer overeind kunnen worden gehouden.

We kennen dergelijke verschijnselen uit de geschiedenis. Telkens wanneer groepen die in de sociale hiërarchie een lage positie innamen de culturele vormen en levensstijlen van eliten begonnen over te nemen, wisten die elten niet hoe gauw ze de tot dan toe door hen aangehangen waarden moesten afzweren. We mogen er daarom met een gerust hart van uitgaan dat voor alle stervelingen persoonlijkheid toch het hoogste goed zal blijven.

Bazon Brock (Pommern, 1936) is hoogleraar esthetica aan de Universität Wuppertal; voordien in Hamburg en Wenen. Was vanaf 1959 als kunstenaar en theoreticus voorvechter van happenings, popart en sociodesign. Organiseerde vele manifestaties in musea en andere kunstinstellingen in heel Europa. Schreef vele essays, hoorspelen, televisiefilms en toneelstukken. Belangrijkste publikaties: *Asthetik als Vermittlung - Arbeitsbiographie eines Generalisten* (1977) en *Asthetik gegen erzwungene Unmittelbarkeit - Die Gottsucherbande* (1986).

Stephan Sanders

Een onnatuurlijke dood

Lijkrede voor de jeugdcultuur

Prince

Augustus 1986. Ieder moment kan Prince, het koninklijke wonderkind van de Amerikaanse popindustrie, het podium betreden. Lokatie: de Rotterdamse Ahoyhallen, tot de nok toe gevuld met enthousiaste fans. Veel pubermeisjes, variërend van hoogblond en blauwogig tot de zwaarste kroes, maar allemaal met een zelfde geëxalteerde bewondering voor hun idool. Hun vriendjes hebben met wisselend succes geprobeerd de strijd met de Amerikaanse afgod aan te binden. Nog maar nauwelijks de baard in de keel, hebben ze met zorg enige vlashaartjes onder hun neus laten groeien in een verwoede poging net zo'n sexy *moustache* te kweken als hun concurrent. Blank en gekleurd heeft de haren naar achteren geplakt met behulp van een halve liter Hema-gel om enigszins het idee te geven dat ze zo zijn weggelopen uit het Harlem van de jaren twintig. Ook hun kleding doet in alles aan het *Royal Example of Badness* denken: zeer getailleerde, korte, hoog opgesneden vestjes van velours en zijde in de meest uitzinnige rococo-motieven met daaronder weinig verhullende broeken.

Eindelijk komt de star zelf op. Hij is de perfecte samenvatting van de 'eenheid in verscheidenheid' die de zaal kenmerkt: hij is macho en tegelijkertijd gemaquilleerd, naïef maar net zo goed *streetwise* en *cool*, zijn huidskleur is donker genoeg voor zijn zwarte publiek om hem tot een van hen te kunnen rekenen en licht genoeg om zijn blanke publiek niet te zeer af te schrikken. Het concert kan bij voorbaat al niet meer stuk. Niet alleen worden Prince' liedjes luidkeels meegezongen, ook zijn handgebaren en voetbewegingen worden nauwkeurig geïmiteerd. Hier wordt niet simpelweg naar muziek geluisterd, hier wordt een levensstijl gevierd, met Prince als hogepriester en een zaal vol gelovigen.

Maar de boodschap van de hogepriester is verontrustend: hij verkondigt tegelijkertijd de apotheose èn de apocalyps van de jongerencultuur. Apotheose, want Prince is de perfecte samenvatting van dertig jaar jeugdcultuur. Heupschokkend zoals de vroegere rock 'n' roll-stars, beetje hippie, beetje soul, een suggestie van nichterigheid zoals we die van de glitterrock kennen, een viriele pose die menig *black pimp* uit *deep down Harlem* niet zou misstaan, acceptabel voor punks vanwege zijn *bad boy-image*, kortom een goudmijn voor iedere geïnteresseerde sociale wetenschapper, op zoek naar de semiotiek van jeugdculturen.

Apocalyps, want Prince is de al te gewillige mascotte van jeugdland. Kijk, mamma, pappa, kijk, pedagoog, pastoor en psychiater, zo is de jeugd, zo wil ze leven. En Prince blikt brutaal van onder zijn aangeplakte wimpers omhoog, neemt de *young and angry*-houding aan van James Dean en Marlon Brando en likt de microfoonstandaard af alsof hij met alle *safe sex*-regels wil breken. Ze klappen, jong en oud, fan en journalist, ze vinden het 'onwijs gaaf', of interessant, 'te wauw', of semiotisch moeilijk duidbaar, maar niemand is geshockeerd. Integendeel, hoe meer Prince de suggestie wekt van boosheid en jeugdige rebellie, des te eerder

Prince

staat een iets te modieus gekapte veertiger in zijn kleedkamer met een nieuw platencontract. *'To shock is chic, man'*, zal hij zeggen, en als geroutineerde handelaars in simulacra zullen ze snel ter zake komen. Prince als doodgraver van de jeugdcultuur.

Jongeren in de jaren vijftig

Jeugdcultuur

In de jaren vijftig dook het begrip 'jeugdcultuur' voor het eerst op in de Amerikaanse sociaal-wetenschappelijke literatuur. De oorlog was nog maar net achter de rug, de vijand in dat oude, vermoeide Europa was verslagen, en ineens brak binnenlands de rebellie uit. Jeugdige straatbendes, drank, verdovende rookwaren, voorhuwelijkse seks en natuurlijk rock 'n' roll – het waren de eerste symptomen van de verzelfstandiging van de jongeren. *'Ik zie steeds duidelijker de voorbodes van een catastrofe die zijn weerga in de menselijke geschiedenis niet kent, of het zou het verval van het Romeinse keizerrijk moeten zijn'*, schreef een verontruste vader in de ingezonden brieven-rubriek van een van Amerika's grootste *family-magazines.*

Niet alleen hij maakte zich zorgen. Psychiaters en pedagogen introduceerden de term 'generatieconflict'. Het afwijkende gedrag van de jongeren was niet toevallig, de ruzie met vader niet alleen een huiselijk drama, er was sprake van een maatschappelijk en structureel probleem: de jeugd. Het virus was snel opgespoord: de toenemende distantie tussen ouders en kinderen, de verdwijning van de gezagsverhoudingen. De meester had het niet langer vanzelfsprekend voor het zeggen omdat hij ouder was – de meester was eigenlijk een ouwe zak en juist daarom bij voorbaat gediskwalificeerd om ook maar enig begrip te kunnen tonen voor wat er omging in de jeugdige hoofden. De *rebels without a cause* waren een feit: opstandig tegen hun ouders, stoer in hun vriendengroep, uitdagend naar de andere sekse en verdrietig in de eenzaamheid van hun tienerkamer, met alleen een krakend pick-upje als troost.

Popmuziek werd het herkenningsteken bij uitstek voor de jeugdige gelijkgestemden. Eerst de rock 'n' roll, later een keur aan muziekmodes en -stijlen, maar steeds ging het om die speciale sound die ouders deed rillen en jongeren deed dansen. Een waterscheiding: alles boven de dertig dat zich waagde te bewegen, werd al snel ontmaskerd als *too old to be hip* – jeugdige kritiek en grijnzend dédain werden hun deel. Over en weer werden de posities ingenomen. Pedagogen kregen het op hun zenuwen bij het zien van vetkuiven en het horen van de rauwe elektrieke klanken van de leadgitaar, en jongeren toonden zich allergisch voor grijzend haar en een kalend schedeldak. De spelers stonden klaar, het spel kon beginnen. Wat voor de guerrillastrijder zijn geweer was, werd voor de 'losgeslagen jongere' zijn *portable radio.* Met behulp van dat apparaat getuigden jongeren overal van hun anders-zijn. Draaiend aan de glimmende volumeknoppen, die altijd nog een streepje harder konden, veroverden ze met de internationale hymne van de popmuziek de hele wereld.

Stijlguerrilla

De leeftijdsscheiding bleek scherp en blijvend. Er ontstond een heuse, nieuwe generatie. Gelijkvormig was die echter allerminst. Net zoals hun ouders zich voortdurend van hun buren trachtten te onderscheiden door een grotere auto, een duurder huis en een interessantere echtgenoot, zo trekken jongeren ook de nodige scheidslijnen door hun wereld. Met dit verschil dat waar de ouderen hun distinctietekens gebruiken om hun maatschappelijke positie weer te geven, de jongeren hun attributen en accessoires vooral hanteren om een geheel nieuw beeld te creëren. Jongeren zijn niet zozeer bezig hun maatschappelijke plaats te onderstrepen, het gaat hen er juist om er een te veroveren. *'To be a hero, just for one day...'*, zong David Bowie tien jaar geleden al. Ouderen zien eruit zoals ze zijn,

THE WORLD OF DAVID BOWIE
uncle arthur
love you till tuesday
there is a happy land
little bombardier
sell me a coat
silly boy blue
the london boys
karma man
rubber band
let me sleep beside you
come and buy my toys
she's got medals
in the heat of the morning
the laughing gnome
DECCA
DAVID BOWIE
Space Oddity
RCA
DAVID BOWIE
HUNKY DORY
DAVID BOWIE
ALADDIN SANE
David Bowie
scary monsters
DAVIDBOWIE
LOW
RCA
CHANGESONEBOWIE
DAVID
BOWIE
DANCE
David Bowie
BOWIE
DAVID
BOWIE
Absolute Beginners
David Bowie
in Bertolt Brecht's BAAL
RCA

terwijl jongeren zo willen zijn als ze eruit zien: geen representatie, maar presentatie.

Leder, soldatenlaarzen en *skai-cap* duiden er niet op dat de persoon in kwestie motorfanaat is, nee, hij wil *heavy* en gevaarlijk overkomen. Kijk maar, er staat wat er staat: de losse, lange haren van de hippie staan garant voor zijn vrijheid, de al te ingesnoerde billen van de soulbrothers en -sisters zijn hun sex-appeal, het zorgvuldig chaotische uiterlijk van de punk is zijn schreeuw om chaos. Een werkelijkheid zonder dubbele bodems: een grote rode tas waarop met koeieletters *BIG RED BAG* geschreven staat. Beeld en betekenis vallen samen.

Oude markatielijnen, zoals die tussen klassen en tussen levens- en geloofsovertuigingen, worden in de speeltuin van de jeugd inwisselbare codes. Afbakeningen die voorheen een mensenleven mee konden en in sterke mate de levensstijl bepaalden, worden willekeurige uiterlijkheden, even veranderlijk als de hitparades.

Geen duurzaamheid, wel heftigheid: de oorlog van allen tegen allen wordt uitgevochten langs de lijnen van stijl- en smaakverschillen. De virulente reacties die merken als Lacoste en Cool Cat bij het ene deel van de jongeren oproepen en de toegewijde ernst waarmee een ander deel diezelfde kledingmerken steevast koopt, duiden op werelden van verschil. Zoals communisten en liberalen, vrijdenkers en gereformeerden gescheiden worden door een onoverbrugbare kloof, zo onderscheiden ook jongeren zich van elkaar. De animositeit tussen Lois en Levi's, tussen Pepsi- en Colafans die liever elkaars bloed dan elkaars merk drinken, de standsverschillen die tot uiting komen in de merken van de gympen – jeugdland zet de ouderlijke rivaliteit tussen Jaguar en Mercedes, tussen Lagerfeld en J.-P. Gauthier, tussen Glennfiddich en Kellergeister met een zelfde fanatieke inzet voort.

Niet dat het om een loopgravenoorlog gaat. Een flexibele tactiek en een voortdurend veranderend aanbod kenmerken de jeugdige stijlguerrilla. Wie drie jaar geleden een meer dan gelovige punk was, heeft mogelijkerwijs inmiddels via new wave de stap gemaakt naar nieuwe netheid: van een gescheurd schizo-uiterlijk naar degelijkheid en evenwichtigheid, *it's all in the game*. In een steeds razender vaart zijn de laatste vijftien jaar modes verschenen en verdwenen. De disco was nog niet goed en wel gelanceerd, of daar ontstond zijn punky antipode. Nauwelijks waren de media bekomen van de vehementie en het *doomsday*-uiterlijk van de *lost generation* en daar stapten *very sophisticated people* het toneel op met voldoende ironie en dubbelzinnigheid om punk voor *uncool* te verklaren en *cleanness* en *straigtness* te propageren. Geen folkloristische tradities bij deze *children of the world*, maar een internationale trendgevoeligheid in kleren, uiterlijk en taal.

New wave is een oefening in ambiguïteit, een herhaling van voorbije stijlen. Alles nogmaals, maar dan goed – om het Nietzscheaans te zeggen. De kortgeknipte frisheid van de jaren vijftig, de snelle stadslook van de mods en de taal van een computerdeskundige. Hoezo revolutie? Wat bevrijding? New wave markeert een punt in de korte geschiedenis van de jeugdcultuur van waar af alleen nog maar de omgekeerde weg bewandeld wordt. Voorheen een opeenvolging van modes en stijlen waar geen einde aan leek te komen, nadien uitsluitend nog herhalingsexercities van stijlfiguren uit voorbije tijden.

De Franse socioloog Baudrillard spreekt van 'hyperrealisme': het beeld dat preciezer is dan de werkelijkheid. Semioten duiden de kopieerlust van de new wave als de Ironie van het Exacte Evenbeeld. Marxistische jeugddeskundigen zitten met hun handen in het haar: disco viel nog gemakkelijk te ontmaskeren als de laatste

Jongeren voor de Dokwerker, Amsterdam, 1982

stuiptrekking van de kleine burgerij, punks belichaamden de ongeorganiseerde maar authentieke woede van uitgebuitenen tegenover uitbuiters ('nog geen klassebewustzijn, maar wel klasse-instinct'), de rastafari's waren gemakkelijk te plaatsen als culturele anti-imperialisten, maar met de new wave trad onvermijdelijk de verburgerlijking in.

Vroegoud

Het is precies het gebrek aan orginaliteit en de ongegeneerde exhibitie daarvan waardoor new wave de omslag betekent van nieuwe naar neo-jeugdstijlen.
New wave draagt de colberts van vader toen hij dezelfde leeftijd had als de new waver nu. New wave wil de meubels van moeder die toentertijd voorlijk en modern waren en nu de moderne nostalgie vertegenwoordigen. New wave zoekt de onschuld van de wederopbouw, met het acute besef van de opstandigheid en jongerenrebellie die daarop volgden. New wave etaleert het onpersoonlijke van vóór de psychoanalytische rage, in de volledige, psychoanalytische wetenschap over de uitwerking daarvan op de omgeving. Met new wave is de jeugdcultuur oud geworden.
Terwijl hoop op veranderende tijden en bloemetjesoptimisme de jaren zestig typeren en de jaren zeventig zich kenmerken door persoonlijke revolutie en een levensgroot ik-besef, stopt die lineaire ontwikkeling in de jaren tachtig en vreet haar eigen staart op. Alles nog eens dunnetjes over – citaten uit het eigen verleden. Eclectisch worden uit de geschiedenis van de jeugdcultuur de Grote Voorbeelden geplunderd. En dat mag gerust de doodklap voor de jeugdcultuur worden genoemd:

de jeugd is nog even jong als vroeger maar heeft oude ogen gekregen.
Seen everything, been everywhere: de jeugd blikt terug en krijgt heimwee.
Wat is jeugd zonder jeugdige overmoed en het rotsvaste geloof alles anders en beter te zullen doen dan de generaties vóór haar? Wat heet nog jeugd als de *bricolages* van het verleden het heden bepalen? Wat als de *angry young men* van vroeger de vaders zijn van beheerste zonen en dochters? Wat als de huidige jeugd paps' rock 'n' roll-plaatjes even aardig vindt als de allerlaatste hits? Terwijl de ouders voor het dilemma staan dat ze *too old to rock 'n' roll* en *too young to die* zijn, voelen hun kinderen zich oud en wijs genoeg om naar believen de gevonden voorwerpen uit de popmuziekhistorie te selecteren op bruikbaarheid en toepasbaarheid. In nog geen dertig jaar tijds is de jeugdcultuur aan recycling begonnen.

De natuurlijke orde der dingen is doorbroken wanneer de jeugd zich niet langer jeugdig wenst te gedragen, met alle vormen van naïviteit en hybris die daar nu eenmaal bij horen. De jeugdcultuur is geperverteerd in de klinische betekenis van het woord. Een klap overigens, die vooral bij ouderen hard is aangekomen. Talloos zijn de bezorgde opmerkingen van welzijnswerkers en *streetcorner-workers* over de verrechtsing van de jeugd, over het gebrek aan politieke belangstelling en over de onverschilligheid tegenover de toekomst. De geschiedenis herhaalt zich, maar met van positie gewisselde spelers. Volwassenen vragen zich af waarom jongeren niet in opstand komen zoals zij zelf hebben gedaan, waarom ze niet met iets nieuws en volledig anders voor de dag komen: een verfrissend subcultureel elan bijvoorbeeld, anderssoortige relatievormen, muzikale vernieuwing, een shocktherapie van het experiment.

Historische ironie: terwijl de ouders niet ophielden zich te beklagen over het onbegrip en de starheid die zij in hun jeugd ondervonden, halen hun kinderen ongeïnteresseerd hun schouders op over zo veel koude drukte. Wat nu, iets nieuws verzinnen? Hoezo, het establishment bevechten? De avant-garde en het experiment zijn definitief de veertig gepasseerd. Wat vroeger burgerlijkheid heette, kan zich nu in alle discotheken vertonen. Met goed fatsoen, inderdaad. Zoals ouderen in hun tijd de verwachtingen van huisje, boompje, beestje frustreerden, frustreren jongeren van nu de ouderlijke verlangens naar vernieuwing, authenticiteit en revolutionair elan.

Democratie, sekseverwarring en kleuronvastheid

'*How to be a dandy in the age of mass-communication?*', vroeg Susan Sontag zich af met een stevige knipoog naar Benjamins tijdperk van de technische reproduceerbaarheid. Hoe kan iemand zich nog als uniek en exclusief presenteren wanneer alles al een keer gedaan is en de voorbeelden via televisie, video en tijdschriften zichzelf herhalen en alleen maar hun eigen geschiedenis oprakelen?
De vraag van een bezorgde moeder aan haar al te conformistische kind.
'*Dandy's bestaan niet meer*', zal het antwoorden. Of: '*iedereen is soms een dandy, dan weer een burgerman, zoals jullie dat vroeger noemden.*' De exclusiviteit is gedemocratiseerd, de voorhoede heeft via een cirkelbeweging aansluiting gevonden bij de *backbenchers*. Er is geen sprake meer van een allesoverheersende trend, een dominante richting of een bepaalde stijlhegemonie. De Rank Xerox draait en de kopieën vliegen je om de oren. Klonen citeren andere klonen, de historische ruzie tussen teds en mods wordt tegenwoordig bijgelegd in het uiterlijk van één en dezelfde persoon. Iedereen kan in principe alles zijn, en wel tegelijkertijd: èn

hippetrip, èn *Bon Chic Bon Genre*, èn *heavy punk*, èn softe stickiesroker.
Een paradox: geschokt moeten revolutionair angehauchte sociologen constateren dat voordat een subcultuur zichzelf fatsoenlijk heeft kunnen ontplooien, ze al weer opgenomen is in de burgerlijke, kapitalistische cultuur. Voordat punk überhaupt ook maar de kans kreeg om gevaarlijk te worden, was ze al de allernieuwste trend op de plankiers van de Parijse couturiers. 'Repressieve tolerantie', 'commercialisering', roepen de sociologen boos, 'inkapseling door de massamedia'. Maar punk werd nu juist bekend door diezelfde massamedia, punk was een schreeuw om aandacht die maar al te snel bevestigd werd.
Zonder populaire punkvarianten geen echte, authentieke punk, zonder aandacht van de media geen subcultuur. De mensen die deel van een subcultuur uitmaken beseffen dat pas zodra zij zichzelf in die gedaante tegenkomen op de modepagina van een *lifestyle*-tijdschrift.
Wat revolutionair leek werd een na te volgen *gimmick*. Het enige wat de commercie te verwijten valt is dat ze een wat al te revolutionaire visie heeft op subculturele marginaliteit: 'Alle macht aan het volk. Spreiding van stijlen en modes. Kansen en mogelijkheden voor iedereen.' Daar kan geen anarchist van de daad tegenop.
De stijlmiddelen zijn gedemocratiseerd en zelfs het onmogelijke is volbracht: natuurlijke barrières als geslachtelijkheid en huidskleur zijn geslecht. Niet alleen is

De Grote Wetering na de ontruiming, Amsterdam, 1981

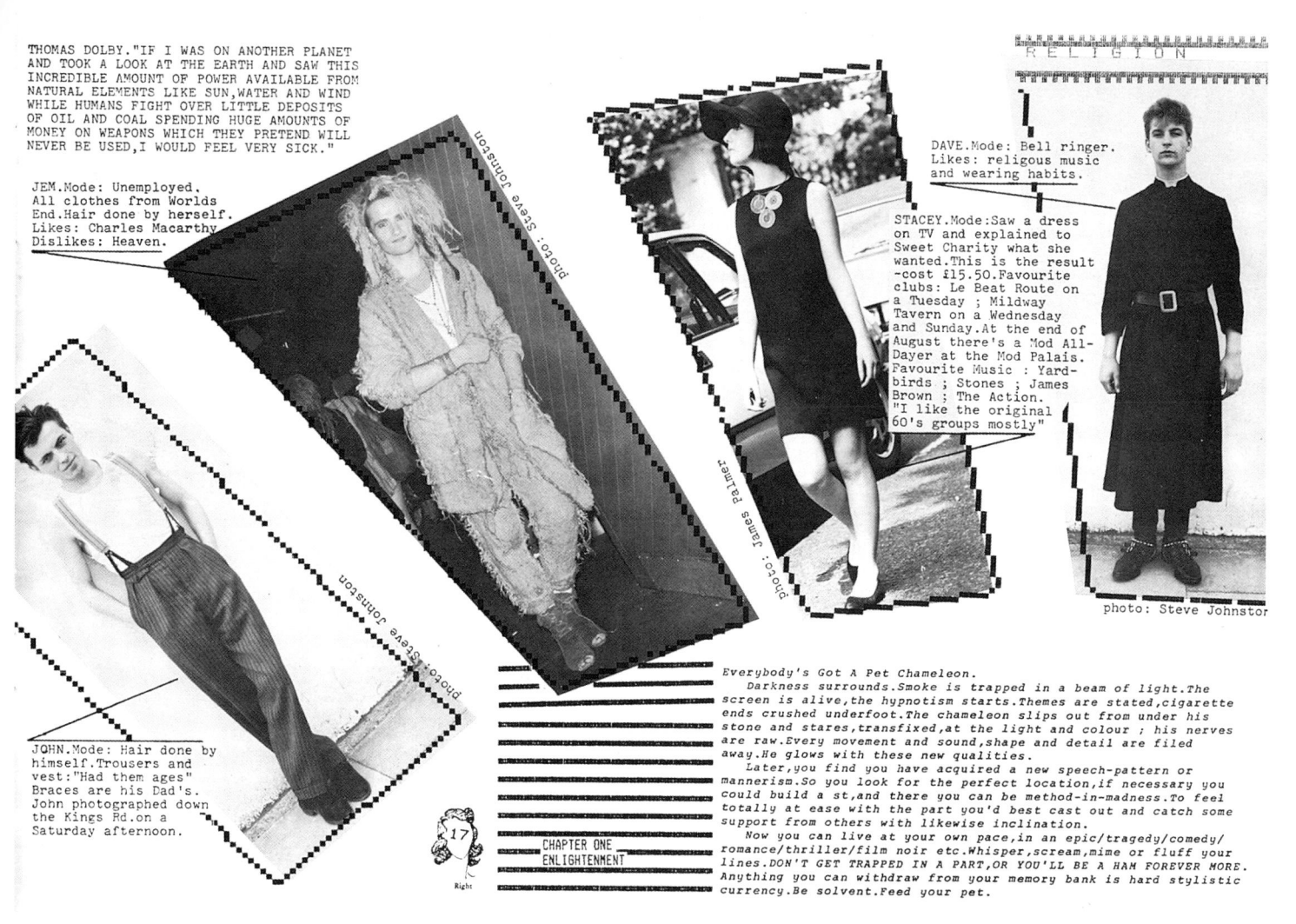

THOMAS DOLBY."IF I WAS ON ANOTHER PLANET AND TOOK A LOOK AT THE EARTH AND SAW THIS INCREDIBLE AMOUNT OF POWER AVAILABLE FROM NATURAL ELEMENTS LIKE SUN,WATER AND WIND WHILE HUMANS FIGHT OVER LITTLE DEPOSITS OF OIL AND COAL SPENDING HUGE AMOUNTS OF MONEY ON WEAPONS WHICH THEY PRETEND WILL NEVER BE USED,I WOULD FEEL VERY SICK."

JEM.Mode: Unemployed. All clothes from Worlds End.Hair done by herself. Likes: Charles Macarthy Dislikes: Heaven.

photo: Steve Johnston

DAVE.Mode: Bell ringer. Likes: religious music and wearing habits.

RELIGION

STACEY.Mode:Saw a dress on TV and explained to Sweet Charity what she wanted.This is the result -cost £15.50.Favourite clubs: Le Beat Route on a Tuesday ; Mildway Tavern on a Wednesday and Sunday.At the end of August there's a Mod All-Dayer at the Mod Palais. Favourite Music : Yardbirds ; Stones ; James Brown ; The Action. "I like the original 60's groups mostly"

photo: James Palmer

photo: Steve Johnston

JOHN.Mode: Hair done by himself.Trousers and vest:"Had them ages" Braces are his Dad's. John photographed down the Kings Rd.on a Saturday afternoon.

photo: Steve Johnston

CHAPTER ONE
ENLIGHTENMENT

Everybody's Got A Pet Chameleon.
        Darkness surrounds.Smoke is trapped in a beam of light.The
screen is alive,the hypnotism starts.Themes are stated,cigarette
ends crushed underfoot.The chameleon slips out from under his
stone and stares,transfixed,at the light and colour ; his nerves
are raw.Every movement and sound,shape and detail are filed
away.He glows with these new qualities.
        Later,you find you have acquired a new speech-pattern or
mannerism.So you look for the perfect location,if necessary you
could build a st,and there you can be method-in-madness.To feel
totally at ease with the part you'd best cast out and catch some
support from others with likewise inclination.
        Now you can live at your own pace,in an epic/tragedy/comedy/
romance/thriller/film noir etc.Whisper,scream,mime or fluff your
lines.DON'T GET TRAPPED IN A PART,OR YOU'LL BE A HAM FOREVER MORE.
Anything you can withdraw from your memory bank is hard stylistic
currency.Be solvent.Feed your pet.

Pagina uit het engelse blad *i-D*

Annie Lennox van de *Eurythmics*

de jeugd vroegoud geworden, haar popidolen storen zich niet langer aan natuurlijke begrenzingen van sekse en kleur. De perversie is compleet wanneer zelfs biologische evidenties als jongen/meisje of blank/gekleurd voorwerp worden van modieuze *Spielerei*.

Net zo goed als kleren aan- en uitgetrokken kunnen worden, ligt het sekseonderscheid niet verankerd in de natuur en is het in hoge mate manipuleerbaar. De hippies met hun uniseks spijkerpakken werden opgevolgd door de nichtenrockers: heren voorzien van een uitbundige hoeveelheid make-up, sjaaltjes, hoge hakken en de motoriek van een heuse vamp. Het recente succes van Boy George en zijn androgyne epigonen onderstreept nog eens dat geslachtelijkheid niet een vaststaand fenomeen maar een verwisselbare act is: *gender-bending*, leentjebuur spelen bij de andere sekse, is een vast ingrediënt in de videoclips van Music Box. Geen man zo mannelijk als de zangeres van de Eurythmics. Romy Haag zei het ooit al: '*Als de beste couturiers en de beste koks mannen zijn, waarom zou de mooiste vrouw dan ook geen man kunnen zijn?*'

Het verwijt dat de popindustrie van plastic is, is grotendeels terecht. Niets trekt de wereld van de hitparades zich nog aan van haar natuurlijke materialen. Onbekommerd kiest ze voor synthetische oplossingen en travestie. Alles is er namaak en zij is er nog trots op ook.

Niet alleen is er sprake van sekseverwarring, de publieke popbeelden geven evenzogoed blijk van een toenemende kleuronvastheid. De neger is niet meer wat hij was. Jean Genets vraag '*Wat is een neger en wat voor kleur heeft hij?*', is

113

actueler dan ooit. Er is sprake van een iconografische verkleuring van maagdelijk blank naar gemêleerd bruin, beige en zwart. Het blanke voorbeeld kent niet meer het alleenrecht van spreken in de hedendaagse jongerencultuur. Jongeren, van welke huidskleur dan ook, worden voortdurend geconfronteerd met 'anders'-gekleurde ideaalbeelden.

En het gemak waarmee die worden gekopieerd is verbluffend: de blondste rastafari-jongens kunnen je haarfijn de levensloop van Haile Selassie uit de doeken doen, de blues bloeit al jarenlang onbekommerd naast de nederwiet, geboren en getogen Westfriezen geven moeiteloos een nummertje *rap-talk* weg. Niets is zo vanzelfsprekend meer als breakdancende jongeren op het Leidseplein, of *African art-shops* op de Rozengracht. Exotische voorbeelden zijn zo alledaags geworden dat niemand nog een tegenstelling ervaart wanneer de Hollandse ether urenlang gevuld wordt met funk en soul.

Van oorsprong zwarte stijlvormen en gekleurde specialiteiten worden tegenwoordig zonder enige terughoudendheid toegepast door gekleurden èn blanken. Het verschil tussen James Brown en Michael Jackson is niet alleen dat de laatste steeds meer op een zonverbrande blanke is gaan lijken terwijl de eerste zo zwart is als het maar kan. Het verschil is ook dat Brown over zijn *roots* en zijn verbondenheid met de zwarte gemeenschap zingt, terwijl Jackson zonder meer model kan staan voor iedere getalenteerde Amerikaanse jongere, blank èn bruin. Stijlmotieven van blank en gekleurd zijn in toenemende mate inwisselbaar geworden, niet langer gebonden aan raciale of etnische verschillen. En het resultaat van die geslaagde inburgering van gekleurde voorbeelden is Prince: een mesties *pur sang*, hoe tegenstrijdig dat ook mag klinken, even gemengd als de jeugdcultuur van tegenwoordig.

Umwertung aller Werte

Puristen menen dat de jeugdcultuur dood is juist omdat ze is gevulgariseerd en stevig in de greep van de commercie is terechtgekomen. Maar dat is evenzogoed een bewijs voor haar levendigheid en flexibiliteit. Mijn doodsverwachting is ergens anders op gebaseerd: de jeugdcultuur is niet jeugdig meer, ze is eerder geïnteresseerd in haar eigen verleden dan in haar toekomst, eerder in de eeuwige terugkeer dan in voortdurende vernieuwing. De jeugdcultuur is nostalgisch en vroegoud.

De *angry young men* van toen zijn nu *sadder* en *wiser*. Niet langer is leeftijd een allesbepalend criterium, noch sekse of huidskleur. De jeugdcultuur heeft haar *roots* verloren en haar authenticiteit verspeeld. Mannen kunnen vrouwen zijn, blanken gekleurd, en moeders gaan met hun kinderen naar een concert van Tina Turner. De jeugdcultuur is een kneedbare gummibal geworden: ieder boetseert er naar believen zijn model uit. Kunst voor allen, de cultuurspreiding is meer dan geslaagd. Het is dan ook een vrolijke begrafenis: er wordt gezongen en gedanst als nooit tevoren, travestieten en halfbloeden dragen de baar. De jeugd heeft zich rimpels geschminkt en de oudere jongeren gaan schandalig modieus gekleed. *Umwertung aller Werte*. De jeugdcultuur is dood, leve de stijlcultus.

Stephan Sanders (Haarlem, 1961) studeerde politicologie aan de Universiteit van Amsterdam en was vier jaar lang als kandidaatsassistent verbonden aan de Vakgroep Verzorgingssociologie, met als specialisme seksuele en etnische verhoudingen. Was redacteur van het tijdschrift *Homologie* en werkt tegenwoordig als free-lance journalist onder andere voor de *Groene Amsterdammer* en de *Haagse Post*.

WALK AWAY RENEE
LOVING YOU IS SWEETER THAN EVER
THE JIMI HENDRIX EXPERIENCE
The Midnight Lamp
ATLANTIC
RECORDS
JIMI HENDRIX
HEY JOE
STONE FREE
Funky Kingston
Toots & the Maytals
JIMI HENDRIX EXPERIENCE
51st Anniversary
BLUE BEAT
MILLIE
boy lollipop
GRANDMASTER FLASH & THE FURIOUS FIVE
THE MESSAGE
HARVEST FOR THE WORLD
The Isley Brothers
PRINCE AND THE REVOLUTION / PARADE

Marja Gastelaars en Antoine Verbij

Helden van onze tijd

De consistentie van de yuppie

Kwikzilver

Alleenstaand, m/v. Een appartement aan de Amsterdamse grachtengordel. Gestileerde leegte met grillige details: *post-high tech baroque*. In een vitrine de opbrengst van een dagje Sotheby's. Glanzende *magazines* op de Italiaanse tafel. Vloerverwarming, sauna, bubbelbad. Soepele maar degelijke kleding. Of zakelijk en toch vrouwelijk. Getinte contactlenzen. Een Rolex-horloge. Parfums die hier nog net niet te krijgen zijn, voor dames èn heren. Catering van Dikker & Thijs of *fast food* uit de magnetron. Veel spa. Aan alcohol hooguit champagne of een marc. Binnen squashen, buiten golfen. Een zwarte Alfa 75 met rookglas. Twee, drie dagen naar Parijs, Rome of Berlijn, het liefst doordeweeks. Eén week per jaar skiën.

Ziedaar een aantal elementen van wat bekend staat als 'de *lifestyle* van de yuppie'. Het Nederlandse 'levensstijl' is hier kennelijk niet meer op z'n plaats.

Een levensstijl suggereert immers een min of meer stabiele eenheid van houding, overtuiging, levensvoering en stijlattributen. Maar de yuppie-*lifestyle* ontbeert zo'n eenheid, en is zeker niet stabiel. De yuppie-*lifestyle* is snel, ongrijpbaar, onbestendig, veelvormig, flexibel. De yuppie-*lifestyle* is totemisme voor één dag, een *Leitbild* per avond, een identiteit op afroep, een mening voor de gelegenheid. Reclamemakers hebben het maar moeilijk met het kwikzilverachtige consumptiegedrag van de yuppie. De mannelijke yuppie *'koopt een pak bij de Society Shop, maar zijn ondergoed bij Zeeman, hij haalt een dure biefstuk bij een topslager en een rookworst bij de Hema'*, klaagt een marketingdeskundige in *de Volkskrant*. De yuppie is niet consistent, niet berekenbaar, niet te vangen in een marktsector. Dat is sneu voor de *trendwatcher*, de profeet voor de marketingwereld. Maar de yuppies zelf zijn er trots op. *'Echte yuppies zijn geen yuppies'*, leggen twee yuppie-dames verguld uit in een boekje dat die titel draagt. Want *'om te blijven wat zij zijn moeten echte yuppies voortdurend veranderen'*.

De reclames die zich op de yuppies richten en de bladen die voor hen bedoeld zijn, lijken het vooral te moeten hebben van wie een yuppie wil wòrden, want de echte yuppie is de reclame en de bladen per definitie steeds een stap vóór.

Het grote publiek heeft nog de minste moeite met de vluchtigheid van het yuppie-fenomeen. Uit alle krantenartikelen, talkshowitems, weekbladspecials en luxe advertenties construeert het moeiteloos een consistent beeld. Want wat doet het er voor gewone mensen toe of de BMW 320 al weer achterhaald is door de Volvo 480 ES, of dat de 12 year old malt whisky's het inmiddels afleggen tegen de eau-de-vie's? Dat verandert niets aan het beeld van een groep die zich met overdadige luxe omringt en haar flitsende *lifestyle* met veel aplomb tentoonspreidt. Het grote publiek weet feilloos wie wel en wie geen yuppie is, zoals het ook nooit moeite heeft gehad nozems, hippies of punks te herkennen.

Een yuppie, zo wil het beeld, is gewoon iemand die veel geld verdient en dat laat merken ook. De traditionele klasse van opzichtige consumenten – de sterren van

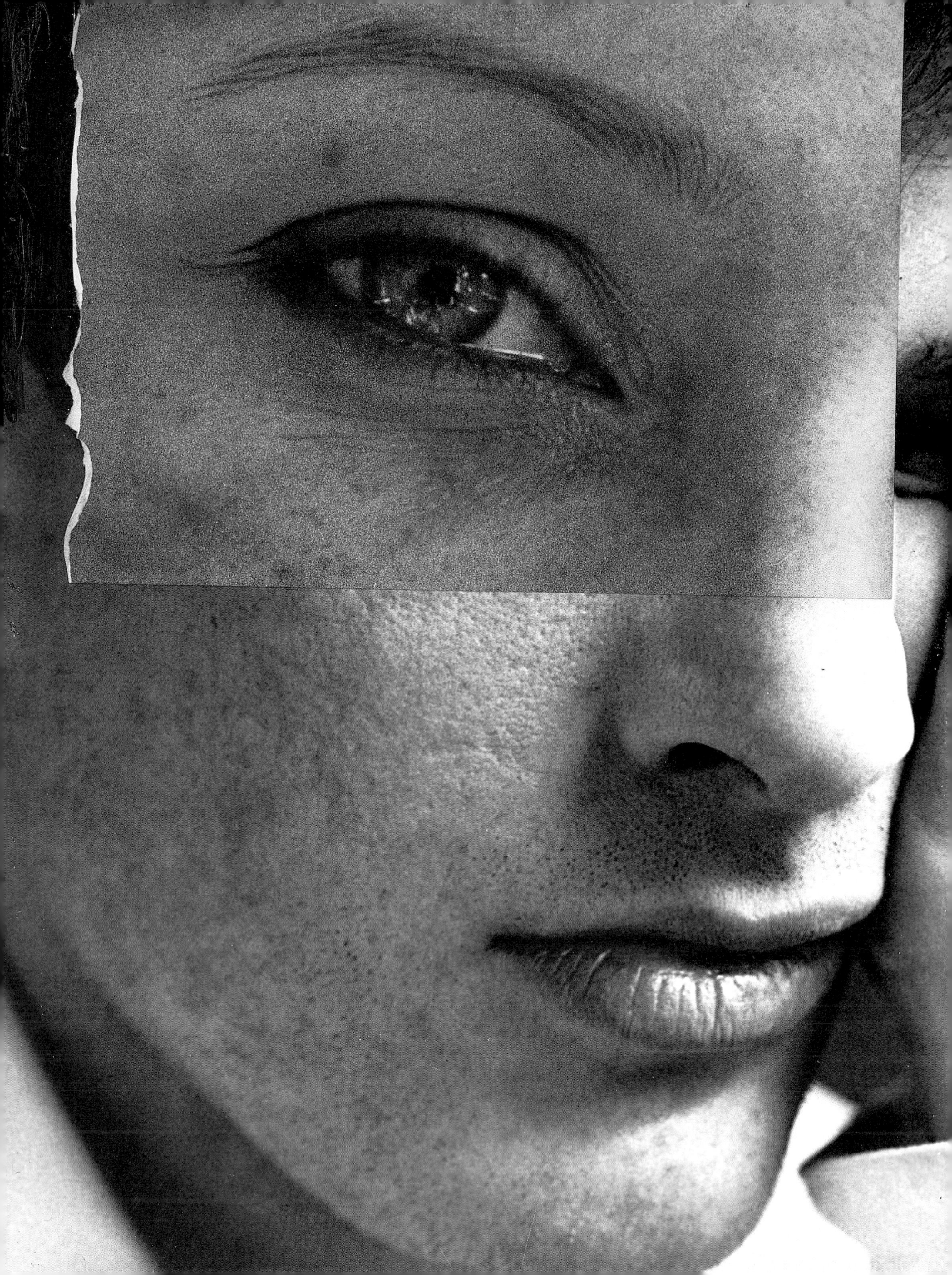

film en theater, de society-wereld, de modemakers en in het algemeen al die mensen die onder het oog van camera's glitteren en glamouren – is met een jonge, niet onaanzienlijke groep uitgebreid. Volgens marketingdeskundigen voldoet in Amerika zo'n negen procent van de bevolking aan het yuppieprofiel, dat wil zeggen: negen procent behoort tot de potentiële kopers van op de yuppie-*lifestyle* afgestemde produkten. In Nederland zal dat percentage wel wat lager liggen, maar het is niet uitgesloten dat yuppie-attributen bij zo'n half miljoen Nederlanders te vinden zijn, al is het maar dat ene flesje Antaeus-lotion dat iemand in een overmoedige bui heeft aangeschaft.

De yuppie is dus om te beginnen een marketingcategorie. De 'echte yuppie' is inderdaad een mythe, gecreëerd door reclamemakers die ontdekten dat de markt voor luxe artikelen weer aan het groeien was. Maar die mythe zou niet zo'n spraakmakend leven zijn gaan leiden wanneer niet ook andere opmerkelijke nieuwigheden in het maatschappelijk leven zich soepel in het beeld van de yuppie lieten voegen. Een van die nieuwigheden is de opkomst van een vlotte, dynamische stijl in de organisatiecultuur van de jaren tachtig, een stijl die al snel geassocieerd werd met de vluchtigheid van de yuppie-*lifestyle*.

Windhandelaren

Yuppies zijn mensen met geld, véél geld, en dat geld hebben ze verdiend in razendsnelle carrières. Hun inkomens zijn, zeker gezien hun leeftijd, bijzonder hoog. De verschillende definities van de yuppie spreken van meer dan 75.000 tot meer dan 100.000 gulden bruto per jaar. Dat klinkt wellicht niet ècht overdadig, maar een groot deel van de consumptie, te beginnen bij de auto van rond de halve ton, gaat op rekening van de zaak, in de meeste gevallen de éigen zaak. Want hoewel ook managers van grote ondernemingen, hoge ambtenaren, goed boerende advocaten en medische specialisten zich yuppie-attributen aanmeten, is het prototype van de yuppie toch de zelfstandig gevestigde dienstverlener-nieuwe-stijl. Yuppies zoeken het niet in de gevestigde beroepen. Ze maken hun bliksemcarrières in een eigentijds circuit dat even snel en ongrijpbaar is als hun *lifestyle*. De yuppies zijn de windhandelaren van deze tijd. Ze speculeren, beleggen, handelen en bemiddelen in snelle, sportieve stijl. Hun investeringskapitaal bestaat uit informatie, handige omgangsvormen, een goed zicht op markten en gevoel voor de onderlinge verhoudingen van organisaties en mensen.

Yuppies worden vaak gerekend tot de uitdijende groep van organisatieadviseurs, informatiedeskundigen, reclamemakers, designers, marktanalisten, *head hunters*, beursbemiddelaars en wat dies meer zij. Het aantal van deze kleine zelfstandigen steeg tussen 1973 en 1983 van ruim 150.000 tot 240.000. Ze leveren de smeerolie voor het hedendaagse kapitalisme. '*Een ingewikkelde wereld vergt wegwijzers en praters*', lezen we in een boekje voor moderne organisatieadviseurs. Yuppies voelen zich in die wereld als vissen in het water. Met haast onzichtbare interventies en ongrijpbare acties leveren ze hun schijnbaar onmisbare bijdrage aan het economische proces. Ze scoren snel en zijn al even snel weer weg. Hun inzet is allerindividueelst, creatief en totaal. Ze worden vaak *workaholics* genoemd, maar het zijn eerst en vooral junks-van-de-actie.

Deze yuppies zijn boven komen drijven op de golf van het nieuwe ondernemen van de jaren tachtig, een golf die is teweeggebracht door de crisis van de jaren zeventig. Het fuseren, automatiseren en informatiseren stelt ondernemingen voor schier onoverkomelijke organisatorische hobbels. Opmerkelijk genoeg worden die

hobbels te lijf gegaan met managementtechnieken die hun afkomst uit diezelfde jaren zeventig nauwelijks verhullen. Organisatieyuppies hebben hun mond vol van 'organisatiecultuur' en 'persoonlijke motivatie' en komen aandragen met de zachte krachten van de Tao en de antipsychiatrische interventies van R.D. Laing.
Ze bezoeken dure congressen waar voor een aandachtig gehoor gesproken wordt over zulke ongrijpbare zaken als de 'visionaire factor' van de komende *New Age*, wanneer het op intuïtie, begrip en durf aan zal komen.
Deze nieuwe managers zijn nog altijd overwegend van de mannelijke kunne. Toch klinkt uit de wereld van de vrouwennetwerken de *selfpromoting* boodschap dat de stijl van het nieuwe management – praktisch, experimenteel, actief, flexibel, sensitief, communicatief en intuïtief – met name vrouwen heel goed ligt.
Maar wellicht is het juister om te zeggen dat de nieuwe stijl androgyne trekken heeft. Vrouwen spreiden zakelijke *toughness* tentoon en mannen verkopen zich met verhalen over mensenkennis en invoelend vermogen. (Of zoals een mannelijke yuppie in een interview verklaarde: *'Ik probeer iedereen het gevoel te geven dat hij belangrijk is, ook al ontsla ik hem.'*) Het aardige van die androgyne stijl is dat vrouwen zich niet meer hoeven aan te passen om mee te mogen doen. Dat is leuk voor de vrouwenbeweging, al lijkt het niet helemaal in de geest van de jaren zeventig dat de 'positieve actie' om vrouwen op gelijke wijze te laten deelnemen aan het maatschappelijk leven vooral een pre heeft opgeleverd voor carrièrevrouwen.
Zo lijken we in flitsende stijl op weg naar een nieuwe androgyne commerciële maatschappij. Maar daar moeten we ons ook weer niet al te zeer op verkijken.
De nieuwe stijl van ondernemen, waarvoor de yuppie als prototype geldt, heeft immers ook veel weg van een ouderwets-moderne en ouderwets-mannelijke 'nieuwe zakelijkheid'. Het nieuwe management vertoont bij alle zachte uiterlijkheden ook bij uitstek harde trekken. Het invoelend vermogen en de innovatorische inzet zijn meestal slechts verzachtende factoren bij meedogenloze reorganisaties.
Die vlotte hardheid van het nieuwe management vinden we ook terug in de beeldvorming rond de veelbesproken 'nieuwe ambtenaren', ook wel 'rijksyuppies' genoemd. Deze hoog opgeleide, flexibel inzetbare, jonge *troubleshooters* stellen de traditionele ambtenaren verre in de schaduw. Secretarissen-generaal mopperen dan ook dat deze jeugdige topjongens en -meisjes *'de neiging hebben vooral die dingen te doen die ze zelf leuk vinden'*, waarbij ze hun 'dienende functie' uit het oog verliezen. De socioloog Schuyt spreekt ronduit van een 'nieuwe klasse van vlotte lieden': gehecht aan het eigen gelijk, ongeduldig, arrogant, ijdel, snel analyserend en snel weer vertrokken naar de volgende klus.

Netwerkers

De ongrijpbaarheid van het koopgedrag en de flexibiliteit van de werkstijl keren ook terug in andere elementen die aan de yuppie-*lifestyle* worden toegeschreven. Zo past als vanzelfsprekend in het yuppiebeeld dat ze leven in nog altijd enigszins ongebruikelijke relatievormen. Yuppies, mannen zowel als vrouwen, leven alleen, hebben een LAT-relatie of – maar dat is minder des yuppies – maken deel uit van een koppel tweeverdieners. Daarmee is de yuppie exponent en trendsetter van de groeiende groep doodgravers van het traditionele huwelijk. Sociaal-geografen ontdekten dat die categorie zich vooral in de grote steden ophoudt, in het bijzonder in Amsterdam, maar dat komt natuurlijk ook omdat yuppies daar het gemakkelijkst aan de attributen kunnen komen om hun onafhankelijke bestaan mee te stileren.

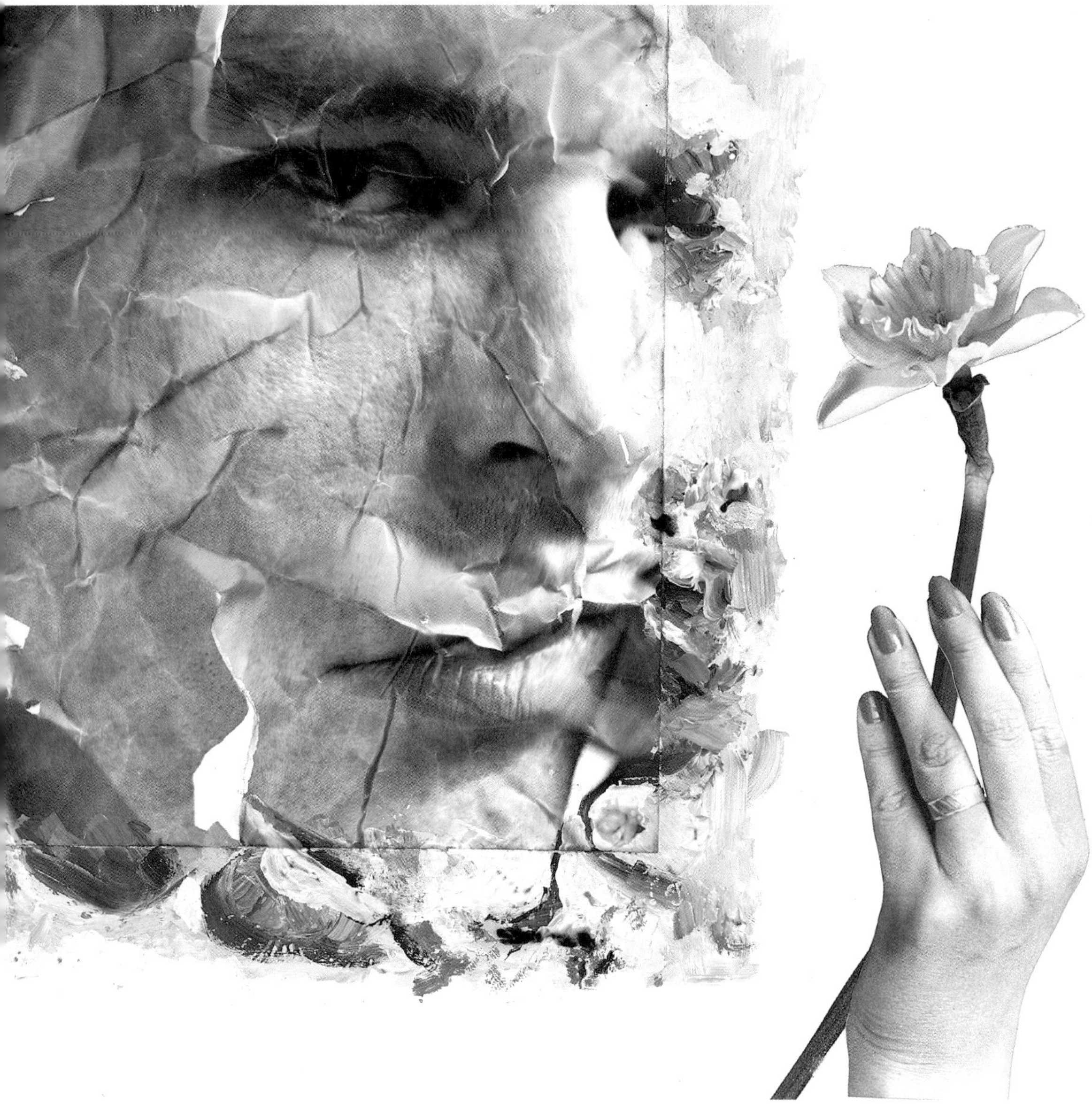

Algemeen wordt aangenomen dat yuppies leven in relatie- of vriendschapsnetwerken: ze doen veel verschillende dingen met veel verschillende mensen tegelijk. Ze hebben nauwelijks een vaste vriendenkring en zeker geen gezin. Ze leven, om met Geert Mak te spreken, *'in adresboeken van mensen die onderling vaak nauwelijks iets gemeen hebben, behalve dan dat ze op de telefoonlijst staan van één bepaald persoon.'* De *lifestyle* van de yuppies vertoont sterke ik-tijdperkachtige trekken, met dien verstande dat ze de innerlijke versnippering, die voor de ik-tijdperker nog een probleem vormde, tot een gestileerd spel hebben verheven.

Alleen leven betekent natuurlijk ook zelf huishouden. De mannelijke zowel als de vrouwelijke yuppie doet aan wat economen de 'monetarisering van huishoudelijke taken' noemen, dat wil zeggen: ze schakelen hele legers glazenwassers, wasserettes, stomerijen, interieurverzorgers en cateringbedrijven in. Zelfzorg is taboe in yuppiekringen. En waarom zouden ze ook: er is immers geld genoeg om op een prettig-onpersoonlijke en niet al te belastende manier hun huishoudelijke zaken uit te besteden. Op één zaak na: de opvoeding van kinderen, want die hebben ze doorgaans niet. Ook voor vrouwelijke yuppies blijkt het hebben van kinderen nog altijd moeilijk te combineren met een carrière. En mannelijke yuppies, zo valt te lezen, geven aan vluchtige contacten met een stewardess de voorkeur boven een gezin.

Maar yuppies doen voor de verzorging van hun *lifestyle* niet alleen een beroep op buitenstaanders, een groot deel van die verzorging wordt ook aan medeyuppies toevertrouwd. Yuppies leveren yuppie-attributen aan yuppiegenoten. Yuppies maken de reclame, de mode en de bladen voor de yuppies. Yuppie-advocaten, yuppie-therapeuten en yuppie-specialisten maken, vaak met eigenzinnige praktijkopvattingen, de yuppie-*lifestyle* draaglijk. Een yuppie-tandarts die zich toelegt op cosmetische tandheelkunde noemt zijn praktijk een Smile Factory voor yuppies. Een yuppie-fysiotherapeut legt zich in zijn lucratieve praktijk toe op het begeleiden van golfende, squashende en skiënde yuppies.

Deze yuppie-leveranciers worden vaak voorgesteld als de meest uitgesproken prototypen van het snelle, dynamische yuppiebestaan. En niet ten onrechte, want zij leven ècht van lucht. Zij stileren het narcisme van de yuppie door steeds weer op het juiste moment de juiste nieuwe dingen aan te bieden. Ze beheren de winkels waar yuppies hun Cuisinart en andere verantwoorde keukenmachines kopen. Ze zijn de traiteurs die bepalen wat de yuppies lekker zullen vinden. Ze ontdekken telkens weer tijdig de juiste reisbestemmingen voor de yuppie. Ze ontwerpen en verkopen het juiste zakeninterieur en de juiste woninginrichting. Ze noemen elkaars winkels *The Best Shops in Town*.

De carrière-yuppies zijn, zo zagen we, de doeners van de hedendaagse commerciële maatschappij. Maar bij alle vertoon van individualisme en creativiteit creëren of kiezen ze zelden hun eigen onderscheidingstekens. Wie creatief is in zijn werk hoeft kennelijk niet ook daarbuiten, in het dagelijks leven, nog eens creatief te zijn. Daarom berust de geloofwaardigheid van de yuppie voor een groot deel op de cirkelgang van het 'ons helpt ons'. Yuppies kopen de voor hun *lifestyle* benodigde creativiteit voor veel geld bij hun eigen yuppie-creatievelingen.

Geboortengolvers

Het yuppie-fenomeen staat sterk in de belangstelling. Maar met die belangstelling is iets eigenaardigs aan de hand. In veel commentaren op het yuppie-verschijnsel is, naast de fascinatie met de uiterlijkheden van de yuppie-*lifestyle*, een onderhuidse afgunst en agressie onmiskenbaar. Yuppies zijn *the fittest* in het *survival*circus van de jaren tachtig. Speels en quasi-achteloos halen zij hun successen binnen. Zij verlenen succes weer een *touch* van magie, en juist van die magie gaat een tegelijk fascinerende en irriterende werking uit, vooral in tijden van crisis. Hoe treuriger de *losers* van de crisiseconomie, hoe glanzender de *winners*. De tobbers voelen zich gekwetst door mensen voor wie tobben taboe is. Politiseerders voelen zich beledigd of minstens in de steek gelaten door mensen voor wie politiek 'uit' is.

Maar er is meer. De kwaadaardige ondertoon in de commentaren op de yuppie-*lifestyle* lijkt vooral afkomstig van minder succesvolle leeftijdgenoten. De yuppies maken immers deel uit van de beroemde geboortengolf: de groep van vijfentwintig- tot veertigjarigen. Deze groep heeft al sinds de tweede wereldoorlog herhaaldelijk van zich doen spreken door de ene opzichtige subcultuur na de andere voort te brengen. Eerst bracht ze de Spockkinderen voort, de vooral in damesbladen zo gevierde ideale opvoedelingen. Later manifesteerden geboortengolvers zich als rebellerende jongeren, die zich verzetten tegen de aangepastheid van voorafgaande generaties. Vervolgens kwamen de langharigen, die in het Kralingse bos vredig plat gingen onder het genot van rock en hasj. In de jaren zeventig leek de hele geboortengolf eerst uit politico's en vervolgens uit ikzoekers te bestaan, die, zo suggereren veel commentaren, in de jaren tachtig ineens de charme van het geld ontdekten.

Maar, en dat zien veel commentatoren over het hoofd, het zijn uiteraard niet steeds dezelfde mensen geweest die het gezicht van de geboortengolf bepaalden.
De opeenvolgende subculturen werden steeds door grotendeels andere mensen gedragen. Zo bestaan er bijvoorbeeld ook nu nog steeds anti-autoritaire geboortengolvers, evenals hippe en politieke en ikkerige geboortengolvers. En zo zullen ook tal van yuppies op het moment dat hun prominente plaats in de media al lang weer door andere subculturen is overgenomen, nog in hun flitsende yuppie-*lifestyle* volharden. En in hun androgyne *lifestyle* niet te vergeten, want dat is een tweede punt dat in de meeste commentaren wordt onderschat. De opzichtige subculturen van de jaren zeventig werden in hoge mate doorkruist door vrouwen, flikkers en potten – ook geboortengolvers trouwens – die de gangbare man- en vrouwbeelden omschudden tot die merkwaardige androgyne mengelmoes die ook voor yuppies tot op zekere hoogte kenmerkend is.

Mensen zonder eigenschappen

Dat deels androgyne karakter van yuppies onderstreept nog eens hoezeer hun *lifestyle* een spel met identiteiten is. Wellicht is uiteindelijk het meest algemene kenmerk van yuppies de ongrijpbare beweeglijkheid van hun identiteit.
Hun kwikzilverachtige consumptiegedrag, hun onnavolgbare carrières, hun mixages van harde en zachte technieken, de vluchtigheid van hun netwerkenbestaan, hun androgynie – het lijkt er sterk op dat ze voortdurend bezig zijn iemand anders te zijn dan ze zijn. De ongrijpbaarheid van de yuppie lijkt uit te monden in het ontbreken van iedere, ook maar enigszins consistente identiteit.
Hoezeer de yuppie consistente eigenschappen mist, blijkt bijvoorbeeld wanneer hij of zij tot hoofdpersoon van een verhaal wordt gemaakt. De mannelijke hoofdpersoon van de film $9^1/_2$ *Weeks* is een geslaagde Wall Street-yuppie met een *designer*-kantoor, een *designer*-huis, een *designer*-outfit en een *designer*-blik.

Kim Basinger in 9½ Weeks, 1986

In een *deli-shop* ontmoet die blik de ogen van een vrouw. Er wordt versierd, er wordt gevreeën, er wordt wat met erotische fantasieën gespeeld. De man wil iets met SM, de vrouw niet. Na negeneneenhalve week is het uit. Einde van een zowel in Amerika als in Europa goed lopende film.

Op de cult-kwaliteiten van de film valt niets af te dingen. Hij biedt *well-made shots* van een consistent gestileerde omgeving, waarin gepolijste lijven koel-warme erotische handelingen verrichten. Maar verder gebeurt er niets. De weerstand van de vrouw tegen de sado-wensen van de man is eigenlijk een aardig dramatisch gegeven, maar in de film blijft dat gegeven ongebruikt. De mannelijke hoofdpersoon blijft een schema, een bewegingloze positie, louter een kruispunt van stijlelementen, louter een *lifestyle*-model.

Yuppies bewegen niet zelf, het enige dat aan hen beweegt zijn hun onophoudelijk wisselende attributen. Hun consistentie zit in hun *lifestyle*, niet in hun identiteit. Daarom zijn yuppies per definitie niet geschikt om een tragische ontwikkeling te dragen. Ze zijn niet in staat tot lijden – noch aan de ander, noch aan zichzelf.
Ze zijn immuun voor welk lot dan ook. Het grote verschil tussen de hoofdpersoon van *9½ Weeks* en zijn vooroorlogse voorloper Ulrich, de *Mann ohne Eigenschaften* uit Musils gelijknamige roman, is dat de laatste gaandeweg ontdèkt dat hij geen eigenschappen heeft, terwijl de eerste van iedere ontdekkingsgeest gespeend is.
En Ulrich komt tot zijn ontdekkingen doordat mensen dingen van hem verlangen, maar in het universum van de Wall Street-yuppie dringen andermans verlangens niet door. Hij gaat volledig op in zijn spel met macht, luxe en erotiek, waarvan zijn hang naar gestileerde SM de meest symbolische uiting is. Voor de rest beperkt hij zich tot *being there*... tot hij er weer vandoor is.
Geen dragers van verhalen, geen dragers van tragiek, meer nog: yuppies zijn geen dragers van cultuur. Yuppies zijn het tegendeel van de klassiek-moderne cultuurdragers: de mensen die het meest wezenlijke van een tijdperk in hun leven vorm weten te geven, de mensen die de boeken lezen die ertoe doen, de kunst kopen die traditie maakt, de meningen hebben die zich in de tijdgeest griffen.
Yuppies hebben nauwelijks tijd om boeken te lezen – ze lezen de recensies. Ze kopen kunst, jawel, maar hoezeer ze zich ook profileren als culturele elite, ze zijn nogal behoudend in hun smaak. En ze hebben meestal ook geen meningen, of hooguit alleen als onderdeel van hun onophoudelijke spel met identiteiten.
Maar wanneer yuppies mensen zonder eigenschappen zijn, rijst het vermoeden dat ze misschien wel helemáál niet bestaan. In elk geval moeten we serieus rekening houden met de mogelijkheid dat ze niet veel méér zijn dan een beeld, een fictie, een projectie van anderen. Een beeld nagejaagd door marktonderzoekers op zoek naar een hanteerbare consumptiecategorie. Een beeld geproduceerd door het 'ons helpt ons'-circuit van yuppie-trendsetters voor de yuppie-*lifestyle*. Een beeld ontsproten uit de halfbewuste naijver van illusieloze mede-geboortengolvers. Als de yuppies al historische betekenis hebben dan is die in ieder geval niet vergelijkbaar met die van de helden en cultuurdragers van weleer. Toch ze zijn de helden en heldinnen van deze tijd. Ze hebben immers de nadelen van deze crisistijd weten om te zetten in een *lifestyle* die aantrekkelijk is voor jonge mensen die er voor zichzelf nog wat van willen maken. En de idealen uit het ik-tijdperk, de idealen van het zelfreflexieve ik, hebben ze in hun zonder meer flitsende manier van leven overbodig weten te maken. Maar de prijs die ze daarvoor betalen is hoog, misschien zelfs onbetaalbaar hoog. Want hun over-flexibele, over-inventieve, over-inzetbare individualiteit blijft leeg. Hun spel met identiteiten, inclusief hun op zichzelf best vrolijk makende androgynie, eindigt onvermijdelijk in absolute identiteitsloosheid.
Ze bestaan misschien wel, maar zijn ze eigenlijk wel ècht?

Marja Gastelaars (1948) studeerde sociologie in Amsterdam. Werkte mee aan *Het technisch Labyrint* (1981), een maatschappijgeschiedenis van de techniek. Legde zich daarna toe op de geschiedenis van de sociale disciplines. Promoveerde op *Een geregeld leven - Sociologie en sociale politiek in Nederland, 1925-1968* (1985). In voorbereiding: *Van de jaren zeventig naar de jaren tachtig - Het andragogisch handelen in de Nederlandse cultuur*.
Antoine Verbij (1951) studeerde psychologie en filosofie. Werkte aan de universiteiten van Nijmegen en Utrecht en doceert momenteel filosofie aan het Nutsseminarium te Amsterdam. Is voorts free-lance redacteur, vertaler en publicist. Publiceerde over filosofie, psychologie, politiek en cultuur. Schrijft filosofische bijdragen in het dagblad *Trouw*.

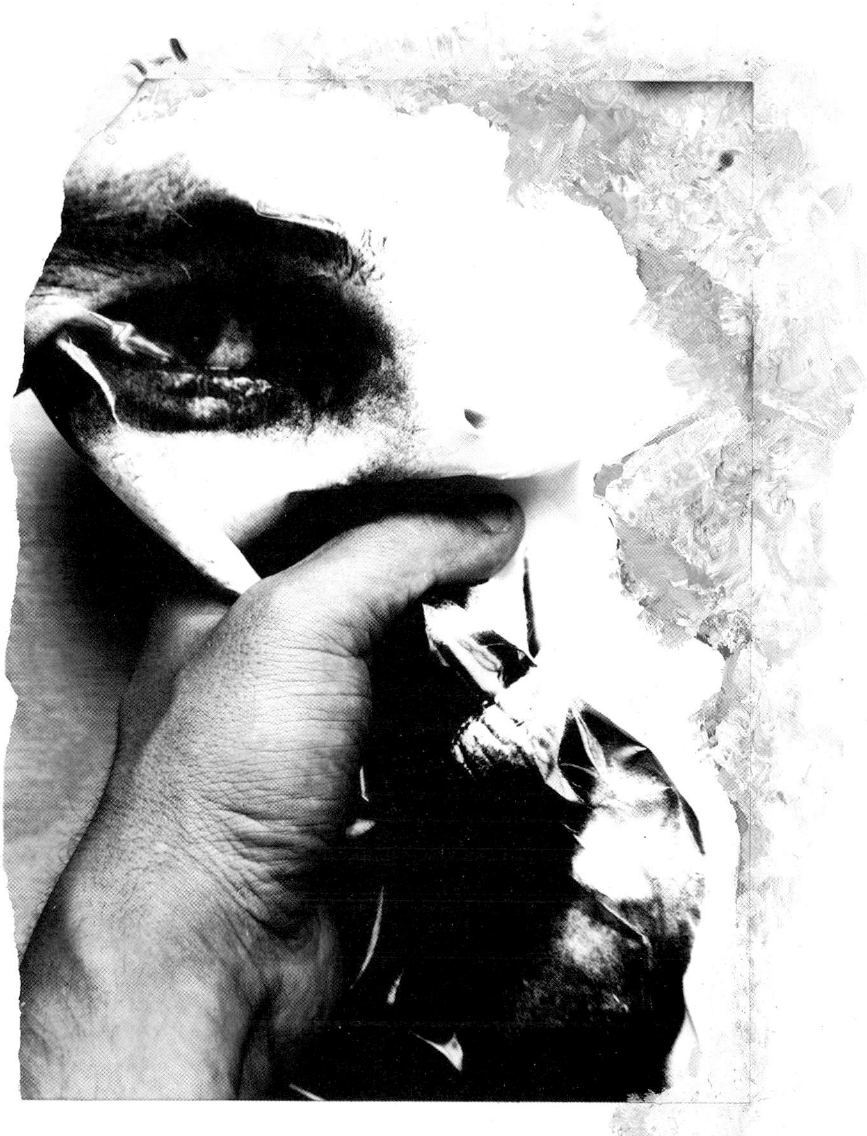

Frédérique Defesche

Van Mister Clean tot New Man
Lifestyle in reclame

De markt toen en nu

Het verschil tussen hoe men vroeger waren aan de man bracht en hoe men dat nu doet is gradueel. Vroeger zowel als nu berustte het marktmechanisme voor een belangrijk deel op verbale en visuele communicatie. In deze bijdrage gaat het vooral over de rol van nonverbale communicatie in de wederzijdse toenadering tussen koper en verkoper.

Op de traditionele markt vertelde het uiterlijk van een produkt de koper in spe iets over de kwaliteit ervan. Fraai uitgestalde waren trokken de koper aan terwijl slordig uitgestalde waren verrieden dat de verkoper onzorgvuldig met zijn spullen omging. Vandaar dat men altijd probeerde de produkten zo voordelig mogelijk uit te laten komen, een gewoonte die tot op de dag van vandaag is blijven voortbestaan. Ook nu poetsen we appels, kleuren we levensmiddelen en lappen we auto's op om ze beter te kunnen verkopen.

Maar we kunnen het ook overdrijven, we kunnen dingen mooier laten lijken dan ze zijn. Dan komen we in de buurt van misleiding, zeker wanneer de koper in spe niet in de gelegenheid is het bedrog te ontdekken. En juist op dat punt is er een verschil tussen vroeger en nu. Op de traditionele markt konden mensen de produkten betasten, eraan ruiken en ze uitproberen, maar op de moderne markt bestaan die mogelijkheden niet meer. Produkten prijzen niet langer zichzelf aan, hun verpakking en reclame hebben die taak overgenomen en bemiddelen tussen producent en consument. De overgang van de verkoop van uitgestalde waren naar de verkoop van voorverpakte merkartikelen is een van de belangrijkste culturele breekpunten tussen de traditionele en de moderne wereld.

Met het voortschrijden van de industrialisatie werden hoe langer hoe meer produkten die mensen vroeger zelf maakten industrieel vervaardigd. Het werd nodig met name breekbare waren goed te verpakken teneinde ze over de veel grotere afstanden te kunnen vervoeren. Consumenten begonnen waren in allerlei standaardhoeveelheden en standaardmaten te verlangen. Er moest efficiënt met waren kunnen worden omgesprongen. Het verpakken en adverteren van waren ontwikkelde zich tot een wetenschap en een kunst. Het merkartikel verscheen en in het kielzog daarvan ontwikkelde zich een geheel nieuwe manier van etiketteren. Consumenten konden vaak niet meer zien wat zij kochten en moesten daarom op de een of andere manier worden geïnformeerd over wat zij van hun aankopen konden verwachten. Het aloude keuren door te kijken, ruiken en tasten was niet zomaar te vervangen door de verpakking van informatie te voorzien.

In plaats daarvan werd kwaliteit gewaarborgd door bekende merknamen.
En aangezien consumenten niet ter plekke konden nagaan wat zij van een produkt konden verwachten, moesten zij afgaan op wat merknamen en reclame hun vertelden en beloofden. Doordat in het nieuwe industriële tijdperk het grote publiek steeds meer toegang tot kranten en andere media kreeg, begonnen producenten massaal te adverteren.

Sicilië 1976

Visuele codes in reclame

In de moderne westerse wereld worden consumenten onder een buitensporige hoeveelheid reclame bedolven. Alleen al aan reclame kunnen mensen wel duizend communicatieve stimuli per dag te verwerken krijgen. Ze nemen die stimuli natuurlijk niet allemaal even bewust in zich op. Om te voorkomen dat ze gek worden hebben ze onbewust een ingewikkeld selectiemechanisme ontwikkeld. Over dit mechanisme waarmee consumenten bepaalde stimuli uitkiezen en andere negeren bestaan verschillende theorieën.

De traditionele theorieën over reclame gaan ervan uit dat mensen rationele wezens zijn en dat reclame ongeveer als volgt werkt: consumenten stellen zich neutraal op, maken zich via de reclame de nodige informatie en kennis eigen en vormen dan een mening; de daarop volgende stap is beslissend, want dan ontwikkelen ze een gevoel dat hen zegt of ze het produkt al dan niet moeten kopen.

Deze traditionele opvatting van reclame hecht veel waarde aan een rationele benadering en aan het overbrengen van produktinformatie. Die informatie hoeft niet verbaal te zijn. Er wordt veel gebruik gemaakt van visuele symbolen die de eigenschappen van het produkt bondig samenvatten. Kenmerkend is bijvoorbeeld het gebruik van kleuren. Bij verschillende soorten produkten (limonades, sigaretten) staat rood voor de sterke en blauw voor de lichte soort. De verpakking van koffie heeft 'zware' kleuren: rood, geel, donkergroen of bruin. Blauw kwam er niet aan te pas totdat de caffeïnevrije koffie volwassen werd, zich niet langer verontschuldigde dat hij geen echte koffie was en een eigen plaats opeiste.

Pas vanaf dat moment kon caffeïnevrije koffie kleur bekennen en zich hullen in het teken voor 'licht' en 'verstandig': blauw dus, zoals op de verpakking van Douwe Egberts Décafé.

De bondigste manier om een merk visueel over te brengen is het logo. Het logo van een bekend merk wordt, doordat consumenten eraan gewend raken, een soort steno dat hun precies vertelt wat er over het produkt te zeggen valt. Een andere manier om consumenten te wijzen op de functionele eigenschappen van een produkt is door visuele elementen symboolwaarde te laten aannemen. Wit en glans op de verpakking van schoonmaakmiddelen staan voor schoon, handen en citroenen staan voor mild en fris. Witte tornado's en figuren als Mister Clean staan voor doelmatig en krachtig.

De witte tornado werd gebruikt voor Ajax, een schoonmaakmiddel, vervaardigd door de Colgate Palmolive Company. De witte tornado is een bondige visuele boodschap die de huisvrouw duidelijk maakt dat Ajax het schoonmaakkarwei snel en grondig opknapt. Toen ze werd geïntroduceerd gebruikten huisvrouwen nog groene zeep en was de boodschap dus alleszins aanvaardbaar. De witte tornado werkte als een ezelsbruggetje, een visuele geheugensteun. Later werd het verhaal minder overtuigend. Huisvrouwen raakten ook gewend aan andere schoonmaakmiddelen en ontdekten dat Ajax weliswaar goed schoonmaakte, maar toch niet zo snel als een tornado. Het nieuwe symbool voor schoon werd het spiegeleffect. Schoonmaken met Ajax maakte harde oppervlakken zo schoon dat ze als spiegels begonnen te glanzen.

Reclame overdrijft, niet omdat het liegen er zit ingebakken, maar omdat ze in zo'n ongelooflijk korte tijd een boodschap moet overbrengen. Daarom wordt die boodschap gedramatiseerd. Een reclamespot op de televisie duurt tussen de vijftien en zestig seconden en in die tijd moet er een heleboel worden verteld. Omdat er zo weinig tijd is, is in een televisiespot één veeg met Ajax genoeg om een uiterst smerig oppervlak schoon te maken. Reclamemakers denken en hopen dat consumenten hun deze dichterlijke vrijheden zullen vergeven.

Wat de consumenten overdreven vinden of wat zij zonder meer voor waar aannemen verschilt van cultuur tot cultuur. Bepaalde visuele codes doen het in de ene cultuur wel en in de andere niet. Procter & Gamble introduceerde het schoonmaakmiddel Mister Clean in verschillende Europese landen. In Frankrijk werd Monsieur Propre, zoals Mister Clean daar heet, een groot succes. Hij is de verpersoonlijking van properheid, ondanks zijn onaangename uiterlijk van een grote groene hulk. De keuze voor een dergelijk symbool van properheid kan gevaarlijk zijn in landen waar consumenten het uiterlijk van Mister Clean al te letterlijk nemen. Hij is sterk, en sterk kan betekenen dat het schoonmaakmiddel agressief is en daarom niet voor alle oppervlakken even geschikt.

Maar dat een bepaald merk in het ene land wel en in het andere niet verkrijgbaar is, kan niet afdoende worden verklaard uit het feit dat symbolen verschillend worden geapprecieerd. Meestal speelt een complex van factoren een rol. Monsieur Propre dankt zijn succes in zuidelijke landen niet alleen aan het feit dat dat machoculturen zijn waar niemand bezwaren tegen symbolen voor kracht heeft. In zuidelijke landen is het bovendien zo dat huizen vaak veel tegels hebben. Een krachtig produkt kan daar geen schade aanrichten. In noordelijke landen hebben huizen vaker vloerkleden en parketvloeren, waarvoor een al te krachtig produkt niet geschikt is. Ook speelt de concurrentie een rol. Zo is Mister Clean bijvoorbeeld niet in Nederland geïntroduceerd omdat dat land de thuisbasis is van een van de belangrijkste concurrenten van Procter & Gamble, te weten Unilever.

Lifestyle-advertising

De traditionele benadering van reclame benadrukt het belang van rationele produktinformatie. Om een aantal redenen wordt er de laatste jaren anders tegen de veronderstelde behoefte aan rationele informatie aangekeken. Het aanbod van goederen en diensten is enorm toegenomen, consumenten zijn beter geïnformeerd en produkten zijn meer op elkaar gaan lijken. Alle auto's die te krijgen zijn rijden, alle scheerapparaten scheren en ieder merk pils is geel en bevat vijf procent alcohol. Wat het meest elementaire betreft zijn er op de moderne markt geen verschillen. Veel produkten zijn *me too*-produkten: produkten die dezelfde elementaire kenmerken bezitten als hun concurrenten. De verschillen zitten in het image waarmee ze zich omgeven en in de bevrediging die ze de consument schenken.

Me too-produkten beconcurreren elkaar in hetzelfde marktsegment en in dezelfde categorie. Een Rolls Royce en een Opel Kadett zijn allebei auto's, maar ze zijn volmaakt verschillend, ze beconcurreren elkaar niet en verdienen daarom ook verschillende namen. Wanneer merken elkaar op een bepaald marktsegment beconcurreren gaat het vooral om veronderstelde kwaliteit en veronderstelde kenmerken. Rationaliteit speelt nauwelijks een rol. Het gaat om wat je denkt dat je waarneemt, niet om hoe iets werkelijk is. De objectieve, rationele waarheid wordt echter vaak ingezet om een gedane belofte kracht bij te zetten. Maar zelfs dan heeft die zogenaamde rationele waarheid een niet-rationele kant: ze rechtvaardigt het gelóóf in het produkt.

De traditionele benadering van reclame heeft daarmee concurrentie gekregen van benaderingen die van de veronderstelling uitgaan dat de consument eerst en vooral

emotioneel op reclame reageert of zelfs dat hij eerst handelt en dan pas voelt en denkt. Hoe verschillend er ook gedacht wordt over de mechanismen in de reclame, één ding is duidelijk geworden, namelijk dat reclame tweerichtingsverkeer inhoudt. Er moet sprake zijn van een wederzijdse toenadering, van een relatie.
Consumenten die een reclame in zich opnemen gaan bewust of onbewust na of zij iets met het geadverteerde produkt hebben. Het kopen van een bepaald merk veronderstelt een band met dat merk. Kopers weten waar het om gaat, zij kopen niet zo maar een produkt, zij kopen de hele toegevoegde psychologische waarde die met de naam, de status en het image van het produkt verbonden is.
De functie van reclame is voor een groot deel niet het louter overbrengen van informatie. Reclame wordt geacht een aantal dingen te doen: het moet verleiden en het moet het gebruik rechtvaardigen, het moet de kopers geruststellen over de juistheid van de aankoop en hen bevestigen in hun identiteit. Moderne reclame berust voor een belangrijk deel op deze, in hoge mate psychologische functies, die ze uitoefent op een uiterst ingewikkelde en gesegmenteerde moderne markt. Het belangrijkste nieuwe element in vergelijking met traditionele reclame is het bewust bevestigen van de identiteit van de consument, hetgeen in vakkringen *lifestyle-advertising* is gaan heten.
Tot zo'n jaar of tien à dertig geleden volgde de segmentering van de markt de eenvoudige indelingen naar welstand, sekse en leeftijd. Dat kwam aardig overeen met de gebruikelijke manier om de maatschappij in te delen. Maar de verschillen in sekse, klasse, inkomen en leeftijd leveren niet langer ondubbelzinnige aanwijzingen op voor hoe iemand zijn leven in zal richten of welke waren hij zal kopen. Om maar een voorbeeld te noemen: de goedkope Citroën Deux Chevaux was niet alleen maar een auto voor arme mensen; veel welvarende consumenten kochten hem voor de lol, omdat het zo'n aardige anti-auto was.
Met andere woorden: mensen ontlenen hun identiteit in steeds mindere mate aan hun klasse, sekse, leeftijd, geloof of streek. Zulke sociaal-demografische kenmerken bepalen niet langer met wie mensen zich verwant voelen. In de moderne samenleving gaan mensen op andere visuele tekens af. Wie op zoek is naar herkenning en erkenning, naar een omgeving waarin men zich thuis voelt en waar men zichzelf kan zijn, zoekt naar mensen met dezelfde *lifestyle*, naar mensen die op ongeveer dezelfde wijze hun leven inrichten, die ongeveer dezelfde waarden en houdingen hebben, die zich met ongeveer dezelfde objecten en visuele symbolen omringen, al moet gezegd worden dat men zich meestal nauwelijks bewust is van de visuele tekens die men zelf draagt of waar men bij anderen op afgaat.
De term *lifestyle* wordt nogal eens onzorgvuldig gebruikt en er worden vaak verschillende dingen mee bedoeld. Wanneer de media en in het bijzonder de populaire pers het over *lifestyle* hebben, wekken ze de indruk dat alleen trendsetters, mensen die een nieuw, afwijkend maar spoedig door velen nagevolgd leven leiden, er een *lifestyle* op nahouden. Deze invulling van de term is tegelijk te populair en te elitair. Ze is populair omdat ze door de massamedia wordt gehanteerd en elitair omdat ze veronderstelt dat alleen de *happy few* zich een *lifestyle* kan permitteren.
Lifestyle laat zich daarentegen het best omschrijven als een hecht patroon van houdingen en gedragsvormen waarbij bepaalde attributen horen die er de uiterlijke tekenen van zijn. Iedere *lifestyle* heeft zijn eigen patroon en onderscheidt zich van andere door een eigen verzameling van samenhangende houdingen en gedragsvormen. De eeuwenoude criteria om te bepalen wie men is en welke plaats men in de samenleving inneemt gaan niet meer op. Het moderne individu ontleent

zijn identiteit en zijn gevoel ergens bij te horen vooral aan zijn met anderen gedeelde *lifestyle*.

We identificeren ons met mensen door naar hun *lifestyle* te kijken. We merken op hoe anderen hun haar hebben zitten, welk merk kleren ze dragen, in welk type auto ze rijden, hoe ze hun huis hebben ingericht, of het er een nette boel of een rotzooi is, wat ze doen, hoe hard ze werken, hoe ze met hun kinderen omgaan. De checklist met behulp waarvan we onszelf en anderen indelen is eindeloos. Het indelen van mensen is zo oud als de wereld. Vroeger hanteerde men daarbij zulke relatief stabiele criteria als klasse, geloof, streek of stam. Omdat tegenwoordig maatschappelijke veranderingen zich in snel tempo voltrekken en mensen sociaal en geografisch veel mobieler zijn, oriënteren mensen zich vooral op elkaars *lifestyle*. Maar onveranderd blijft het feit dat mensen zich met elkaar identificeren – identificatie is een behoefte die diep in ieder menselijk wezen wortelt.

Inspelend op de veranderende samenleving kwam de industrie met merken op de markt die vooral van elkaar verschilden doordat ze in verschillende emotionele behoeften en verlangens beloofden te voorzien. Geen enkele fabrikant kan tegemoet komen aan de gevoelens en dromen van ieder afzonderlijk individu. Hij moet zijn markt verdelen in doelgroepen van mensen met ruwweg dezelfde gevoels- en gedragspatronen.

Maar reclame is wat *lifestyle* betreft zèlf geen trendsetter, zij vòlgt trends en kan alleen bepaalde marktverschijnselen versterken door er een creatieve en dynamische wending aan te geven. De mate waarin reclame via het image van een merk aan de vorming van een *lifestyle* bijdraagt, wordt vaak overdreven. Bij de meeste soorten produkten speelt reclame een rol, maar geen doorslaggevende. Het leven zelf, het produkt zelf, de markt, de gebruikers en ook de pers hebben veel méér invloed op de betekenis die visuele vormen krijgen en op de transformatie van attributen in symbolen van een *lifestyle*.

De balans tussen droom en werkelijkheid

Reclamemakers zijn zelden de boosaardige manipulators waarvoor ze door sommigen worden aangezien. De ontwerpers van reclame gaan voornamelijk af op hun intuïtie en verbeeldingswereld. Ze halen de betekenissen van visuele elementen en symbolen niet uit de boeken. Volgens hen getuigt het bewust gebruiken van overbekende visuele symbolen of leidmotieven van gebrek aan creativiteit.

Hoe bekender een symbool, des te beperkter en afgeslotener zijn betekenis. Het gebruik van overbekende symbolen laat geen ruimte meer voor een emotionele lading. Sigarettenadvertenties maken gebruik van een groot aantal visuele clichés, hetzij omdat ze die al van het begin af aan gebruikten, hetzij omdat mensen zo aan bepaalde tekens gewend zijn geraakt dat ze in clichés zijn veranderd. Het paradoxale is dat wanneer een reclame haar grootste effect heeft bereikt, dus wanneer een maximaal aantal consumenten haar kennen en begrijpen, ze haar kracht verliest: ze wordt clichématig en afgezaagd.

Paarden die over een prairie rennen zoals in de reclame voor Marlboro vormen een tamelijk elementaire aanduiding van ruimte, snelheid en vrijheid. De Marlboro-cowboy is minder elementair. De cowboy betekent in de Verenigde Staten iets anders dan in andere landen. Maar waarom was die cowboy dan buiten cowboyland zo'n succes? Het is onmogelijk daar één bepaalde reden voor aan te wijzen. Toen de cowboy in Europa werd geïntroduceerd werd hij door sommigen vooral gezien als een held die toch een gewone jongen was. Voor anderen was hij een toonbeeld van mannelijke kracht, ook al was hij daar niet per se het bèste toonbeeld van. En voor weer anderen verwees hij vooral naar Amerika.

De cowboy heeft veel aan het image van Marlboro bijgedragen. Behalve in Groot-Brittannië, waar de cowboy om juridische redenen niet gebruikt kon worden en waar Marlboro het dan ook moeilijk had zijn merkpersoonlijkheid te ontwikkelen en een bepaald segment van de markt voor zich op te eisen. In de rest van Europa heeft de cowboy zijn werk kennelijk goed gedaan, maar hij heeft ondertussen wel aan aantrekkingskracht ingeboet, juist omdat hij zo bekend is geworden. De visuele beelden waar de Marlboro-reclame gebruik van maakt laten de consument inmiddels nog maar weinig ruimte voor zijn eigen interpretaties. De prairie, de paarden en de cowboy zijn zo vertrouwd geworden dat ze automatisch Marlboro betekenen. Ze kunnen dienst doen als herkenningspunten, maar het valt te betwijfelen of ze ook bij de *lifestyle* van de jongere generatie Marlboro-rokers aansluiten. De activiteiten die Marlboro ontplooit op het gebied van autoraces spreken jongeren veel méér aan en zijn waarschijnlijk bepalend voor hoe de Marlboro-reclame bij jongeren overkomt. Om in te spelen op de huidige ontwikkelingen en niet telkens maar weer terug te vallen op clichés zijn zowel Marlboro als Camel in hun merkpersoonlijkheid heel geleidelijk enkele accenten gaan verleggen. Hun beider helden zijn verjongd en vertonen zich hoe langer hoe meer zonder de gebruikelijke prairie of jungle.

De *lifestyles* die in reclame worden vertoond zijn geen nauwkeurige afbeeldingen van de *lifestyle* van de doelgroep. Wanneer er machocowboys op paarden of eenzame avonturiers op een vlot in een junglerivier worden vertoond wil dat niet zeggen dat de reclame bedoeld is voor cowboys, machomannen en avonturiers.

Nicaragua, 1985

Aan de andere kant zouden mensen niet erg warm lopen wanneer ze in reclame alleen maar de attributen van hun eigen *lifestyle* te zien zouden krijgen. Die hebben alleen in het echte leven een functie, namelijk als referentiekaders en herkenningspunten. Maar met reclame worden andere dingen beoogd. *Lifestyle* in reclame is ingedikte *lifestyle*, *lifestyle* die op een creatieve manier tot een dramatische vorm is teruggebracht. Alleen wanneer reclame de aspiraties van mensen aanspreekt, wanneer ze hen iets geeft om over te dagdromen, zal ze aantrekkelijk zijn voor mensen met een bepaalde *lifestyle*.

Lifestyle-reclame balanceert op de grens tussen de wereld van beloften en verlangens en de alledaagse werkelijkheid. Sommige merken doen dat door tamelijk dicht bij de werkelijkheid te blijven. Dat gebeurt bijvoorbeeld in de reclame voor New Man. Zij richt zich op mensen met een actieve, oppervlakkige, hedonistische, jonge en individualistische *lifestyle*. Bij die *lifestyle* horen veel kleren, veel muziek, veel contacten, veel gossip en veel lol. De toekomst is vaag en speelt nauwelijks een rol. Het leven speelt zich hier en nu af. '*Het leven is te kort om somber gekleed te gaan*', zegt de reclame voor New Man, en daarmee raakt ze de kern van waar het in die *lifestyle* om draait.

Ook Buffalo Jeans richt zich op een jonge *lifestyle*, maar die is niet zo *clean* als die waar New Man zich op richt. De reclame voor Buffalo Jeans staat verder van de

werkelijkheid af en gaat meer over aspiraties. Ze richt zich op de meer rebelse jonge *lifestyle* van jongens en meisjes die in hun uiterlijk hun nonconformisme willen tonen. Zij houden ervan te shockeren. Ze zijn niet hedonistisch, ze verwachten niet en willen zelfs niet dat het leven een lolletje is. Onderhuidse woede, duistere hartstochten en onwil om ook maar iets te bereiken horen bij deze *lifestyle*. De reclame voor Buffalo Jeans flirt met deze *lifestyle*, niet zozeer om de groep zelf te bereiken, maar de mensen die die *lifestyle* interessant vinden.
De reclame koketteert met die *lifestyle*. Het gezicht van het meisje heeft een broeierig sensuele uitdrukking. De jongen en het meisje staan in een houding met seksuele connotaties. De zwarte handschoen bevat een verontrustende verwijzing naar sadomasochisme. Maar ieder zijn meug.
Het parfum Charlie richt zich op de jonge vrouw die zichzelf modern en dynamisch waant. Maar hoezeer ze ook haar best doet om de progressieve moderne vrouw uit te hangen, ze is het niet. Direct onder de oppervlakte zit haar moeder. Ze houdt er dan misschien wel een paar moderne opvattingen over opvoeding en het belang van een baan op na, maar ze zal niet bereid zijn haar hang naar een keurig gezinnetje voor haar carrière op te offeren. De balans tussen wensdroom en werkelijkheid is bij Charlie doorgeslagen naar de realistische kant. Zij is de opgepoetste versie van de potentiële gebruikster en net als bij de New Man-reclame is het niet moeilijk zich met haar te identificeren.
De *lifestyle*-attributen in de reclame voor het Kouros-parfum zijn gericht op de doelgroep van *winners*, maar lopen ook het gevaar hen juist af te stoten. De droom en de werkelijkheid van echte *winners* zijn hier niet goed in evenwicht. *Winners* zijn immers presteerders, ze zijn succesvol en dynamisch, mannen die het gemaakt hebben. Wanneer je de reclame bekijkt dan valt moeilijk vast te stellen of de belofte die ze inhoudt voor de doelgroep geloofwaardig is of dat het een loze belofte

Etre belle... Etre bien

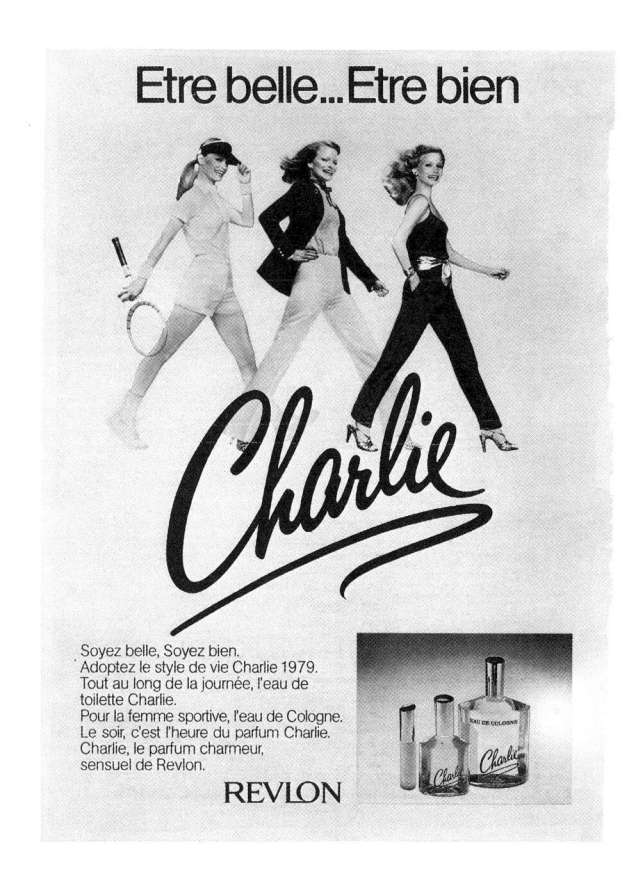

Soyez belle, Soyez bien.
Adoptez le style de vie Charlie 1979.
Tout au long de la journée, l'eau de toilette Charlie.
Pour la femme sportive, l'eau de Cologne.
Le soir, c'est l'heure du parfum Charlie.
Charlie, le parfum charmeur, sensuel de Revlon.

REVLON

is die alleen *losers* aantrekt, mensen voor wie winnen een aspiratie is en blijft. Visuele elementen in reclame die niet precies de *lifestyle*-attributen van de doelgroep weergeven, maar een sfeer, een stijl, een toon creëren, kunnen juist heel effectief zijn. De kracht zit hem in het onafgeronde van de gebruikte beelden.
Ze zijn onafgerond omdat ze ruimte laten voor de interpretatie van de kijker.
Deze openheid is de creativiteit in de reclame. De sleutel tot deze creativiteit is een evenwichtige verhouding tussen het getoonde beeld en de werkelijkheid.
Het getoonde beeld vervangt de alledaagse werkelijkheid door het onwerkelijke, het verlangde, het gedroomde. Tegelijkertijd vervangen ze de verlangens, de aspiraties, het onwerkelijke door attributen, door het produkt, door het werkelijke. En op het punt waar het werkelijke en onwerkelijke elkaar raken vindt herkenning en identificatie plaats. De advertenties voor Kenzo en Charles Jourdan zijn goede voorbeelden van zulke subtiele *lifestyle*-reclames.

De cultuurmachine

Op de moderne markt heeft reclame zich ontwikkeld tot een belangrijke tak van dienstverlening, maar ook tot een belangrijke kunstvorm. Meer nog: ze is een industrie geworden waarvan het produkt cultuur is. Met name de reclame in de media bereikt massa's mensen en produceert op die manier populaire cultuur met meer succes dan de elitaire vormen van creativiteit ooit hebben behaald. Maar zelfs al is het hoogste doel van marketing en reclame de produktie van cultuur geworden, hun belangrijkste reden van bestaan is nog steeds dezelfde als die van de traditionele markt, namelijk het verkopen van goederen en diensten opdat mensen kunnen overleven en hun behoefte ergens bij te horen kunnen bevredigen.

Frédérique Defesche (1941) is sociologe en directeur van het communicatie-adviesbureau CeRTS-International, dat zich bezig houdt met communicatie-onderzoek en strategische planning en daarnaast adviezen en trainingen geeft op het gebied van interpersoonlijke communicatie.

Jack Lang

High tech, high culture

Cultuur, politiek en economie in Frankrijk

Malthusiaanse houding

'*Cultuur en economie, één strijd!*' Deze formule heeft vaak een provocatie geleken. Tot voor een aantal jaren geleden was ze dat ook. Iedereen hield zich het liefst bij de eigen leest. De economen beschouwden de cultuur als iets marginaals.
Ze hechtten er in ieder geval heel wat minder belang aan dan aan de automobiel- of staalindustrie. In cultuurkringen deed men zijn best zich van de invloed van de economie en van het geld te vrijwaren. Men meende de cultuur op een voetstuk te moeten plaatsen en er iets onaantastbaars, onvervreemdbaars van te moeten maken. En toen men de uitdrukking 'cultuurindustrie' uitvond, was dat alleen maar om des te beter kritiek te kunnen uitoefenen op de degradatie van kunst tot koopwaar.
Maar we kunnen onze ogen niet voor de werkelijkheid sluiten. Het valt niet te ontkennen dat de cultuur tegenwoordig een belangrijke economische sector vormt. In Frankrijk wordt in die sector zo'n honderdvijftig miljard franc omgezet, nauwelijks minder dan in de bepaald niet onaanzienlijke elektronika-industrie of machinebouw. Maar op de ministeries lijkt men daar nauwelijks van doordrongen. Het zal niet gauw gebeuren dat de minister voor industrie naast zijn drukke werk op het gebied van de scheepvaart of de textielnijverheid ineens belangstelling toont voor de nieuwste ontwikkelingen op het gebied van de *compact disc* of de filmindustrie. Laat staan dat men de minister voor cultuur zal horen spreken over economie, industrie en technologie. Dat zou in zekere zin afbreuk doen aan de aloude traditie die tot de cultuur slechts de meest traditionele kunstvormen rekent: het nationale cultuurgoed, de 'serieuze' muziek, het theater, de opera en de beeldende kunsten.
De tijden zijn veranderd, de blik is verruimd. Er zijn talrijke kunstvormen tot ontwikkeling gekomen die het uitsluitend van de reproduktie moeten hebben. Neem bijvoorbeeld de film, de video of die andere vorm van spirituele arbeid, die 'informatica' heet.
De cultuur vertegenwoordigt dus een belangrijke markt. Dat alleen is al reden genoeg om met het achterhaalde idee te breken dat iedere franc die aan cultuur wordt uitgegeven een franc is die, al dan niet met de beste bedoelingen, aan het produktieve circuit is onttrokken om te worden aangewend voor een weliswaar eerbare maar onproduktieve activiteit. Er is maar al te vaak gezegd en geschreven dat het met het oog op de economische crisis niet verantwoord is om het budget voor cultuur te verruimen. Tegenwoordig begint men te begrijpen dat die malthusiaanse houding berust op een beoordelingsfout en op een ernstige miskenning van de veranderde economische betekenis van cultuur. Want een franc die aan cultuur wordt uitgegeven blijkt maar al te vaak geen weggegooide maar juist een goed geïnvesteerde franc te zijn.

Rozengracht, Amsterdam, 1987

Pierre Boulez en de nationale defensie

Veel mensen menen dat de culturele markt de komende jaren om verschillende redenen nog zal groeien. In de eerste plaats omdat het opleidingsniveau nog zal stijgen. Verder omdat met name als gevolg van nieuwe technologische ontwikkelingen de arbeidstijd nog korter zal worden zodat de voor culturele activiteit zo onmisbare vrije tijd toeneemt. En tenslotte omdat de wegen waarlangs de cultuur haar weg naar de mensen vindt steeds talrijker worden zodat een groeiend aantal mensen toegang krijgt tot de nieuwste culturele scheppingen. Daarbij valt te denken aan de ontwikkelingen op audiovisueel gebied, aan

Frankrijk, 1986

satellietuitzendingen en kabeltelevisie, maar ook aan de nieuwste methoden van digitale codering en de recente ontwikkelingen op het gebied van de beeldschermkwaliteit.

Vermeldenswaard is ook de *videodisc*, waar nog maar een bescheiden begin mee is gemaakt, maar die ertoe bij zou kunnen dragen dat over de hele wereld mensen kennis kunnen nemen van kunstwerken die om redenen van behoud niet tentoongesteld kunnen worden, zoals oude tekeningen en gravures. Er is overigens al een omvangrijk programma opgesteld voor zulke *videodisc*-opnamen, een programma waar ik in 1983 het initiatief toe heb genomen. Een aantal interessante onderdelen daarvan zijn inmiddels gerealiseerd: een *disc* met opnamen van de kastelen aan de Loire, een *disc* over hedendaagse woninginrichting en eentje over de Franse taal. Op het programma staan nog: de 105.000 tekeningen die het Louvre in bezit heeft, de Italiaanse schilderijen in het Louvre, de Franse kathedralen en de grotschilderingen. Ik ga op dit moment maar even voorbij aan de vraag of de huidige regering van plan is dit programma uit te voeren.

De cultuurmarkt lijkt de komende jaren dus alleen maar te zullen groeien. Dat is op zich al voldoende reden om investeringen op dat gebied aan te moedigen. Maar er is nog een andere reden, namelijk de impulsen die die culturele activiteit geeft aan talrijke andere takken van de economie. Om dit te illustreren kies ik drie van de vele voorbeelden die er te geven zijn.

Het eerste voorbeeld betreft de audiovisuele *high fidelity*-apparatuur, waarvoor de markt zich ondanks de economische crisis van de jaren zeventig sterk heeft ontwikkeld. Dat zou nooit gebeurd zijn wanneer er niet tegelijkertijd sprake was geweest van een verveelvoudiging van het aanbod van muziekopnamen en televisieprogramma's. Er zijn zelfs kwalitatief goede technologische vindingen commerciëel de mist in gegaan omdat het publiek er niet voldoende programma's bij geleverd kreeg; dat was bijvoorbeeld het geval met het videosysteem van Betamax.

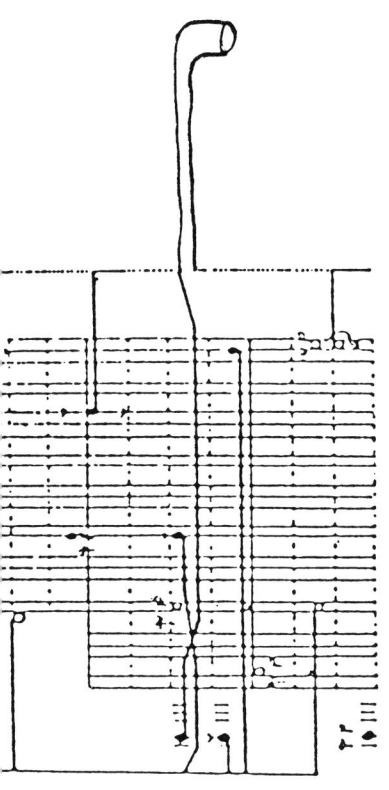

Noticrt in Klavarscribo *

Het tweede voorbeeld is ontleend aan de hedendaagse muziek. Onder supervisie van Pierre Boulez heeft het bedrijf IRCAM een revolutionair elektronisch muziekinstrument ontwikkeld, de 4X. Specialisten van over de hele wereld komen naar Parijs om het te bespelen. Met name dankzij deze 4X is Pierre Boulez in staat geweest een van zijn nieuwste werken, getiteld *Répons*, te scheppen en met veel succes ten gehore te brengen. Maar het meest opmerkelijke is dat de uitvinding van die machine, waarvan ik zojuist het culturele belang heb geschetst, van waarde is gebleken voor de nationale defensie doordat bepaalde onderdelen die in het kader van het 4X-project ontwikkeld zijn, tegenwoordig gebruikt worden in de uitrusting van onderzeeërs.

In dit verband kan ook gewezen worden op de beeldtechnieken die worden toegepast voor het verkrijgen van speciale effecten en voor titels. Enkele jaren geleden hebben wij een plan gelanceerd om die nieuwe beeldtechnieken verder te ontwikkelen. Dat plan is natuurlijk in de eerste plaats ten goede gekomen aan de produktie van televisieprogramma's, maar gezegd moet worden dat het daarnaast ook vruchten heeft afgeworpen voor zulke uiteenlopende gebieden als de medische wetenschap en de informatica, waar het werd ondersteund vanuit de computerkunde en de micromechanica.

Een derde voorbeeld heeft betrekking op het industrieel ontwerpen. Het design wordt vaak voorgesteld als een middel om artikelen er alleen maar mooier uit te laten zien. Op die manier onderschat men echter de waarde van de technieken die er aan te pas komen. Voor die technieken is niet alleen esthetisch inzicht vereist, maar ook materialenkennis en kennis van het produktieproces. De ontwerper moet daarnaast ook rekening houden met de economische kenmerken van het betreffende artikel en met de markt waar het voor bedoeld is. Zo beschouwd is het industrieel ontwerpen eigenlijk een nieuwe, op zichzelf staande produktiefactor. Om zich daarvan te overtuigen hoeft men alleen maar naar bepaalde industrieën te kijken, die weliswaar niet tot de meest produktieve behoren, maar er wel in zijn geslaagd om dankzij het bijzondere design internationale markten te veroveren. Dat geldt bijvoorbeeld voor de Italiaanse schoenen- en meubelindustrie.

Wie er in slaagt ontwerpers en ondernemers dichter bij elkaar te brengen bewijst de economie een belangrijke dienst. Wie, zoals wij hebben gedaan, geld stopt in een École Nationale de Création Industrielle, investeert niet alleen in de cultuur maar ook op een heel directe manier in de industrie. De drie voorbeelden laten zien hoe nauw de relatie tussen economie en cultuur inmiddels is geworden. '*Economie en cultuur, één strijd*' is een kreet die hoe langer hoe minder hoeft te verbazen.

De cultuurindustrie

Het is natuurlijk wel aardig om te verkondigen dat twee aanvankelijk gescheiden werelden elkaar steeds meer naderen, maar daar mag het niet bij blijven. De verdere ontwikkeling van de cultuurindustrie vereist nog altijd concrete maatregelen. In de vijf jaar dat ik minister van cultuur was ben ik daar intensief mee bezig geweest.

Om te beginnen moest het bankwezen en allerlei overheidsinstellingen ervan worden overtuigd dat de bedrijven die zich bezighouden met films, boeken, design en audiovisuele media een volwassen tak van industrie vormen die serieuze aandacht verdient en van dezelfde financiële regelingen zouden moeten kunnen profiteren als andere takken van industrie.

Daarnaast heb ik samen met verschillende belanghebbenden

ondersteuningsmaatregelen getroffen, zoals de oprichting van het Institut de Financement du Cinéma et des Industries Culturelles – een bankinstelling die borg staat wanneer culturele ondernemingen leningen afsluiten. De resultaten waren opmerkelijk: met behulp van deze regeling werden in drie jaar tijd leningen afgesloten voor een bedrag van meer dan 160 miljoen franc. Met de projecten die uiteindelijk niet rendabel bleken – en dat is voor banken interessant om te weten – was een bedrag gemoeid dat minder is dan één procent van het totale bedrag aan leningen. Dat bewijst dat de cultuur een heel wat minder avontuurlijke en riskante sector is dan sommigen willen doen voorkomen.

Op deze wijze zijn tal van financiële instellingen opgericht of nieuw leven ingeblazen, onder andere op het gebied van film, audiovisuele produkties, variété en theater. Dergelijke maatregelen waren nodig om de cultuurindustrie toegang te verschaffen tot financiële circuits waar ze feitelijk van waren buitengesloten. Alleen op die manier is ze in staat zich tot een zelfstandige tak van industrie te ontwikkelen.

Het gaat echter niet alleen om een volwassen en zelfstandige industrie, maar ook om een heel bijzondere industrie. Ik zal dit toelichten. De cultuurindustrie moet het hebben van diversiteit. De Europese markt voor toiletzeep is met vijftig à honderd verschillende produkten redelijk verzadigd. Maar alleen al de Franse boekenmarkt moet een constant aanbod van meer dan honderdduizend titels verzorgen om overeind te blijven, en ze moet bovendien ieder jaar met nieuwe produkten komen die het liefst zo min mogelijk op andere produkten lijken. Precies daarin schuilt de moeilijkheid. Terwijl de industrie voor gebruiksartikelen erop uit is zo veel mogelijk serieprodukten te vervaardigen, zijn de cultuurproducenten in naam van de vrije meningsuiting gedwongen marginale produkten te vervaardigen waarvan ze van tevoren weten dat ze er hooguit een paar duizend of zelfs maar een paar honderd van zullen verkopen.

De staat heeft in het bijzonder de opdracht ervoor te zorgen dat met name de kleine uitgeverijen, de bijzondere reeksen, de zeldzame werken en de specialistische bibliotheken niet uit de boot vallen. Daarin schuilt de betekenis van ons wetsvoorstel voor een vaste boekenprijs, waarvoor we de steun van bijna het gehele parlement wisten te verkrijgen. Het is ook de achtergrond van een maatregel die vrijwel onopgemerkt tot stand is gekomen maar van groot belang is, namelijk het verbod om op televisie reclame voor boeken te maken. Die vorm van reclame is immers alleen maar haalbaar voor de grote uitgeverijen en beperkt zich al gauw tot de boeken met hoge oplagen. Daardoor, zo meenden wij, zou de diversiteit van de branche als geheel in gevaar komen.

Iets soortgelijks speelt ook op filmgebied. Iedereen weet dat het bioscoopbedrijf hoe langer hoe meer concurrentie krijgt van de televisie. Nu verwerft de televisie films op financiële voorwaarden die in geen verhouding staan tot het verlies dat de bioscopen lijden doordat er minder mensen in de zaal zitten. Daarom hebben we voor het vertonen van films op de televisie een aantal regels opgesteld. Zo mag een film bijvoorbeeld pas op zijn vroegst 36 maanden na de première in de bioscoop op de televisie worden uitgezonden; in het geval dat de televisie coproducent van de film is geldt een termijn van 24 maanden.

Tegen deze maatregelen zijn klachten ingediend bij Europese instanties omdat ze in strijd zouden zijn met het verdrag van Rome. Het was echter een enorme opsteker voor de politiek die we hebben gevoerd toen het Europees Gerechtshof in Luxemburg ons in het gelijk stelde en onze overwegingen gefundeerd achtte, met name onze visie op het bijzondere karakter van cultuurprodukten.

Rome   Venetië, 1976

Jack Lang (1939) studeerde te Parijs en was daarna van 1963 tot 1972 directeur van het Théâtre Universitaire te Nancy. Was van 1972 tot 1974 directeur van het Théâtre du Palais de Challot. Bekleedde sindsdien verschillende functies in de politiek, in het bijzonder in de Franse socialistische partij. Was van 1981 tot 1984 minister van cultuur. Is momenteel afgevaardigde in de Assemblée Nationale, het Franse parlement.

Een lange kruistocht

Economie en cultuur zijn nader tot elkaar gekomen – dat valt niet te ontkennen. Cultuur wordt voor economen hoe langer hoe meer een serieuze zaak. Er worden proefschriften en conferenties aan gewijd. In het bankwezen kijkt men zorgvuldiger dan voorheen naar de dossiers van culturele ondernemingen. Ondersteunings- en beschermingsmaatregelen werpen hun vruchten af.

Maar we moeten niet te vroeg juichen. De oude demonen kunnen ieder moment weer opduiken. Het Franse voorbeeld spreekt wat dat betreft boekdelen. In enkele maanden tijd is er flink in de staatsuitgaven gesnoeid. In het kader van de wet van juni 1986 op de financiële herstructurering is van het Ministerie van Cultuur een forse bijdrage in de bezuinigingen gevraagd. In de begroting voor 1987 wordt deze tendens helaas voortgezet. De motivering die voor die veel te grote bijdrage wordt gegeven klinkt maar al te bekend. De nieuwe regering vindt, zoals zo veel van haar voorgangers, dat in tijden van crisis de financiële middelen alleen voor de meest essentiële zaken moeten worden aangewend. We zijn dus weer terug op het punt dat politici vinden dat de cultuur niets essentieels te bieden heeft. Er is kennelijk nog een lange kruistocht nodig om iedereen ervan te overtuigen dat investeringen in de cultuur de economie alleszins ten goede komen.

Rob Perrée

Met gevoel voor gevoel

Duitse expressionisten in Nederland

Adoptief kind

Een ware omwenteling. Wat in Italië als *arte cifra* begon, vond korte tijd later ook in Duitsland een voedingsbodem en waaide vervolgens over naar Nederland. Jonge kunstenaars ontdeden zich van de maatschappelijke kater van de jaren zeventig. Ze namen afstand van alle problemen onder het ooit door Peter Sloterdijk geformuleerde motto: '*Wanneer alles een probleem is, is niets meer echt belangrijk.*' Ze trokken zich terug op zichzelf en hielden zich bezig met hun eigen angsten, obsessies en verlangens. Ze uitten die op een persoonlijke, bewust subjectieve en vaak zeer emotionele manier. Ze schrokken er niet voor terug zich bij vermeend gebrek aan toekomstperspectief ongegeneerd te bekennen tot mythen, verhalen en helden uit het verleden. Ze stoorden zich aan geen enkele kunstcode.
Ze gebruikten de materialen die voorhanden waren, ook al werden die traditioneel niet als des kunstenaars gezien. En ze overschreden met een aanstekelijk enthousiasme de grenzen tussen de verschillende disciplines.
Het neo-expressionisme was een feit. Een verrassende geboorte waar geen zwangerschap aan vooraf leek te zijn gegaan.
Was er in Italië en Duitsland nog sprake van een langs natuurlijke weg verwekte boreling, wat Nederland betreft dekt de omschrijving 'adoptief kind' de lading beter. Niet dat de maatschappelijke situatie in Nederland anders was en men er geen afkeer had van het steeds sterieler wordende kunstklimaat. Verre van dat. Maar het emotioneel verbeelden van persoonlijke gevoelens, wat het neo-expressionisme toch is, zit de Nederlander, en zelfs de Nederlandse kunstenaar, toch niet echt in het bloed. (Het is vast niet toevallig dat grote Nederlandse kunstenaars die dat wel konden, of nog steeds kunnen, in het buitenland wonen – De Kooning, Appel, Armando – of in een ander land geboren zijn – Marlene Dumas, Michel Cardena.) Het gevolg was veel braaf epigonenwerk dat eerder blijk gaf van een goed ontwikkeld gevoel voor trends dan van een van binnenuit gevoed, persoonlijk gevoel.
Werkten in Italië en Duitsland kunstenaars met elkaar samen op basis van artistieke gelijkgestemdheid, in ons land waren het vooral de aan de autoriteiten ontfutselde ruimten die de kunstenaars bijeenbrachten (bijvoorbeeld Aorta en Warmoesstraat 139 in Amsterdam en V2 in 's Hertogenbosch). Toen een aantal Friese kunstenaars door de VPRO – altijd in voor de rol van trendsetter – als groep werd gepresenteerd en het etiket 'Jonge Friezen' kreeg opgeplakt, werd daar alom met verbazing en onverholen spot op gereageerd – na de bewuste uitzending zijn die Jonge Friezen dan ook definitief uit het zicht verdwenen.
Het is ook heel typerend dat neo-expressionisten in het vaderlandse kunstcircuit meestal worden aangeduid als 'Jonge Wilden', alsof dat geen tendentieuze vertaling, of beter hertaling is van het Duitse '*Heftigen*'. Een impliciet waardeoordeel, dat voortkomt uit een 'doe maar gewoon dan doe je al gek genoeg'-volksaard.

Marien Schouten, zonder titel, 1986

Het neo-expressionisme heeft al weer een historie van ruim vijf jaar. Natuurlijk zit er een ontwikkeling in het werk van de Italianen en Duitsers van het eerste, stormachtige uur. Ze zijn echter nog steeds als zodanig herkenbaar en er zijn er maar weinig in het gat van de vergetelheid verdwenen.
In Nederland heeft de stroming opgehouden te stromen. Het alternatieve circuit waar ze zich voornamelijk in ophield heeft de galerievloeren weer stofvrij gemaakt en de muren wit gesaust zodat de laatste resten spontane expressie de nieuwe tendensen niet in de weg zullen staan. De paar kunstenaars die de explosie hebben overleefd, zoals Peter Klashorst en René Daniëls, hebben ijlings hun toevlucht gezocht tot de abstractie of het Neo Geo (zo'n term kan toch alleen maar in de Verenigde Staten worden bedacht, waar bijna alles tot een *saleable product* wordt omgesmeed). De meeste 'veelbelovende Jonge Wilden' zijn net zo hard gevallen als ze gestegen zijn. Het Nederlandse kunstcircuit lijkt opgelucht. Ik kan me althans niet aan de indruk onttrekken dat de plotselinge populariteit van schilders als Van Koningsbruggen en Schouten iets met die opluchting te maken heeft. Het neo-expressionistische pak heeft ons nooit lekker gezeten.

Rob van Koningsbruggen, zonder titel

Verzet tegen monumentaliteit

In de Duitse kunstgeschiedenis van deze eeuw zijn vormen van expressionisme of expressionistische tendensen prominenter aanwezig dan in de Nederlandse. In de jaren voorafgaande aan de eerste wereldoorlog bundelden de expressionistische krachten zich in de kunstenaarsgroep Die Brücke uit Dresden. Ze werden beïnvloed door het Franse fauvisme, maar vooral ook door de Noor Edvard Munch. Kirchner maakte deel uit van de groep, Emil Nolde bewoog zich in de periferie en Max Beckmann zou zich een paar jaar later in dezelfde lijn ontwikkelen.
Het abstract expressionisme, ook wel aangeduid als *'the triumph of american painting'*, kende in het Duitsland van de jaren vijftig belangrijke representanten. De van angst èn poëzie vervulde werken van de Berlijner Wols laten daar geen misverstand over ontstaan. In de jaren zestig mag de kunst dan haaks op dat abstract expressionisme hebben gestaan, maar het was, in de woorden van Robert Rosenblum, *'een oppositie die aan haar tegenstander een enorme status toekende en geen moment zijn bestaansrecht in twijfel trok'*. Al in het begin van de jaren zeventig duikt het expressionisme weer op in het werk van Lüpertz, Kiefer en Baselitz. Zij waren het die de meest recente golf van neo-expressionisme zijn eerste duwtje gaven en zij deelden in het wereldwijde succes ervan.
De lijn die ik tot nu toe heb geschetst betreft alleen een verwantschap in uitingsvorm door de jaren heen. Daarnaast waren er grote inhoudelijke verschillen en weken ook de motieven af die tot deze uitingsvorm leidden. Ook tussen de zeventigers en de tachtigers zijn er verschillen die door de overeenkomsten niet ongedaan kunnen worden gemaakt. De ouderen formuleren, aldus Karin Thomas in 1985, *'met hun expressieve uitdrukkingsmiddelen hun gedachten over de maatschappelijke werkelijkheid'*, iets wat *'door veel jonge Heftigen van rond 1980 met hun wending naar de eigen privé-sfeer volstrekt irrelevant wordt geacht'*.
Ik denk dat het niet tot de competentie van de kunsthistoricus behoort strikte uitspraken te doen over de verschillen in landsaard die er debet aan zijn dat de Duitser zich over het algemeen expressiever uit dan de Nederlander. Ik kan alleen wat vermoedens uitspreken die, daar ben ik me van bewust, kunnen voeren naar de valkuil van de generalisatie, maar die wellicht toch een kleine indicatie kunnen geven.

Anselm Kiefer, *Innenraum*, 1981

Nederland is onmiskenbaar het land van Calvijn, en het Westen domineert in die mate dat de invloed van het roomse Zuiden noodgedwongen klein blijft. Duitsland is veel meer het land van Luther en de paus. De beeldenstorm was bij ons geen incident maar een uiting van een mentaliteit die zich nog steeds verzet tegen monumentaliteit en andere uitingen van trots, chauvinisme en heldendom. In Duitsland wemelt het van dergelijke steen geworden gevoelens. Nuchterheid en afstandelijkheid worden in Nederland als positief ervaren, bij de oosterburen tellen daarnaast ook sentiment en pathetiek mee. De telkens weer opduikende decadentie in een stad als Berlijn heeft nooit een equivalent gevonden in een vergelijkbare stad als Amsterdam. Onze geschiedenis van de laatste eeuw telt minder toppen en dalen dan de Duitse. Succes wordt hier vaak gekleineerd en daar juist gekoesterd. Stormachtige stromingen als Cobra ontmoeten bij ons veel weerstand.
Wij herkennen ons meer in De Stijl.

Malstrom

De tentoonstelling *Malstrom* bij Aschenbach in Amsterdam laat het werk zien van vijf Oostduitse dertigers: Hans Scheib, Ralf Kerbach, Reinhard Stangl, Cornelia Schleime en Helge Leiberg. Ze hebben allen in de loop van de laatste jaren het Oosten voor het Westen verruild. Je kunt bij hen spreken van de tweede generatie vluchtelingen. Had de eerste generatie, waartoe kunstenaars als Penck behoorden, nog geworsteld met haar geloof in een ideologie en de manier waarop die ideologie door de staat werd vormgegeven, de tweede, naoorlogse generatie mist die ideologische ballast. Ze heeft zich nooit met de staat geïdentificeerd, ze is in die

Hans Scheib, *J.C. Zweifel* (detail), 1984

Ralf Kerbach, *Deutscher Zwilling*, 1985

staat 'alleen maar' groot geworden en heeft moeten vaststellen dat de vrijheid van de kunst bepaald wordt door wat die staat toestaat. Dat betekent dat die generatie in het Westen minder door gewetensnood wordt geplaagd dan de eerste – waarmee ik de problemen van de overstap overigens niet wil bagatelliseren.
Daar komt nog bij dat deze vijf kunstenaars in West-Berlijn zijn terechtgekomen in een kritische tegencultuur die verrassende overeenkomsten vertoont met de *scene* waarin ze zaten voordat ze de muur achter zich lieten: wars van luxe, wonend in kraakpanden, met rockmuziek reagerend op de discocultuur, protesterend tegen de zinloosheid van de wapenrace, zich verzettend tegen de bourgeoisie via afwijkende kleding en opvallende haardracht.
Ook in het Oosten hielden ze zich al bezig met meer dan één discipline. In hun kunstuitingen integreerden zij bijvoorbeeld muziek en dichtkunst. Betrek daarbij tenslotte nog de speciale status die West-Berlijn binnen de Bondsrepubliek heeft – een status die gekenmerkt wordt door isolement, gespletenheid en talloze onzekerheden en paradoxen – en het wordt duidelijk dat de verschillen met Westberlijnse kunstenaars als Fetting, Middendorf, Salomé en Zimmer vrij klein zijn. De drijfveren van hun expressionisme moeten voor de vijf *Malstrom*-kunstenaars zeer herkenbaar zijn geweest.
Penck gebruikt in zijn werken een beeldtaal die een hoge graad van eenvoud heeft en die mede daardoor begrepen kan worden door gelijkgestemden achter de muur.

Zijn tekens worden door velen geassocieerd met prehistorische grottekeningen, maar zijn in feite politieke gedachten in de vorm van imiteerbare beelden. Vooral de op transparant papier uitgevoerde werken van Cornelia Schleime lijken op het eerste gezicht penckiaans. Ze hebben hetzelfde anekdotische element en zitten ook vol tekens en verwijzingen. Nadere beschouwing leert echter dat haar taal de taal is die gesproken wordt door haar generatie. De beelden hebben geen politieke lading maar verwijzen naar een persoonlijke problematiek, vaak een problematiek die samenhangt met het vrouw zijn.

Ook Leiberg laat de inhoud van zijn werken bepalen door zijn persoonlijke leefwereld – dood en uitzichtloosheid, meestal in verband gebracht met de liefde. In een van zijn werken verbeeldt hij in grove zwart-witlijnen – Leiberg gaat zuinig om met kleuren – een vrijend paar dat vertwijfeld in elkaar opgaat en van de liefdesdaad een ultieme in plaats van intieme activiteit lijkt te maken. Stangls zwartgallige, erotisch getinte doeken zeggen ook meer over zijn eigen wereld dan over de wereld om hem heen. Eén werk van Kerbach lijkt het apolitieke van zijn generatie te logenstraffen: in *Verhör* beeldt hij een simpele houten stoel af in een overigens lege, maar met spanning gevulde ruimte.

Onduits Duits

Zoals alle neo-expressionisten keren ook de vijf voormalig Oostduitse kunstenaars zich van de politiek af omdat ze vinden dat die gekenmerkt wordt door uitzichtloosheid, onoverzichtelijkheid en ontoegankelijkheid. Ze vallen terug op hun eigen omgeving omdat die grijpbaar is en daarom ook begrijpelijk kan worden gemaakt. Een vooral door de massamedia veroorzaakte overvloed aan beelden geeft hun het recht, zo menen ze, te putten uit beeldmateriaal van illustere voorgangers. Het zoeken naar nieuwe beelden heeft geen zin meer.

Bovendien hebben de massamedia het aureool van de uniciteit zodanig ondergraven dat bijna niemand er nog naar streeft.

Uiteraard putten de kunstenaars niet willekeurig uit het beeldmateriaal van hun voorlopers. Ze zoeken hun voorbeelden onder kunstenaars met wie ze zich inhoudelijk of qua uitdrukkingsvorm verwant voelen. Maar opmerkelijk genoeg zijn dat geen voorbeelden uit de Duitse kunstgeschiedenis. Duitse dertigers hebben bijna geen voorvaderen die niet door de oorlog besmet zijn. Een kunstenaar als Kiefer, die in zijn werk de recente Duitse geschiedenis van haar fascistische vertekening ontdoet, is wat dat betreft een uitzondering. De meeste van zijn collega's zoeken hun heil buiten de grenzen van hun vaderland.

Hans Scheib laat zich bijvoorbeeld inspireren door de Noorse expressionist Edvard Munch. Van diens *Schreeuw* geeft hij een driedimensionale vertaling in het houten beeld *Zweifel*. Uit de bolle ogen, de vertrokken mond en de handen die vertwijfeld het hoofd proberen te omvatten spreekt louter angst. Dezelfde dramatische expressie is herkenbaar in de beeldengroep *Dodendans*. Door de langgerektheid van de figuren, het materiaal waarvan ze gemaakt zijn en de elementaire manier waarop ze beschilderd zijn, hebben de beelden van Scheib iets weg van totempalen. Alleen zijn het bij hem geen herinneringen aan de dood, maar gepersonifieerde doodsgevoelens.

De pentekeningen van Cornelia Schleime verwijzen naar het werk van de Oostenrijker Egon Schiele, die in het begin van deze eeuw de Weense goegemeente schokte met zijn erotische prenten. In tegenstelling tot zijn voorbeeld Klimt hulde hij zijn erotiek niet in een esthetisch jasje maar gaf hij er op een directe manier

Cornelia Schleime, *Moschus*, 1986

uiting aan. Dat zal ongetwijfeld datgene zijn dat Schleime heeft aangesproken. Helge Leiberg toont zich gefascineerd door het late werk van de Zweedse schrijver August Strindberg. Diens expressionistische boek *Dodendans* wordt door hem gevisualiseerd in werken als *Paar* – hetzelfde levensgevoel, dezelfde uitzichtloze triestheid, en al evenzeer op onontkoombare wijze in beeld gebracht. Stangl heeft zijn, eveneens erotisch getinte zwartgalligheid herkend in het werk van de Engelsman Francis Bacon. Hij hanteert dezelfde veegtechniek om het onderwerp te vrijwaren van plat realisme. Kerbach had ook Bacon op zijn netvlies toen hij zijn *Mann mit Goldrute* schilderde, maar dan de Bacon die in de jaren vijftig met een aantal portretstudies zijn eer bewees aan Van Gogh. Kerbach als citeerder van een citaat.

De werken die in *Malstrom* bijeen zijn gebracht passen in de Duitse expressionistische traditie, ook al zijn ze niet geïnspireerd door de grote vertegenwoordigers daarvan. De Nederlandse kunstliefhebber mag dan wel lijden aan nuchterheid, deze met gevoel voor gevoel gemaakte kunstwerken kunnen hem onmogelijk onberoerd laten omdat ze door hun intense aanwezigheid nauwelijks ruimte voor ontsnapping bieden.

Rob Perrée (1947) studeerde Nederlands en kunstgeschiedenis aan de Universiteit van Amsterdam. Is werkzaam als docent Nederlands en als kunstcriticus. Is medewerker van *Kunstbeeld* en van *Skrien*. Was (medelorganisator van diverse (media)kunsttentoonstellingen. Is voorzitter van de Stichting Time Based Arts, een landelijk centrum voor video-, film- en geluidskunst. Woont in Amsterdam.

Michael Marschall von Bieberstein

De vloek van het geprefabriceerde beeld

Europa tussen waarheid en mythe

Sinatra

Van over de oceaan komt een held, een mythe. Eind september 1986 zingt hij zijn *Stranger in the Night* in het half lege Bernabeu-stadion te Madrid. Frank Sinatra dus. Bij de wat oudere toeschouwers roept hij het vertrouwde, onveranderlijke beeld op. De vriend van de rijken en van de presidenten is nog ééneen op komen draven om Amerika te redden. Postmoderniteit vermengt zich met de meisjestranen van weleer. Oorlog, heldenmoed en vertwijfeling komen onder trompetgeschal uit de herinnering naar boven. Maar het beeld is verdoemd tot in alle eeuwigheid. De boodschapper die uit zijn woonplaats Ritz met zijn privé-vliegtuig kwam aangevlogen, raakt voor die ene miljoen dollar zijn boodschap niet meer aan jongeren kwijt. Er zijn nu eenmaal mythen die de tand des tijds doorstaan en andere die daar niet in slagen. Onze held behoort tot de tweede categorie. Zing maar, lach maar, huil maar, Bajazzo, jouw leven is een vervlogen droom. De droom die echter zonder meer overeind blijft, is de droom van de *American way of life*. Die behoort nu eenmaal tot de dromen die ons leven diepgaand hebben beïnvloed en veranderd.

Wij dromen. Wij dromen graag zelfs. En de machtigen hebben er niets op tegen dat we dromen. Vrede moet er heersen, en er moet verder worden gebouwd aan de kerncentrales. De bomen moeten weer gezond worden en de schoorstenen van de chemische fabrieken moeten blijven roken. De werkloosheid moet worden teruggedrongen maar een herverdeling van de arbeid wordt niet serieus overwogen. De levensstandaard van degenen die een huis en een tuin, werk en vakantie hebben mag niet dalen, laat staan dat we vrijwillig afstand doen van de tweede auto, het tweede televisietoestel, het tweede inkomen.

Wanneer een droom door miljoenen als werkelijkheid wordt ervaren en aanvaard, dan gaat de droom leven, dan wordt het leven een droom. En die droom schenkt het leven aan de cultus van onaantastbare godheden: auto, televisie, computer – een cultus die iedere verandering en ieder inzicht lijkt af te wijzen en onmogelijk te maken. Aan de wieg van dit droomkind staan machtige peetouders: media en reclame. De sigaret die ons in de reclame wordt aangeboden, hebben we al lang, maar het mooie huis, het maagdelijke of zelfs wilde landschap op de achtergrond, eigenen we ons al dromend toe. En wat niet echt is kan niemand ons afpakken. Dat we al lange tijd geen kristalhelder water meer hebben gezien, maar wel dode vissen in een vervuilde rivier en stervende naaldbomen, dat verandert niets aan ons droombeeld – het blijft overeind, het blijft onveranderlijk in stand.

De dialectiek van de Verlichting

We maken beelden, scheppen beeltenissen. Dat begint al in het leven van alledag, in de omgang met onze naaste en naasten. En weer dromen we. Het beeld van onze partners bedenken we zelf en we plakken het op de werkelijkheid – zó willen we het

Frank Sinatra, 1979

en niet anders. Als we dan merken dat het beeld niet met de werkelijkheid overeenstemt, komt de teleurstelling. Wat we droomden, wat we ons voorspiegelden, blijkt in werkelijkheid heel anders in elkaar te zitten. Er gaat iets kapot dat we liefde noemden, een projectie van ons verlangen, een droombeeld dat we voor ons zelf creëerden. Het voedde onze ijdelheid, die nu honger lijdt. Wanneer het jij-beeld niet meer werkt, behelpen we ons met het 'men'. Omdat jij niet meer zo bent als ik dacht dat je was, behelp ik me met 'men moet', 'men behoort'. Beelden die plotseling onwerklijk worden brengen meteen weer een nieuwe schijnwereld voort.

Wanneer we de intimiteit van de persoonlijke betrokkenheid verlaten en het maatschappelijke domein betreden, stuiten we op gelijksoortige verschijnselen. De vloek van het geprefabriceerde beeld herhaalt zich. We hebben het over 'de' rijken, 'de' armen, 'de' intellectuelen, 'de' kleinburgers, en zien over het hoofd dat die categorieën elkaar godzijdank overlappen. Inderdaad bestaat er niet zoiets als 'de' Italiaan, 'de' Fransman. 'de' Duitser en 'de' Nederlander. We proberen het ons gemakkelijk te maken door beelden, stereotypen te creëren die ons in slaap sussen en ons voor ingewikkeld denkwerk behoeden.

De politieke consequenties van dit denken in dromen en beelden mogen niet worden onderschat. Nog steeds wordt Duitsland met de romantiek vereenzelvigd. En zo kon het gebeuren dat een groot Parijs dagblad naar aanleiding van de tentoonstelling over de romantiek schreef dat 'de Duitse ziel' was herontdekt. En dezelfde krant had ook voor de eerste tentoonstelling die aan Max Beckmann was gewijd een passende typering gereed, namelijk *brutalité allemande*. Dat niet lang daarna iemand als Pierre Bertaux aan de hand van de jacobijn Hölderlin een ander beeld van de romantiek ontwierp en dat de tentoonstelling Parijs-Berlijn de schilders Beckmann, Dix en anderen in een historisch en kunsthistorisch objectieve context presenteerde, was voor velen verheugend, maar het veranderde niets aan het totaalbeeld. En waarom zou het dat ook? Nog altijd geldt *'Über allen Gipfeln ist Ruh'* – het Duitse woud en de Duitse *Wanderer* symboliseren dat maar al te duidelijk, ook al weten we dat het Zwarte Woud op sterven ligt.

Beelden leven. We dromen en creëren beelden die in een bepaald raster passen. Móeten passen. *'Cultuur dringt tegenwoordig aan alles gelijkvormigheid op'*, wisten de cultuursociologen Adorno en Horkheimer al meer dan veertig jaar geleden. En ze schreven het op in het ook vandaag nog toepasselijke en lezenswaardige hoofdstuk *'Cultuurindustrie: Verlichting als massabedrog'* van hun boek *Dialektiek van de Verlichting*. Deze Verlichting, deze bewustmaking staat op het spel, juist nu de technische mogelijkheden tot die bewustmaking even onbegrensd als manipuleerbaar zijn.

Het droombeeld Europa

'We leven in een tijd waarin de cultuur het gevaar loopt aan haar eigen middelen te gronde te gaan.' Weer een citaat, ditmaal van Nietzsche. En zo blijkt zelfs ons mooiste beeld, dat door iedereen verheerlijkt, bejubeld en zowel politiek als cultureel op een voetstuk wordt geplaatst, Europa dus, een leeg, hol en misleidend beeld te zijn wanneer men de moeite neemt naar de inhoud en naar de werkelijkheid te kijken. Miljoenen Duitsers reizen jaar in jaar uit naar het 'zonnige zuiden', nemen het er eens goed van aan de, ook niet meer zo mooie, Italiaanse en Turkse kusten, komen thuis, en hebben het dan neerbuigend over die spaghettivreters en schrijven op de muren van de fabrieken zelfs *Türken raus*.

Volgermeerpolder

Antwerpen, 1974

SF
Southfork TM
DALLAS
COLLECTION
WENDEBETT MIT ZWEI KISSENVERSIONEN
100% BAUMWOLLE/COTTON/COTON/COTONE/MANGOLA
TM & © 1978/1985, Lorimar Productions, Inc.
All Rights Reserved. Licensed by Lorimar Licensing Co.
wtg

Daarbij gaat het echt niet om persoonlijke antipathieën – men heeft in den vreemde zelfs vrienden gemaakt en de Italiaanse pasta's smaken ook in Duitsland beter, om nog maar te zwijgen van het kopje espresso dat waar je maar komt de filterkoffie heeft verdrongen. Maar die anderen móeten wel anders zijn, en daarom lukt het ook niet het probleem langs pedagogische weg de baas te worden. Europese geschiedenis zou als vak in de plaats moeten komen van de geschiedenis van Europese landen, maar dat zou betekenen dat men zou moeten vertellen hoe rampzalig de door één land gewonnen veldslagen voor Europa waren en hoezeer de grote staatslieden, de nationale eenmakers, de inquisiteurs, kardinalen en dictators van de middeleeuwen tot heden ten dage de wederzijdse verdraagzaamheid en de mensenrechten met voeten hebben getreden. Wie zal deze boeken schrijven?
En belangrijker nog: wie zorgt ervoor dat ze op de scholen terechtkomen zodat de Europese eenheid, waar zo vaak een beroep op wordt gedaan, gedragen zal worden door een bewuste consensus? Onze kinderen? Onze kleinkinderen?
'Dus iedereen die het goed met de Duitsers meent, zal er voor zichzelf op toe moeten zien dat hij wat typisch Duits is steeds meer ontgroeit.' Nogmaals Nietzsche.
Een citaat dat zonder meer dienst zou kunnen doen als motto voor de Duitse cultuurpolitiek, en in een aangepaste versie ook voor de cultuurpolitiek van Frankrijk, Engeland, Nederland en ga zo maar door.
Inderdaad, het zóu als motto dienst kunnen doen. En het zou ook gerechtvaardigd en waargemaakt kunnen worden wanneer men Europa serieus zou nemen.
Maar dan moeten we de experts bij de Europese instellingen voor bijvoorbeeld taalproblemen en voor onderwijs voor kinderen van buitenlandse werknemers niet alleen maar met elkaar laten beraadslagen maar hun bevindingen ook in de praktijk laten brengen.
In werkelijkheid dromen we echter rustig verder. Wie aan het 'onbehagen in de cultuur' lijdt, behoort nog altijd tot een minderheid. De macht van beelden neemt steeds meer toe en over een paar jaar kunnen we niet duizenden, maar - tigduizenden, ja zelfs honderdduizenden uren zendtijd vullen. Technisch en juridisch staat niets een dergelijke ontwikkeling meer in de weg. Alleen, de gelden die nodig zijn voor prestigieuze produkties, zoals bijvoorbeeld over de reeds genoemde Europese geschiedenis en kunst, worden weliswaar op congressen en op bijeenkomsten van de ministerraad steeds weer opgeëist, maar zijn in het geheel nog niet toegezegd. Dus kijken we, simpel gezegd, naar *Dynasty* en *Dallas* en wat er verder nog van verre of van dichtbij komt aangewaaid – produkties die goedkoop en met een goed oog voor wat het publiek wil door particuliere ondernemingen worden aangeboden.
'Niets is méér waar dan de mythe', schreef Paul Valéry, en hij heeft gelijk. Maar dan hoeven we daar nog niet in te berusten. We zouden onze cultuur ook kunnen gaan zien als een proces van voortdurende bewustmaking. In conservatieve kringen heeft men het steeds maar weer, en niet zonder enig recht, over ons 'culturele erfgoed', maar het gaat erom dat erfgoed als een *work in progress* te zien.
We zouden de scheppingsdrang, de creativiteit moeten stimuleren en ons meer dan ooit moeten bezinnen op de verbanden tussen arbeid en cultuur. Cultuur is niet meer los te denken van haar sociale context, en economische ontwikkeling niet meer van culturele en wetenschappelijke hulpdiensten.
Dromen, beelden, mythen zouden immers heel goed waarheden kunnen bevatten, bijvoorbeeld dat de Duitse *Wanderer* door een stervend woud doolt, en dat in Frankrijk ieder ecologisch bewustzijn ontbreekt, en dat iedereen in Duitsland het ophalen van vuilnis maar wat graag aan de Turkse arbeiders overlaat, en dat nog altijd (bijna) alle opera's in Sevilla spelen (*De Barbier, Don Juan, Carmen*), behalve uitgerekend de *Ring des Nibelungen*...

Michael Marschall von Bieberstein (Freiburg, 1930) studeerde romanistiek, letteren, filosofie en archeologie in Freiburg, Pisa, Santander en Parijs. Promoveerde op een proefschrift over Paul Valéry. Vertaalde Ungaretti, Montale, Pasolini en Pavese uit het Italiaans. Is lid van de PEN-organisatie en schreef over Europese en Duitse cultuurpolitiek. Was jarenlang directeur van de Goethe-instituten in Rome en Parijs en vanaf 1985 in Madrid. Is verbonden aan de Raad van Europa te Straatsburg voor onderwijs, cultuur en sport.

Die Nibelungen, regisseur Fritz Lang, 1924

Walter Keller en Martin Heller

Het verlangen naar het woord
De spraakmachinerie rond lifestyle

Het onvermijdelijke mineraalwater tintelt in de glazen, het studiodecor suggereert helderheid van geest en de stoelen zijn even duur als ongemakkelijk – we zijn getuige van een van de vele praatprogramma's op de televisie over een zorgvuldig afgewogen thema met een al even zorgvuldig, zelfs behoedzaam samengesteld panel. Het doet er eigenlijk niet toe op welk moment we de uitzending binnenvallen – toevallig brengt de goedbedoelende gespreksleidster net de uitzonderingspositie van Zwitserland ter sprake.

De goedbedoelende gespreksleidster: ...buitenlanders verbazen zich er althans telkens weer over hoe goed en hoe duur de mensen hier gekleed gaan. Met name onze jongeren lijken steeds meer belang aan hun uiterlijk te hechten. Wat de modebladen zogezegd als tijdgeest opvoeren, is bij ons dagelijks op straat te zien. Ik leg dan altijd uit dat in Zwitserland, met name in een stad als Zürich, mensen een groot deel van hun inkomen aan hun vrije tijd of, om de term nu maar meteen te gebruiken, aan styling kunnen besteden en dat daarom...

De zelfverzekerde boetiekhoudster: Inderdaad ja. Bij ons is economie niet in de laatste plaats ook een stuk cultuur. En die cultuur bepaalt het gezicht van onze stad – een fascinerende caleidoscoop van de meest uiteenlopende levensvormen, een opwindende vrijplaats voor allerlei creatieve uitingen, voor mode en savoir-vivre!

De teleurgestelde vakbondsman: Ja maar kom nou toch, dat is toch allemaal één grote leugen! Ik ben er trots op dat ik samen met anderen tientallen jaren voor een rechtvaardige verdeling heb gestreden, voor de belangen van de gewone mensen, om zo te zeggen. Het geld dat jonge mensen kunnen besteden hebben ze toch – en dat vergeten ze maar al te graag – voor een goed deel aan ons te danken, aan onze strijd. Daar zijn we zelfs de straat voor opgegaan. Ik wil, nee, ik móet hier toch even één ding duidelijk stellen: Er is niets nieuws onder de zon. Al dat moois is alleen maar het gevolg van het bondgenootschap van – ik hoop, mevrouw de zelfverzekerde boetiekhoudster, dat u me niet kwalijk neemt – in feite overbodige bedrijfstakken die de jongeren het geld uit de zakken kloppen. En daartoe reken ik ook de amusementsindustrie, met al haar idolen – neem nou zo'n Madonna, die overal wordt nageaapt, tot haar kanten handschoenen aan toe, zelfs onze jongste dochter liep het hele jaar met een blote buik rond!

De o zo verstandige psychologe: U hebt gelijk, helemaal gelijk, maar ziet u het misschien niet wat al te zwart? Kijk, laat ik het zo zeggen: de huidige situatie biedt fantastische mogelijkheden. Economisch gesproken hebben we alles bereikt wat er te bereiken valt, zodat we er nu eindelijk aan toekomen om in vrijheid van onze expressieve vermogens gebruik te maken, om, zoals we dat hier nu noemen, aan styling te doen, om vorm te geven aan onze uiterlijke en misschien ook een beetje aan onze innerlijke persoonlijkheid. En als u het dan over uw dochter heeft... denkt u werkelijk dat het haar erom te doen is zich tot in de kleinste details met een idool als Madonna te vereenzelvigen?

De teleurgestelde vakbondsman: O Jezus nee, die blote buik is al meer dan genoeg...

De o zo verstandige psychologe: Ik bedoel maar, er is toch veel meer afstand, veel meer ironie in het spel dan wij denken. Als iemand, om maar eens een actueel voorbeeld te noemen, zich nogal androgyn gedraagt, alleen maar omdat een of andere popster dat ook doet, dan zou het toch wel wat naïef zijn om te denken dat zo iemand ook ècht androgyn is geworden. Iemand die zich voor art brut interesseert en in die stijl schildert heeft om die reden toch nog niet meteen een psychiater nodig?

De professionele scepticus: Ik zou daar graag iets over op willen merken. Zo'n vaart als sommigen hier denken loopt het allemaal niet. Ik heb de indruk dat de menselijke speelruimte grotelijks wordt overschat. Niemand kan over zijn schaduw springen! De mensen hebben nu eenmaal iets nodig om tegen op te kijken, en als dat er niet is dan zoeken ze net zo lang tot ze het gevonden hebben. Wij hier bij elkaar zijn natuurlijk allemaal uitzonderingen, maar voor veruit de meeste mensen draait alles om het geld, nu meer dan ooit. Lifestyle klinkt misschien wel aardig, maar in werkelijkheid slaat het toch alleen maar op een van verschillende kanten enorm opgeschroefde consumptie. En dan komt u als psychologe hier een beetje over weet ik veel, over autonoom handelen leuteren. Alsof winst een psychologische categorie is! Afzet, daar gaat het om, per slot van rekening leven we nog altijd in de laatkapitalistische...

De goedbedoelende gespreksleidster: Neem me niet kwalijk, maar ik zou het toch heel erg prettig vinden wanneer we zo dicht mogelijk bij ons oorspronkelijke onderwerp zouden blijven. Hoe denkt de man van de praktijk daarover?

De trendgevoelige redacteur: Tja, ik denk te mogen zeggen dat ons tijdschrift op een heel wezenlijke manier met het onderwerp bezig is, in ieder geval heel wat wezenlijker dan veel van de meer traditionele blaadjes over mode, muziek en human interest, die zich op een breed en uiteindelijk toch onkritisch publiek richten. Wat die blaadjes betreft zou meneer de professionele scepticus best wel eens gelijk kunnen hebben. Maar onze lezers, en lezeressen natuurlijk, zijn heel anders, daar ben ik best wel trots op. Met name de vele jongeren onder hen passen goed in het beeld dat mevrouw de o zo verstandige psychologe heeft geschetst – ik heb het dan over zelfbewuste, urbane mensen, die styling niet met het leven zelf verwarren maar er desondanks toch van genieten.

De zelfverzekerde boetiekhoudster: Heel juist, ja. U maakt daar een zeer belangrijk onderscheid dat ik vanuit mijn ervaring alleen maar kan bevestigen. Terwijl de massa gewoon allerlei rotzooi koopt en achter de mode, of althans wat ze denkt dat mode is, aanloopt, komen in de betere winkels zoals de mijne eigenlijk voornamelijk individualisten, mensen die precies weten wat ze willen. Wat in de warenhuizen gebeurt, dat is natuurlijk heel iets anders.

De teleurgestelde vakbondsman: Ik wordt daar toch een beetje triest van, zo neerbuigend als hier over de massa wordt gesproken. Voor ons was de massa van oudsher de drager van onze ideeën en de enige drijfveer achter ons handelen, en ze zal dat blijven ook.

De o zo verstandige psychologe: Meestal laat ik me daar niet zo door van mijn stuk brengen, maar nu stoort het me toch wel heel erg dat men mijn opmerkingen over afstand en ironie volledig verkeerd uitlegt. Zulke houdingen zijn al lang niet meer voorbehouden aan een exclusief publiek dat er het geld voor heeft.

De professionele scepticus: Hallo hé, maar als u de zaken zó voorstelt en vast blijft houden aan het idee dat mensen bewust hun eigen styling kiezen, dan bent u nog naïever dan ik dacht. Dat is toch allemaal voordegekhouderij! En daarbij lachen de massamedia in hun vuistje, terwijl zij op hùn beurt, daar hoeven we toch geen doekjes om te winden, weer naar het pijpen dansen van...

De goedbedoelende gespreksleidster: Laten we het alstublieft weer over ons eigenlijke onderwerp hebben. Graag zou ik nu toch ook eens van jou willen horen...

De zelfverzekerde boetiekhoudster: Dat vind ik ook, ja! Waarom moet er nou weer zo serieus en streng over worden gepraat? Waarom gunt u de mensen nu niet het plezier van het spel, van het verkleden, waar we toch vroeger allemaal als kind zo gek op waren?

De goedbedoelende gespreksleidster: Ik wilde dus eigenlijk ons jongste panellid eens heel eerlijk vragen of ze zich nu persoonlijk slachtoffer voelt van de inhalige cultuurindustrie.

De ietwat verlegen alibi-jongere: Ik denk van niet, nee, ik bedoel, natuurlijk vinden we de media belangrijk, maar je kijkt natuurlijk alleen naar wat je leuk vindt, er zijn heel verschillende soorten jongeren, ikzelf kan eigenlijk niet zo veel met Madonna...

De trendgevoelige redacteur: Mag ik heel snel tussendoor nog even wat zeggen? Wij hadden onlangs een essay van meneer de professionele scepticus in ons blad waarin hij, overigens op een schitterende manier, zijn stellingen over de invloed van het kapitaal en de media op de consumptie uiteenzette. Opmerkelijk genoeg schreven toen talrijke lezers ingezonden brieven – wij vinden dat soort communicatie met onze lezers heel belangrijk – waarin ze er uitdrukkelijk tegen protesteerden zo'n beetje als willoze marionetten te worden afgeschilderd.

De goedbedoelende gespreksleidster: Hartelijk dank voor uw verhelderende toelichting. Dat is tegelijk een aardig opstapje naar een meer afstandelijke zienswijze, naar een, laat ik zeggen, cultuurfilosofische afronding van dit gesprek. Mag ik daarvoor aan u het woord geven?

De onverdroten theoreticus: Ja, eh, ik denk dat wanneer we wat preciezer en onbevooroordeelder naar de dingen kijken, ze dan aanzienlijk complexer blijken te liggen dan ze tot nu toe zijn voorgesteld. Ik wil het met name opnemen voor collega de professionele scepticus, omdat ik het van mevrouw de zelfverzekerde boetiekhoudster toch wel wat ver vind gaan, en misschien zelfs wel erg naïef vind, om individuen aan de ene kant en een grauwe conformistische massa aan de andere kant tegenover elkaar te plaatsen. We zijn allemaal behept met bepaalde gedragspatronen, we laten ons allemaal leiden door erkenning en afwijzing. En het belangrijkste daarbij is uiteraard dat we ons op alle mogelijke manieren van anderen proberen te onderscheiden. Elegante mensen proberen anders te zijn dan zonderlinge mensen, mensen die niet meer mee willen doen proberen anders te zijn dan mensen die met iets nieuws willen experimenteren, en die weer anders dan gesettelde mensen, en ga zo maar door. Ik kan dat met een voorbeeld toelichten. We zien nu tot ons, ik mag wel zeggen zinnelijk genoegen, hoe een groot aantal mensen, ja haast een hele beweging, na jaren van een steeds geringer wordend verschil tussen het uiterlijk van mannen en vrouwen, zich weer bewust geslachtsspecifiek gaat kleden en weer de masculiene en feminiene vormen gaat benadrukken. En er is geen twijfel over mogelijk dat dat onderdeel is van het huidige conservatieve klimaat, dat de mensen weer opnieuw op hun mannelijke en vrouwelijke rollen wil vastpinnen.

De teleurgestelde vakbondsman: Als mijn dochter dat nou ook eens zo zag...

De o zo verstandige psychologe: Sorry hoor, maar als ik de heren zo hoor praten dan krijg ik de indruk dat we alleen daarom al in een dictatuur van de massamedia en hun handlangers moeten leven, omdat anders de theorieën van de heren onmiddellijk in elkaar zouden storten. Die komen er namelijk allemaal op neer dat de gedragsnormen voor consumptie en styling door de een of andere persoon worden vastgesteld en op een geheimzinnige manier rechtstreeks in de geesten van de mensen worden gegrift. Eigenlijk is het wachten alleen nog maar op het moment dat de heren het weer over de 'autoritaire persoonlijkheid' gaan hebben.

De onverdroten theoreticus: Wanneer ik even afzie van de

Jan Lenferink interviewt Sally Bowles

scherpe ondertoon in uw uiteenzetting, en dat doe ik dan maar, dan moet ik vaststellen, mevrouw de o zo verstandige psychologe, dat hier inderdaad een niet onbelangrijk probleem ligt. Misschien kan ik daar heel kort even op ingaan. Laten we er eens van uitgaan dat we met een driehoekig model te maken hebben. Om te beginnen hebben we aan de ene zijde de leidende figuren uit de amusementsindustrie, de cultuurhelden van vandaag, en aan de andere zijde 'de mensen', wie dat dan ook mogen zijn. En wij intellectuelen, om maar even dat grote woord te gebruiken, waar staan wij? Wij vormen natuurlijk de derde zijde. Ik denk dat wij in het sociale systeem als geheel de functie hebben van regelaars, maar dan zonder de nodige bevoegdheden. We vormen een instituut, een soort permanente jury die telkens weer nadenkt over wat juist is en wat niet. Maar of deze jury, over het geheel gezien, het recht heeft om...

De professionele scepticus: Maar natuurlijk heeft ze dat recht! We hebben zelfs de plicht om voortdurend onze stem te verheffen. Alleen, het haalt geen donder uit. De maatschappelijke verhoudingen zijn altijd al sterker geweest dan alle idealen bij elkaar.

De onverdroten theoreticus: Ik protesteer! Want waarom haalt het niets uit? Denk eens na! Komt dat niet omdat 'de mensen', en ik gebruik hier wederom aanhalingstekens, al lang weten wat we willen zeggen maar onze inzichten in het geheel niet delen? Ik hoef alleen maar aan die stroom van populair-pedagogische artikelen te denken die jaar in jaar uit hetzelfde liedje zingen... Misschien hebben de mensen daar gewoon genoeg van, schoon genoeg. Misschien hebben ze die semiotische catastrofe al lang achter zich gelaten, maar is dat alleen nog niet tot ons doorgedrongen!

De goedbedoelende gespreksleidster: Voordat het voor de kijksters en kijkers thuis wat al te specialistisch wordt zou ik terug willen keren naar het oorspronkelijke onderwerp, 'Mode en lifestyle — vandaag, morgen en overmorgen'. Graag zou ik nu dan met de reeds aangekondigde film willen beginnen.

De zelfverzekerde boetiekhoudster: Eindelijk, hèhè! Het gewone leven is al saai genoeg, er bestaat een mensenrecht op kleuren en op al het uitdagende dat alleen de mode te bieden heeft. De nu volgende presentatie van onze nieuwe collectie staat in het teken van de levensvreugde, de joie de vie, en de opnamen van die uitermate geslaagde presentatie zullen laten zien hoe wij...

Nu het gesprek eindelijk het punt heeft bereikt waarop er geld verdiend gaat worden, breken we de uitzending maar af. We kunnen het de goedbedoelende gespreksleidster en mevrouw de zelfbewuste boetiekhoudster natuurlijk niet kwalijk nemen dat ze zich na zoveel theoretisch gedoe met vrolijker zaken willen bezighouden. Ook wij zouden niet weten waarom het gesprek nog verder zou moeten gaan en nemen er daarom maar afscheid van met het gevoel dat althans in Zwitserland met elkaar debatteren minder in trek is dan styling, minder in trek dus dan al datgene dat ons zwijgen met de grootste vanzelfsprekendheid en uiterst doeltreffend overstemt.

Martin Heller (1952) is kunsthistoricus en conservator van het Museum für Gestaltung te Zürich. Walter Keller (1953) is antropoloog en hoofdredacteur van het tijdschrift *Der Alltag* en medehoofdredacteur van het kunsttijdschrift *Parkett*. Beiden werken momenteel aan de tentoonstelling *HERZBLUT. Formen populären Gestaltens* in het Museum für Gestaltung te Zürich.

Kruissprook

De Europese cultuur in confrontatie met niet-westerse culturen

'Hem nasluipt – of er soms te grissen viel / Van 't geld, dat rollend wegstuift onder 't volk – / En later meepraat over stelsels en principes!… / Roept al wat vet werd van gestolen spijs, / Al wat er pocht op linzen-eerstgeboorte, / Al wat een gouden kalf in 't wapen draagt, / Al wat er knaagt aan Insulindse knoken, / Al wat er zuigt aan de Insulindse koe, / Al wat er hangt aan d' afgestroopten tepel, / Al wat er zwelt van 't afgezogen bloed! / Komt allen mee… Jochébed met de kleine… / (En houd vooral het schaapje omhoog, Jochébed!) / Roept Janszoon, Pieterszoon, Ben Levi, Ben Daöud… / Ben… *dit*, Ben… *dat*, Ben… *ieder!*'   Uit: Multatuli, *Kruissprook*, 1861

Huub Kuijpers

Het rendement van het gevoel
Cultuur als produktieve factor

De schrik van Japan

Wanneer in de Verenigde Staten een bedrijf in de rode cijfers belandt, huurt het een *troubleshooter* in. Die haalt vervolgens de bezem door het bedrijf en ziet er daarbij niet tegenop duizenden werknemers te ontslaan en hele fabrieken te sluiten. In de ogen van een Japanner is dat pure barbarij. '*In Japan zou een dergelijk optreden als een afgang worden beschouwd. Bij slapte in de bedrijfstak fabrieken sluiten, werknemers op straat zetten en het hele beleid omgooien mag dan misschien opportuun en heel eenvoudig uitvoerbaar zijn, het is vernietigend voor elke vorm van ondernemersfilosofie*', zei Akio Morita, topman van Sony, onlangs in de *NRC*.

Zo'n tien jaar geleden zou menigeen de schouders hebben opgehaald bij een dergelijk commentaar op onze beproefde economische recepten. Maar tegenwoordig spitsen we de oren wanneer Japanners over hun economische ethiek vertellen, nieuwsgierig als we zijn naar het geheime recept dat Japan tot een economische grootmacht heeft gemaakt. Japan heeft er bij ons goed de schrik ingejaagd. Met ontzag bekijken we hun produkten, die we nog niet zo lang geleden als 'goedkope namaak' afdeden. In plaats van geïmiteerden worden we zèlf imitators. Uit Japan geïmporteerde begrippen als *quality circles* en *corporate culture* vliegen ons om de oren en we nemen gretig kennis van hun nieuwe methoden van voorraadbeheer.

Ook wat betreft *culture technique*, dat wil zeggen de pogingen om de afstand tussen technologische ontwikkeling en nationale of regionale tradities te overbruggen, blijken er belangrijke verschillen tussen ons en de Japanners te bestaan. Wij zijn gewend wetenschappelijke en technologische vooruitgang als een proces te zien dat de cultuur van een land of streek revolutionair verandert. In Japanse wetenschapsmusea legt men daarentegen sterk de nadruk op de continuïteit tussen technologie en traditie. Een bezoeker zal er vergeefs zoeken naar technologische revoluties en keerpunten, maar hij treft er bijvoorbeeld wèl een uiteenzetting aan over de geleidelijke ontwikkeling van het primitiefste houten huis tot de nieuwste aardbevingbestendige wolkenkrabber. Inmiddels stampt men ook in Europa wetenschapsmusea uit de grond waar men zijn best doet aan de technologie een nationaal of regionaal tintje te geven.

Japan heeft ons wakker geschud uit een diepe winterslaap. Lange tijd hebben we geloofd dat economische, wetenschappelijke en technologische ontwikkelingen niets met cultuur te maken hadden. En dat terwijl we nog niet eens zo lang geleden ons serieus verbaasden over produkten uit Japan, China, India en uit de Indische en Arabische wereld. In onze Gouden Eeuw importeerden we prachtige katoen en zijde uit India; uit China en Japan kwam porcelein dat dunner was dan het dunste aardewerk en net zo hard als glas; uit Indië haalden we geuren en smaken waar we niet eens namen voor hadden. In Europa ontstond een grote vraag naar dergelijke exotische produkten. Aanvankelijk konden we ze alleen maar importeren, maar toen we ze probeerden na te maken inspireerde ons dat tot niet onbelangrijke industriële vernieuwingen. Op Europese universiteiten werden vakken als 'Japankunde' geïntroduceerd. Maar ergens in de negentiende eeuw verflauwde die levendige belangstelling voor vreemde culturen en vatte de mening post dat wij van andere culturen niets te leren hadden.

Nog tot zo'n jaar of tien geleden hebben we ons tegenover de vreemde volkeren waarmee we handel dreven een arrogante, aanmatigende houding gepermitteerd. Ongegeneerd veroorloofden we ons de grofste blunders, in de wetenschap dat onze produkten toch wel zouden worden afgenomen – we bevonden ons immers in een zee van vraag. Vandaag de dag is die situatie radicaal veranderd en bevinden zakenlui zich in een zee van aanbod. Als bij toverslag verandert onze houding. Zakenlui beweren ineens alles van cultuur af te weten. Maar daarin lijkt een grote dosis opportunisme te schuilen. Meer dan een eeuw culturele arrogantie wordt niet met een paar mooie Japanse platenboeken op de salontafel ongedaan gemaakt. Openstaan voor een andere cultuur vereist dat we de gevoelsstructuur waar die zelfgenoegzaamheid in wortelt grondig onder de loep nemen.

Monolitisch denken

Cultuur heeft alles met gevoel te maken. Het duidelijkst is dat wanneer we een kunstwerk beschouwen. Kunstwerken kunnen rechtstreeks op ons gevoel werken en ertoe uitnodigen ons er helemaal aan over te geven. Wanneer ons dan gevraagd wordt er iets over te zeggen, kunnen we niets anders uiten dan een puur individuele emotie. Er blijkt een wereld van verschil te bestaan tussen de existentiële beleving van een cultuurprodukt en de kennis van cultuur.

Deze afstand tussen kennis en gevoel zou wel eens een van de belangrijkste barrières kunnen zijn wanneer we ons met andere culturen vertrouwd willen maken. En het is juist deze afstand die we in onze moderne cultuur zo zorgvuldig cultiveren. We hebben de grootste moeite toegang te krijgen tot de tegenstrijdige wereld van onze gevoelens, opgegroeid als we zijn in een leefwereld waarin tegenstrijdigheid met de grootste taboes is beladen. Dwingend, drammend, eisend is ons het monolitische denken ingepompt: één god, één geloof, één bijbel, één werkelijkheid, één wereld en één objectieve wetenschappelijke waarheid.

De Europese cultuur heeft lange tijd wetenschappelijke kennis verabsoluteerd ten koste van de rijkdom aan gevoelens. We verlangen in de eerste plaats waarheid en duidelijkheid en alles wat niet aan die criteria voldoet verwerpen we als irrelevant. De Duitse fysicus Klaus A.M. Müller noemt dat proces *Abblendung*. Net zoals we om een zonsverduistering duidelijk te kunnen waarnemen een roetglaasje voor onze ogen houden zodat we niet door het volle licht worden verblind, zo schermen we ook onze ervaring af tegen de volle werkelijkheid zodat alleen wat helder en duidelijk is overblijft.

Müller acht dat een ernstige verarming van onze ervaring. De menselijke ervaring vergelijkt hij met een brede rivier, begrensd door de oever van de existentiële gevoelens aan de ene en die van de natuurkundige beheersing aan de andere kant. Tussen beide oevers zijn vele posities mogelijk, vanwaaruit de werkelijkheid oneindig veel gedaanten aan kan nemen. De werkelijkheid zoals die door de wetenschap wordt gedefinieerd is maar één van die gedaanten, zodat we ons af moeten vragen met welk recht we die verabsoluteren.

Neem bijvoorbeeld een begrip als water. Door water te reduceren tot H_2O krijgen we duidelijkheid over de chemische structuur van water. Maar tegelijkertijd worden

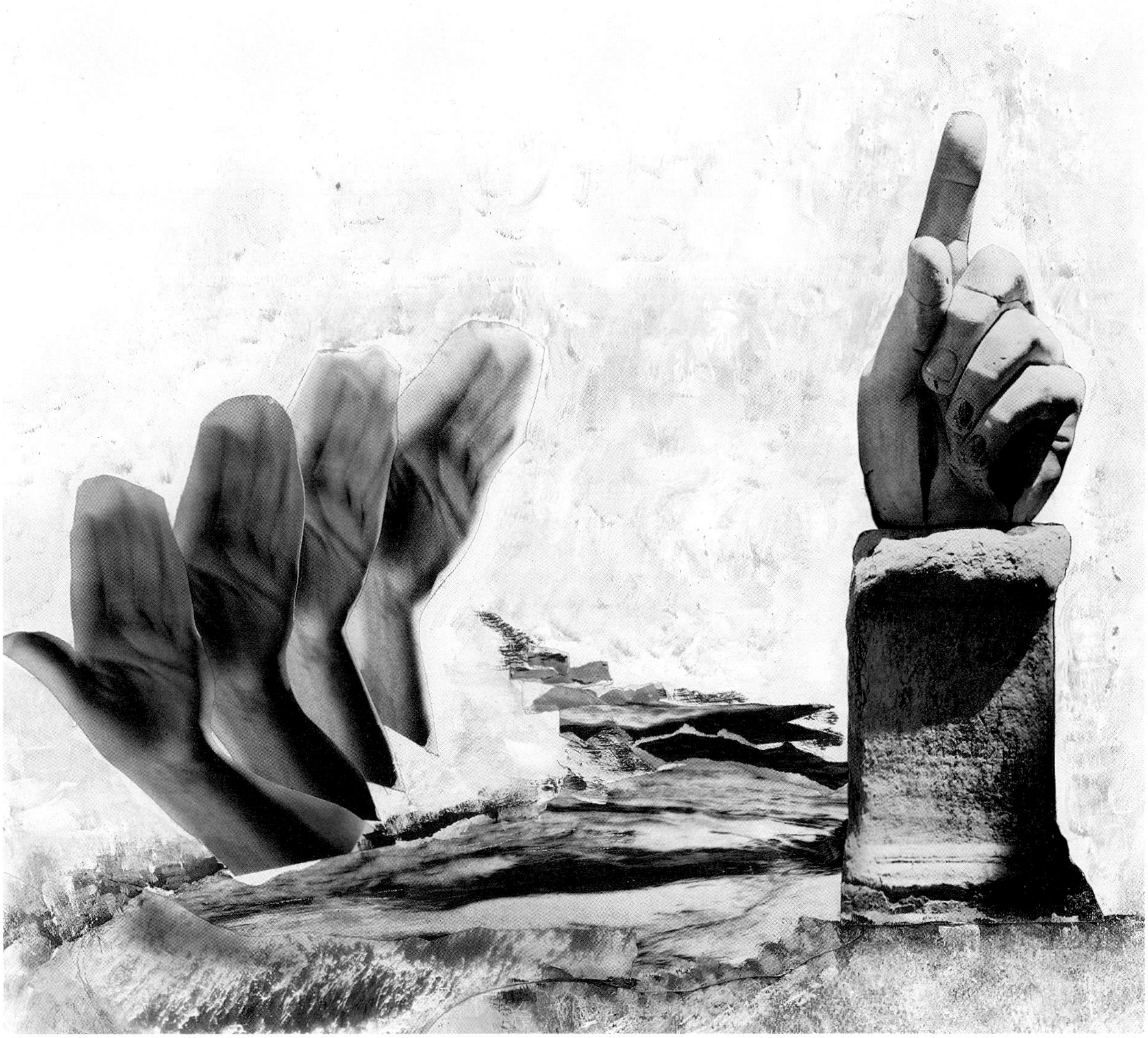

een heleboel mogelijke functies en betekenissen van water weggevaagd. Dat geldt met name voor allerlei emotionele betekenissen, zoals 'het zilte nat' en 'de bron van alle leven'. Wetenschappelijke reductie leidt dus wel tot meer duidelijkheid maar ook tot minder werkelijkheid. Het is een van de meest tragische vergissingen van het Europese denken dat waarheid en duidelijkheid aan elkaar zijn gelijkgesteld.

Onze hang naar waarheid en duidelijkheid blijkt verder uit onze voorkeur voor argumentatie en discussie. Polemiek moet het spook van de chaos verdrijven en rust scheppen op het front van indrukken en emoties. In de politiek uit deze denkcultuur zich in een voorliefde voor allerlei soorten idealisme, die niet zelden uitlopen op terreur. En ondanks niet mis te verstane lessen uit de Europese geschiedenis van idealistische blunders, weigeren we onze denkstructuur om te gooien. Zelfs de tweede wereldoorlog zien velen van ons liever als een Duits incident dan als het culminatiepunt van ons monolitische denken.

Hetzelfde geldt ook voor de omgang met andere culturen. Na iedere 'tragische fout' die we tegenover andere culturen maakten boden we schuldbewust onze excuses aan. Maar als we terugkijken op de laatste vijfentwintig jaar economische ontwikkelingssamenwerking en ons daarbij verplaatsen in de schoenen of sandalen van iemand uit een willekeurig andere cultuur, dan ontkomen we er niet aan onszelf te bestempelen als een arrogant stelletje beweters die de ene economische tophit na de andere als het enige ware wetenschappelijke evangelie de wereld in slingerden. De ene dag beweren we nog dat alleen *community development*, *nation building* en zware industrie de derde wereld kunnen redden, de volgende dag roepen we al weer om aangepaste technologie, *basic needs strategy*, *small-scale industry* en voedsellandbouw. In meer dan één geval zitten landen die in de jaren zestig en zeventig naar onze wijze raadgevingen luisterden nu diep in de schulden,

Dinant, 1985

terwijl menig land dat in die periode eigenwijzer was, nu aanzienlijk beter af is. We hebben onszelf zo lang voor de gek kunnen houden omdat we het waar en hoe dan ook voor het zeggen hadden. Onze militaire en economische macht stond daar garant voor. We waren zó vrij dat we niemand anders dan onszelf om een mening hoefden te vragen. Zo verklaarden we oorlogen, kolonialisme, volkerenmoord en andere gruwelijkheden telkens weer tot incidenten op het met wetenschap en technologie geplaveide pad der vooruitgang. Het wetenschappelijk denken verklaarden we tot onze cultuur, niet beseffend dat dat denken nu juist datgene uitsloot waar cultuur van leeft: het gevoel.

Niet alleen in het groot maar ook in het klein zal ieder van ons zich telkens weer op monolitisch denken kunnen betrappen. Zonder het te beseffen plakken we de etiketten 'rationeel' en 'wetenschappelijk' op zaken die bij nadere beschouwing midden in het gebied van de emoties blijken te liggen. Cultuur is niet vrijblijvend maar raakt de kern van onze eigen identiteit. Cultuur is niet iets voor na vijven, wanneer de zaken gedaan zijn. Culturele problemen zijn, om met Karla Fohrbeck te spreken, *'kwesties van macht die aanleiding kunnen zijn tot een verbitterde strijd over de vraag wie het voor het zeggen heeft wanneer het erom gaat de wereld te interpreteren en vorm te geven als een geheel van zin, leven en rechtvaardigingen'*. En zoals de titel van het boekje waaruit dit citaat stamt al suggereert: waarom zou dat voorrecht voorbehouden zijn aan *Wir Eingeborenen* – wij, inboorlingen van een van de gevoelsarmste culturen die de wereld kent?

East Meets West

In een bespreking van de tentoonstelling *Met andere ogen* die eind 1986 in Delft plaatsvond schreef Bas Roodnat in de *NRC*: *'Dat door de superieure opstelling van de overheerser het wezen van de verre volken, hun denken, voelen en geloven tot op de dag van vandaag dikwijls onbegrepen bleef, want gevangen binnen de projectie van de eigen Europese cultuur, blijkt soms uit heel triviale voorbeelden, zoals ergens in India de reclame voor een bepaald merk fiets. Op de affiche stond zo'n fiets afgebeeld, in volle vaart bestuurd door een bruine man die een rennende tijger passeerde. De boodschap leek duidelijk: de fiets kon harder rijden dan een tijger draven. Hij werd echter door de inheemse doelgroep geheel anders en verkooptechnisch averechts begrepen, namelijk in die zin dat de fiets van dat merk tijgers aantrok.'*

Dit is niet zo maar een foutje in de planning, niet zo maar een haperingetje in de wetenschappelijk-technologisch voortgedreven machinerie van onze wereldhandel. Waar we hier mee te maken hebben is een typisch geval van *Abblendung*, van blindheid voor de gevoelswaarde van symbolen als gevolg van ons streven in ons economisch handelen alles zo helder en duidelijk mogelijk te houden. Al te lang meenden we dat buitenlanders 'gek' of 'achterlijk' waren wanneer ze niet meteen begrepen waar wij het over hadden. Slechts langzaam beginnen we door te krijgen dat economische ontwikkeling en samenwerking óók afhankelijk zijn van het grijze gebied dat verborgen ligt achter de statistieken en grafieken van onze economische analysen.

Nu niet-westerse culturen economisch zelfstandiger worden, nu ze onder de dominantie van het Westen uitkomen en ons ertoe dwingen hun successen serieus te nemen, merken we dat we ons niet langer kunnen permitteren *abgeblendet* te handelen en te denken. We beginnen in onze eigen bedrijven het grijze gebied te exploreren met modellen die we van die andere culturen afkijken. Volvo in

Sculptuur, Indonesië, Tanimbar, eerste kwart van de twintigste eeuw; beeld dat een Nederlands bestuursambtenaar voorstelt met een bestuurspet-met-embleem op. Het beeld heeft de klassieke vorm van voorouderbeelden uit dat gebied.

Limburg huurt Japanse organisatiewonders in om het bedrijf uit de rode cijfers te halen. Het blijkt dat we de produktie kunnen opvoeren door werknemers te verlossen uit hun kille gecompartimentaliseerde plek in het bedrijf en door bij hen een wij-gevoel aan te kweken met behulp van een zorgvuldig gecreëerde *corporate identity*. Omgekeerd beseffen we dat het de nodige zorg en aandacht vraagt om Indiase werknemers duidelijk te maken dat het bij het werken aan automatische draaibanken gaat om fijnheden van één enkele mu, terwijl zijzelf in een cultuur leven waar zelfs vijf centimeter er niet toe doet.

Toen de Jezuïeten aan het begin van de zestiende eeuw zich het vuur uit de sloffen liepen om de Chinezen te overtuigen van de Oneindige Goedheid van Jezus Christus, was volgens Jacques Gernet het commentaar van de Chinezen: '*Toen hij op aarde geboren werd om de mensheid te redden had de Meester van de Hemel de riten en de muziek moeten bevorderen en de deugd van menselijkheid en rechtvaardigheid moeten verspreiden (...). In plaats daarvan deed hij alleen maar kleine onbetekenende weldaden zoals zieken genezen, doden opwekken, over het water lopen en voedsel maken met behulp van magische technieken.*' Nog steeds is deze nuchtere basishouding uitgangspunt van het Chinese denken en bepalend voor hun handelen. Chinezen houden niet van polemiek, confrontatie of openlijk conflict. Een leider moet in China rust en gezag uitstralen, hij moet zich kunnen voegen in de orde der dingen en zeker niet als een wilde stier de zaken even willen regelen.

Stadionplein, Amsterdam, 1987

In India is zaken doen weer heel anders dan in China. Zaken doen is in India een sport en menig Indiër in zaken ziet zijn beroep als zijn hobby. Een van de belangrijkste technieken daarbij is het het op een dwaalspoor brengen van de zakelijke opponent. Dat gebeurt via het 'diagonaal onderhandelen', waarbij men de aandacht richt op een ander doel dan men voor ogen heeft. Dat mag niet al te openlijk gebeuren want de opponent mag zijn gezicht niet verliezen of zelfs niet in de gaten krijgen voor welk karretje hij gespannen wordt.

Arabieren gaan ervan uit dat de wet die Allah via Mohammed tot hen heeft laten komen dermate hoge eisen stelt dat bijna geen mens er aan kan voldoen. Ze zijn ervan overtuigd dat Allah begrip heeft voor menselijke zwakheden en hebben er geen moeite mee wet en werkelijkheid op een ingenieuze legalistische manier met elkaar in overeenstemming te brengen. Het openbreken van contracten is voor hen een vanzelfsprekendheid en zelfs een sport, dit tot wanhoop van menig westers zakenman, voor wie de waarde van contracten heilig is.

Wanneer het om verschillende culturele houdingen gaat is het belangrijk onderscheid te maken tussen schuld- en schaamteculturen. De betekenis van dit onderscheid wordt nogal eens onderschat. In schuldculturen ligt het zwaartepunt bij het innerlijk van het individu, bij de persoonlijke motieven voor zijn daden. Wanneer er iets fout gaat, zoekt men naar een schuldige, die vervolgens geacht wordt persoonlijk verantwoording af te leggen. In een schaamtecultuur ligt het zwaartepunt daarentegen bij de wet, bij de normen en waarden van een stam of, nog abstracter, bij het wezen der dingen. Wordt iemand op een fout betrapt, dan schaamt hij zich er wel voor maar voelt hij zich niet schuldig. Wij, die in een schuldcultuur leven, kunnen ons nauwelijks voorstellen dat mensen niet onder hun fouten lijden en noemen zulke mensen gewetenloos, koud en zelfs onmenselijk.

We zijn verbijsterd hoe kalm en onaangedaan zij blijven wanneer zij te laat komen of een *deadline* overschrijden.

Basic Needs

Sinds het einde van de jaren zeventig is op het gebied van de ontwikkelingssamenwerking het *basic needs*-model in zwang. Dat model gaat ervan uit dat, wil een ontwikkelingsland aan economische ontwikkeling toekomen, er eerst voorzien moet zijn in de basisbehoeften van de bevolking op het gebied van voeding, gezondheid, kleding, huisvesting, opvoeding, onderwijs, communicatie en transport. Maar in de praktijk bleek het erg moeilijk dit model uit te werken. Er kan dan wel wetenschappelijk worden vastgesteld hoeveel calorieën een mens nodig heeft om niet te sterven, tussen niet sterven een een gemotiveerd produktief bestaan blijkt nog een wereld van mogelijkheden te liggen. Iedere cultuur en subcultuur blijkt er zo haar eigen ideeën over een 'menswaardig bestaan' op na te houden.

De Nederlandse Cosmetica Vereniging verwachtte blijkens een artikel dat in oktober 1986 in de *NRC* verscheen in dat jaar een recordomzet te halen. Gemiddeld besteden Nederlanders $f\,115{,}-$ per jaar aan cosmetische produkten. Voor 1986 verwachtte men een stijging van vijf procent tot $f\,120{,}75$, hetgeen neerkomt op een totale omzet van 1,75 miljard gulden. Die stijging zou vooral te danken zijn aan de toenemende belangstelling van mannen voor cosmetische produkten, een belangstelling die tot dan toe achterliep bij die in buurlanden.

Wat hebben het *basic needs*-model en mannencosmetica nu met elkaar te maken?

De nieuwe televisiewerkplaats die dit jaar in gebruik werd genomen in de Fabriek voor Telecommunicatie Apparaten te Shanghai vervulde voor de vastgestelde tijd het produktieplan voor het eerste kwartaal van dit jaar.

Sicilië, 1986

Meer dan op het eerste gezicht lijkt. In beide gevallen gaat het namelijk om de samenhang tussen economische ontwikkeling en cultuur. In het eerste geval hebben we te maken met economische desperado's die, hoe laag ze ook op de maatschappelijke ladder staan, zich niet gemakkelijk laten reduceren tot statistische data, maar er hun eigen ideeën op na blijven houden als het over hun basisbehoeften gaat. Er kan hun van alles worden aangepraat, ècht bewegen doen ze pas wanneer ze daar zelf de tijd rijp voor achten. Basisbehoeften blijken niet zo gemakkelijk objectief vast te stellen als tal van ontwikkelingswerkers denken. Culturele gewoonten, wensen en verlangens blijken een beslissende rol te spelen in de economische ontwikkeling, zelfs wanneer het om de armsten der armen gaat. In het tweede geval hebben we te maken met een markt die, op een simpel stukje zeep na, het gebied van de *basic needs* geheel en al overstijgt. De nieuwe markt is ontstaan doordat mannen door de reclame en door hun omgeving aangemoedigd werden zich eens 'lekker te vertroetelen', hetgeen tot dan toe alleen aan vrouwen was voorbehouden. Mannen zijn anders tegenover hun lichaam komen te staan, zijn er anders over gaan denken. 'Mannen mogen zachter zijn', luidt de boodschap, maar in plaats van dat letterlijk in praktijk te brengen, in plaats van zich tegenover hun omgeving warmer en zachter te gaan gedragen, zijn mannen warmte en zachtheid in cosmetica-artikelen gaan zoeken.

De cultuur van de 'nieuwe man' is maar een van de vele voorbeelden die laten zien dat onze economische ontwikkeling op culturele brandstof loopt. Er is niet veel fantasie voor nodig om in te zien dat onze hele economie in elkaar zou storten wanneer we onze produktie zouden beperken tot de *basic needs*. Wie in zijn eigen huis om zich heen kijkt zal vaststellen dat alle spullen óf zelf cultuurprodukten zijn óf op z'n minst een toegevoegde culturele waarde hebben. De stoelen waar we op zitten zouden aanzienlijk minder hebben gekost wanneer ze alleen maar nuttig hadden hoeven te zijn.

Het economische succes van het Westen en Japan is voor het overgrote deel gebaseerd op het bevredigen van zuiver culturele behoeften. Hele industrieën draaien op smaak, gevoel, kleur, geur en geluid. Marketing, reclame, design en mode – het is er allemaal op gericht om te voorzien in onze culturele behoeften aan veiligheid, tevredenheid, geborgenheid en uniciteit. Cultuur blijkt de produktieve factor te zijn achter de veelvoud en diversiteit van de produkten op onze westerse markten. Het koopgedrag zegt veel over wat mensen denken en voelen. Mensen maken er wensen en verlangens mee kenbaar waar ze zichzelf vaak niet eens van bewust zijn. Cultuur blijkt niet alleen maar iets van de geest te zijn, het is een van de belangrijkste grondstoffen die onze economie draaiende houden.

We gaan ons voorbereiden op de eenentwintigste eeuw. Als we één ding van het bovenstaande kunnen leren, dan is het wel dat dat óók een culturele voorbereiding zal moeten zijn. En dan niet alleen in de zin dat we onze culturele behoeften moeten diversifiëren en flexibiliseren teneinde onze economie in stand te houden. Culturele voorbereiding zal ook moeten inhouden dat we van andere culturen moeten leren weer gevoel te krijgen voor de volle werkelijkheid in plaats van slechts de *abgeblendete* werkelijkheid waar we het de afgelopen eeuw mee hebben gedaan. Maar nauwer, intensiever en dus intiemer met andere culturen omgaan betekent ook dat we ons in hun normen, waarden en filosofieën moeten verdiepen. Dat kan leiden tot een bezinning op onze eigen culturele context en de bijbehorende gevoelsstructuur. Misschien dat we ons op die manier kunnen bevrijden uit de kluisters van de ratio en onze ogen kunnen openen voor het rendement van het gevoel.

Huub Kuijpers (Maasbree, 1944) studeerde filosofie en vergelijkende filosofie in Nederland en India en promoveerde op een proefschrift over de filosofie van Gandhi. Sinds 1975 verbonden aan het Koninklijk Instituut voor de Tropen, tot 1984 als conservator Technologie en Samenleving van het Tropenmuseum en sindsdien als stafmedewerker voor Culturele Projecten van de Dienst Internationaal Onderwijs en Training.

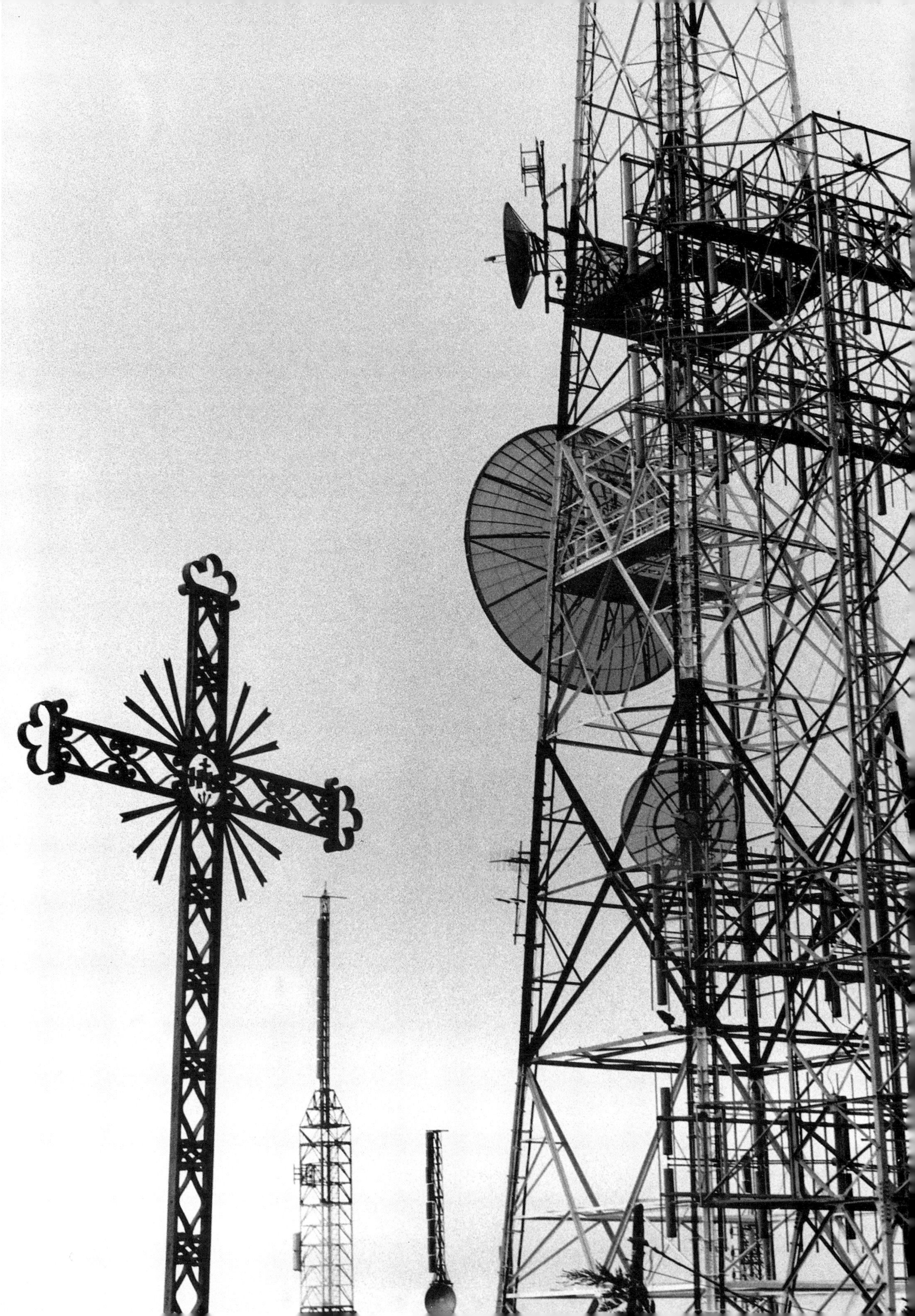

Henk Jan Gortzak

'Waar je gevallen bent, blijf je'
De dubbelzinnige behoefte aan een Europese identiteit

Brandende vragen

Wil Europa overleven dan moet ze ernst maken met het ontwikkelen van een eigen identiteit. Die identiteit moet gevonden worden op het snijvlak van politiek, economie en kunst. Een van de belangrijkste kenmerken van die identiteit is haar verscheidenheid, maar daarin ligt juist de redding voor Europa. Nu de grenzen van de groei bereikt zijn moet de Europese economie haar produktie gaan afstemmen op de culturele diversiteit.

Met deze boodschap klopten het Goethe-Institut en het Zentrum für Kulturforschung op de deur van het Tropenmuseum. Het Tropenmuseum heeft de boodschap als uitgangspunt genomen voor de tentoonstelling *TOTEM, Goden, Helden, Heiligen* die de culturele verscheidenheid in Europa in relatie brengt met niet-westerse culturen. De tentoonstelling laat parallellen zien tussen onze cultuur en andere culturen, parallellen die te maken hebben met het eeuwige zoeken van mensen naar voorbeelden die hen helpen een wij-gevoel te ontwikkelen dat hun bestaan richting geeft en hen beschermt tegen reële en fictieve machten.

Maar bij het werken aan de tentoonstelling drong zich hoe langer hoe meer een aantal brandende vragen op. Waren we, alle interculturele bedoelingen ten spijt, niet gewoon bezig ons eigen Europese wij-gevoel te stimuleren? Waar komt toch die behoefte aan een Europese identiteit ineens vandaan? Heeft dat iets te maken met het tijdvak waarin we leven? Met de moeite ons van onze eigen cultuur los te maken? Met de onzekerheid over onze identiteit, een onzekerheid die mede het gevolg is van de komst van mensen uit andere culturen naar ons continent?

Vragen naar de tijdgeest in de nadagen van de twintigste eeuw.

Fin de siècle

Ik kan mij niet aan de indruk onttrekken dat het gespeculeer over het toenemende belang van de Europese cultuur iets te maken heeft met de naderende eeuwwisseling en het *fin de siècle*-gevoel dat zich daarbij opdringt. '*Europa staat voor een ongekende uitdaging*', verzekert ons een van de auteurs in dit boek, en een ander roept op tot een bewuste voorbereiding op de eenentwintigste eeuw.

Maar hoe reëel is het *fin de siècle*-gevoel? Laten we ons niet op sleeptouw nemen door een geforceerde historische parallel? Moeten we de jaartelling die de laatste decennia in ons bewustzijn is gegrift, de jaartelling die uitgaat van voor en na de tweede wereldoorlog/Auschwitz/Hiroshima, inderdaad weer gaan vervangen door de overzichtelijke christelijke jaartelling?

De overgang van de negentiende naar de twintigste eeuw is door Jan Romein getypeerd als een breukvlak in de geschiedenis, als een tijd vol tegenstellingen en spanningen die uiteindelijk na de eeuwwisseling tot uitbarsting kwamen. De eerste wereldoorlog deed Europa op haar grondvesten schudden. Hij eindigde in de Russische revolutie, de vrede van Versailles, de instelling van de Volkerenbond en

Bronzen beeldje uit het Benin-rijk in Afrika, dat door de Oba's wordt geregeerd.
Net als andere staatsvormen bestaan koninkrijken bij de gratie van de groepsverbondenheid van de bevolking. De koningen van Benin, de Oba's, zijn er door de eeuwen heen in geslaagd zo'n groepsverbondenheid te scheppen en wanneer dat nodig was te mobiliseren. Het koninkrijk Benin is dan ook een van de grootste en in ieder geval het langst bestaande in het gebied van de Westafrikaanse regenwouden. Het is nooit echt bedreigd door interne ineenstorting, ondanks perioden van verval. In de vijftiende en zestiende eeuw maakte het een bloeiperiode door, waarin het zijn grondgebied aanzienlijk uitbreidde.
Belastingheffing stelde de Oba's in staat zich met prachtige kunstvoorwerpen te omringen, zoals bronzen koppen van voorouders en ivoren slagtanden waar episoden uit de levens van overleden Oba's in waren gegraveerd. Deze materiële cultuuruitingen symboliseerden de absolute macht van de koningen en de trouw van de bevolking. Die macht werd bovendien nog versterkt doordat de koningen in een speciale relatie tot de goden stonden.

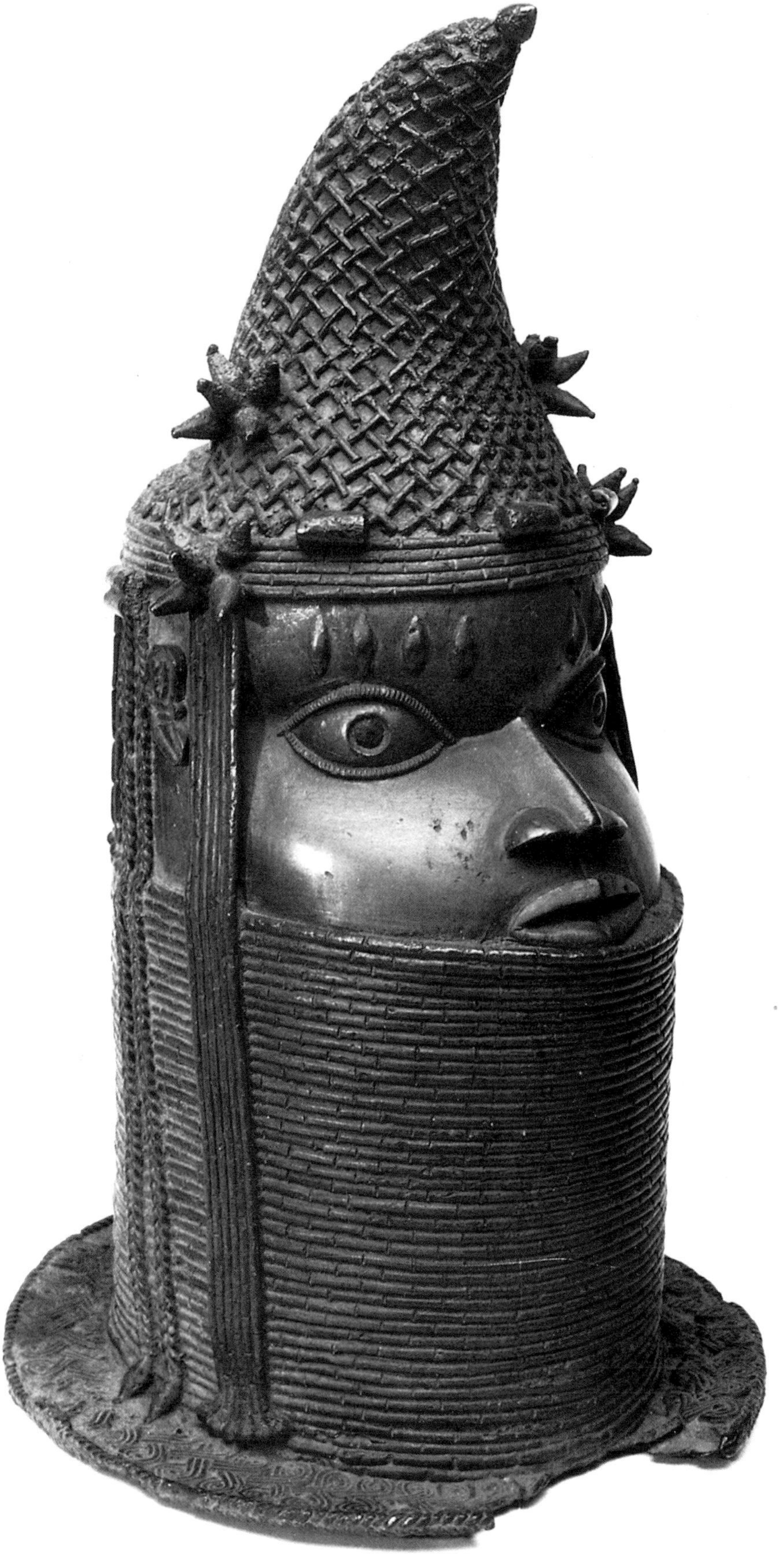

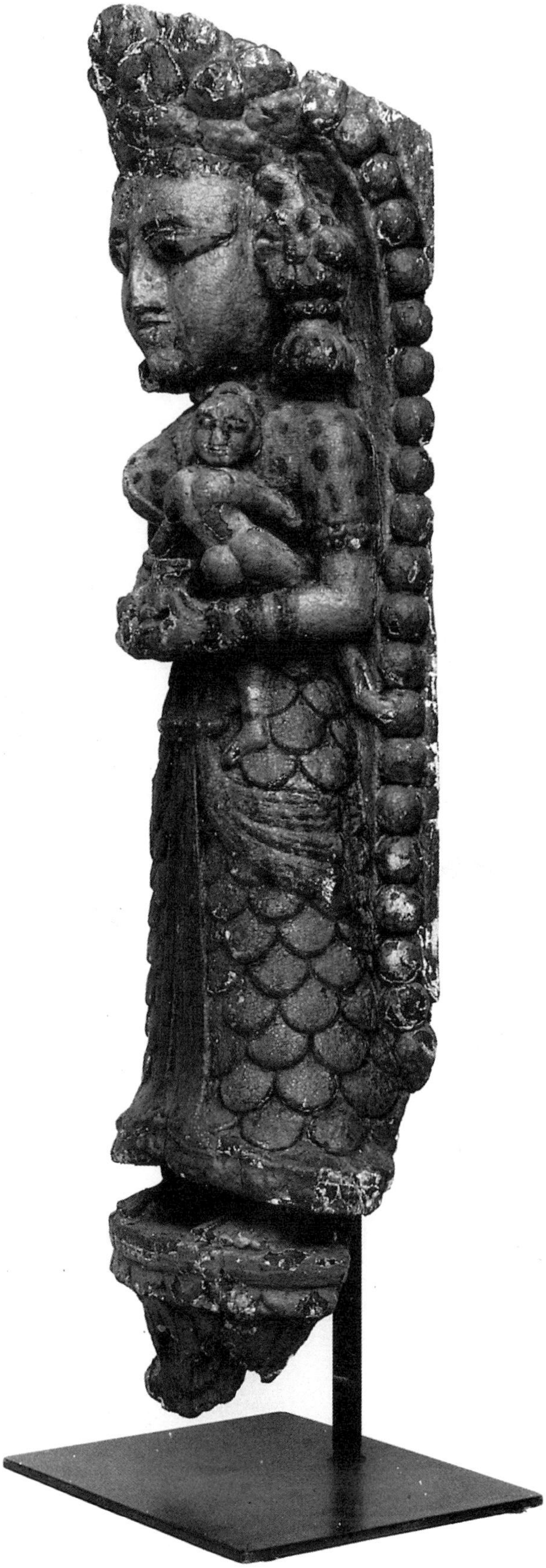

Daksteun van een huistempel met een voorstelling van de baby Krishna en zijn pleegmoeder Yashoda, circa 1800.
In India is het hindoeïsme de belangrijkste godsdienst. Volgens het hindoeïsme is de geschiedenis van het universum een zich herhalend proces. Voor de meeste mensen in India is deze filosofie moeilijk te bevatten. Voor hen staat de zorg voor het overleven en voor het persoonlijke welzijn voorop en daartoe wenden zij zich tot de vele goden van het hindoeïsme. Deze goden zijn manifestaties van de goddelijke drieëenheid die zorg draagt voor de harmonieuze ontwikkeling van het universum.
De goden uit de Indiase mythen verschillen nauwelijks van mensen. Ze hebben dezelfde hebbelijkheden en zwakheden en leven in familieverbanden. Mensen hebben dan ook een persoonlijke relatie tot de goden die ze vereren: ze voelen zich tot een god aangetrokken omdat hij of zij een bepaald ideaal belichaamt of een bepaalde karaktereigenschap heeft.
De mythen worden doorgegeven door minstrelen en poppenspelers. Met behulp van hun verteldoeken en vertelkastjes verbreiden zij de kennis van de cultuur en de godsdienst en dragen ze normen en waarden over. Tegenwoordig zijn deze verhalen ook te horen op de radio en te zien op televisie, film en video.

de verdeling van de wereld onder de machtigste Europese staten. Maar de vrede beklijfde niet. De conflictstof begon zich weer op te stapelen, de socialistische revolutie mondde uit in stalinistische terreur, de westerse wereld werd geconfronteerd met de economische crisis, de opkomst van het fascisme en nationaal-socialisme en nieuwe, nog scherpere tegenstellingen tussen de verschillende staten. De daarop volgende tweede wereldoorlog was een dermate schokkende gebeurtenis in de Europese geschiedenis dat het anno 1987 onmogelijk zou zijn met voorbijgaan aan deze episode over de Europese identiteit te filosoferen.

De vraag is nu of het met deze ervaringen in het achterhoofd zinvol is parallellen te trekken tussen het negentiende en het aanstaande twintigste *fin de siècle*. Laten we eerst eens naar de politieke, economische en culturele achtergronden van rond 1900 kijken. In die tijd was er sprake van een krachtige Europese expansie waarbij de verschillende koloniserende staten elkaar scherp beconcurreerden. Europa hield grote delen van de wereld in haar greep. Maar tegelijkertijd deden zich al de eerste tekenen voor die erop duidden dat zij die greep zou gaan verliezen. De Verenigde Staten en ook Japan begonnen zich op te maken om op het wereldtoneel een rol van betekenis te gaan spelen. In de gekoloniseerde landen kwamen nationalistische bewegingen op, met name in de bovenlaag van de bevolking, de laag die van alle bevolkingsgroepen het meest met de Europese cultuur in aanraking was gekomen.

Ook in Europa zelf namen de spanningen toe. Het kapitalistische systeem bracht hier haar eigen kritiek voort in de vorm van een krachtige socialistische beweging die haar aandeel opeiste in de burgerlijke idealen van vrijheid, gelijkheid en broederschap. Maar ook tussen de jonge imperialistische staten onderling rezen conflicten. Nationalistische politieke bewegingen roerden zich, onder andere door interne affaires uit te lokken, zoals de Dreyfus-affaire in Frankrijk.

Maar niet alleen op politiek en economisch terrein kraakte Europa in haar voegen, ook de kunsten en wetenschappen, bij uitstek de barometers van de samenleving, stonden in het teken van verandering en omslag. In muziek, schilderkunst en literatuur werden vormen die tot dan toe telkens verder waren ontwikkeld en geperfectioneerd, verlaten. In alle richtingen werd naar vernieuwing gezocht. Het is deze onrust op alle fronten die rond de eeuwwisseling voeding gaf aan het *fin de siècle*-gevoel, het gevoel dat er een omslag op til was, dat er onbekende maar ingrijpende dingen stonden te gebeuren.

In zekere zin is het tijdperk waarin we nu leven al even zwanger van onrust en omslag. De veranderingen die zich aan het eind van de vorige eeuw aankondigden hebben inmiddels hun beslag gekregen. Daarnaast komen een aantal nieuwe ontwikkelingen langzaam maar zeker tot een kristallisatiepunt, al is het niet direct duidelijk dat er een omslag op komst is van dezelfde afmetingen als die aan het begin van deze eeuw.

De Verenigde Staten en de Sovjet-Unie hebben met name na de tweede wereldoorlog hun wereldsuprematie gevestigd, maar moeten inmiddels toezien hoe met name Aziatische landen – en heus niet alleen Japan – zich tot nieuwe economische machten ontwikkelen. De meeste niet-westerse landen zijn na een al dan niet heftige strijd onafhankelijk geworden en spelen inmiddels een belangrijke rol op het wereldtoneel. De politieke tegenbewegingen die daaruit zijn ontstaan, zijn niet zonder gevolgen voor de Europese samenleving. Denk bijvoorbeeld aan de oliecrisis in de jaren zeventig, maar ook aan fundamentalistische bewegingen in de Arabische wereld, waarvan de islamitische revolutie in Iran het meest uitgesproken

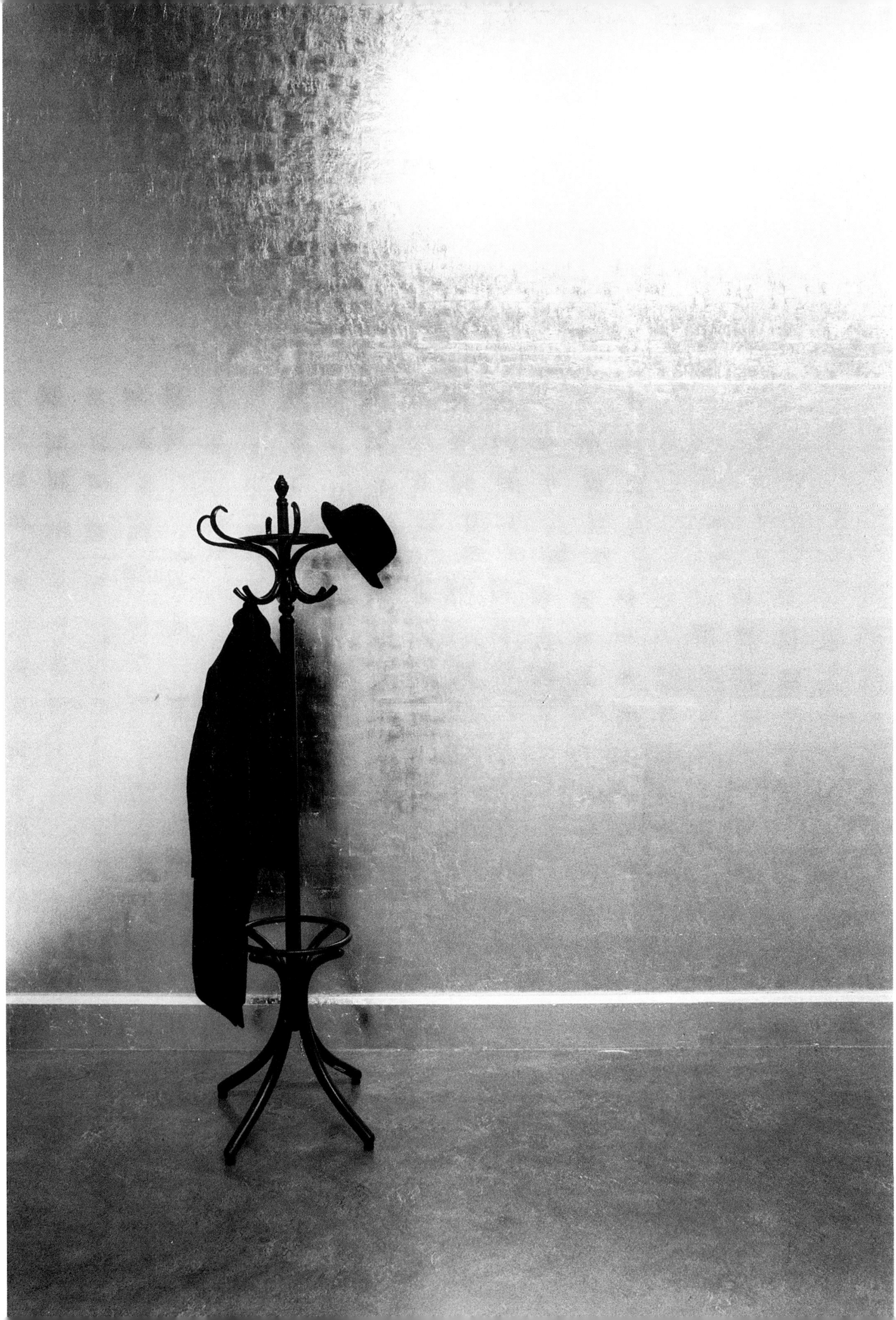

voorbeeld is.

Aan de andere kant zijn pogingen om in Europa zelf tot een grotere eenheid te komen blijven steken in de ambtenarij en is er eerder sprake van een groeiend nationalisme. Een neiging zich op de eigen nationale cultuur terug te trekken doet zich ook voor als reactie op de komst van arbeiders en vluchtelingen uit niet-westerse culturen. Angst voor het vreemde, het andere, wordt bestreden door schijnbaar vergeten beelden van een gezamenlijk verleden uit de kast te toveren en een beroep te doen op een slechts vaag omschreven nationale cultuur. Ook al beweert niemand serieus dat de 'gastarbeiders' de oorzaak van de economische crisis zijn, het terugsturen van deze mensen wordt verdacht vaak als oplossing aangedragen.

In de kunsten heeft het loslaten van vaste vormen, waar men rond de laatste eeuwwisseling mee begon, op veel gebieden geleid tot het verdwijnen van continuïteit en traditie. Vernieuwing werd de norm. Ze is zelfs zozeer tot een algemeen kenmerk van de cultuur uitgegroeid dat Gerrit Komrij over de hedendaagse kunst verzucht: *'De mode is van randverschijnsel tot het wezen van deze tijd geworden. Er is niets anders dan elkaar in snel tempo opvolgende modes.'* Anderen constateren in die vluchtigheid ook een zekere vermoeidheid, een vermoeidheid die wellicht te maken heeft met de verwerking van de twintigste-eeuwse geschiedenis. Onder de titel 'De vergulde leegte van het twintigste fin de siècle' schreef Antoine Verbij in *Trouw*: *'Op de zevende* Dokumenta *van Kassel, een toonaangevende manifestatie van hedendaagse kunst die in 1982 plaatsvond, werd de bezoeker haast onmiddellijk na binnenkomst verrast door een grote lege wand die met bladgoud was bedekt. Voor de wand stond een kapstok waaraan een zwarte jas en hoed hingen. (...) Kounellis (de maker van het kunstwerk) heeft niet meer de moeite genomen zijn kunstwerk van een symboliek te voorzien. Zijn wand toont slechts leegte en afwezigheid. En bovendien nog een vergulde leegte, die brutaal en zelfs arrogant overkomt. (...) De wand van Kounellis zou wel eens het symptoom van het verval van een tijdperk kunnen zijn.'*

Op hete kolen

Verre van bij te willen dragen aan louter een bezinning op de eigen Europese culturele identiteit, wil de tentoonstelling die in het Tropenmuseum plaatsvindt aanzetten tot gedachten over hoe Europese verschijnselen hun pendanten hebben in andere culturen en over de verwevenheid van economie en cultuur. In de titel van het project ligt echter een misleidende suggestie opgesloten. *'Van totem tot lifestyle'* suggereert namelijk een bepaalde historische ontwikkeling. En aangezien westerse mensen geneigd zijn iedere ontwikkeling als vooruitgang te duiden, suggereert de titel dat *lifestyle* niet alleen de logische maar ook de verbeterde opvolger is van wat vroeger totem was. Alsof er een opgaande lijn loopt van de diersymboliek op de totempaal naar ons 'beschaafde' krokodilletje op het Lacoste-shirt.

Het gaat er bij de tentoonstelling niet om dergelijk zelfgenoegzaam westers denken te versterken. Integendeel, de bedoeling is juist verschillende soorten culturele uitingen met elkaar te vergelijken zonder daarbij enige vorm van hiërarchie of vooruitgang te suggereren. De tentoonstelling wil laten zien hoe in verschillende culturen mensen naar een gemeenschappelijke identiteit, naar gedeelde waarden en normen en naar geborgenheid en houvast zoeken.

De vraag is dan of zulke zaken eigenlijk wel met elkaar te vergelijken zijn. Want in veel gevallen omvatten culturen niet alleen een gemeenschappelijke identiteit maar ook een geheel eigen definitie van de werkelijkheid. De nuchtere Hollander die er zeker van is dat je van gloeiende kolen ernstige brandwonden kunt krijgen, gelooft zijn ogen niet wanneer hij mensen uit een andere cultuur over een bed van gloeiende kolen ziet lopen zonder er noemenswaardig letsel aan over te houden. En dichter bij huis: een ongelovige kan zich nauwelijks voorstellen dat voor zijn gelovige buurman god een reële macht is die rechtstreeks in diens leven ingrijpt. Hier geldt het aforisme dat Cees Nooteboom ooit als titel voor een van zijn boeken koos: *Waar je gevallen bent, blijf je*. In dat boek beschrijft hij onbedoeld waarmee je te maken krijgt wanneer je in Nederland een tentoonstelling over niet-westerse culturen samenstelt: '*Dingen die je niet begrijpt, tekens die je niet kunt lezen, een taal die je niet verstaat, een godsdienst die je niet wezenlijk kent, een landschap dat je afwijst, levens die je niet zou kunnen delen.*'

Waar het bij het maken van een tentoonstelling op aankomt, is mensen te bewegen hun pasklare oordelen voor enige tijd op te schorten. Daarbij heeft een tentoonstelling een zeker voordeel boven de directe confrontatie met mensen uit andere culturen. Wanneer we naar mensen kijken zijn we meestal geneigd meteen te oordelen, maar bij objecten reageren we veel meer secundair. Mede daardoor kunnen naast elkaar geplaatste materiële uitingen van verschillende culturen de beschouwer tot een zelfrelativerende beoordeling verleiden.

Desalniettemin blijft de moeilijkheid dat de voorwerpen los van hun oorspronkelijke plaats, tijd en functie worden getoond. De maker van de tentoonstelling doet vaak zijn best dit gegeven te maskeren. Een bronzen beeldje uit het Benin-rijk zal hij het liefst in een omgeving plaatsen die zo veel mogelijk op de oorspronkelijke setting lijkt. De beschouwer heeft het dan iets gemakkelijker zich voor te stellen hoe de oorspronkelijke gebruiker zich tot het voorwerp verhield. Maar wat zou de maker van het beeldje denken wanneer hij het zo in een museum zag staan? Het zal altijd wel moeilijk blijven om ons in diens positie te verplaatsen. Een andere moeilijkheid is tenslotte dat, hoezeer bij het maken van een tentoonstelling ook getracht wordt de beschouwer van de gelijkwaardigheid van de vertoonde cultuuruitingen te overtuigen, het niet te vermijden is dat hij gaat vergelijken en daarbij de eigen cultuur op een voetstuk plaatst. Geen enkele cultuur is statisch maar bevindt zich altijd in een ontwikkelingsproces.

Daarom doen vergelijkingen zelden recht aan die andere cultuur. Maar de neiging om culturen als onderling vergelijkbare, statische grootheden te zien zit diep in westerse mensen ingebakken en heeft te maken met zaken waar men als samensteller van een tentoonstelling niet rechtstreeks invloed op kan uitoefenen.

Het nieuwe racisme

Een van die zaken is bijvoorbeeld de politieke en maatschappelijke discussie over etnische minderheden en racisme. Juist in die discussie wordt vaak al te gemakkelijk de eigen cultuur als iets statisch voorgesteld, als een wij-cultuur die 'nu eenmaal' anders is dan de zij-cultuur van de niet-westerse samenlevingen. Daarbij wordt weliswaar vermeden de eigen cultuur als superieur voor te stellen – dat zou immers de verdenking van racisme oproepen –, maar daarvoor in de plaats treedt het benadrukken van het 'anders zijn', hetgeen vaak dezelfde discriminerende gevolgen heeft.

Hoezeer wij geneigd zijn te vergeten dat cultuur altijd in beweging is, illustreert het volgende voorval. In New York sprak ik eens een Indiase violist die jarenlang in

Zilveren halsketting met vijf handjes, Marokko. De hand is een symbool van bescherming, met name tegen het boze oog. De vijf vingers staan ook voor de vijf belangrijkste principes van de islam. In de islamitische wereld is het al onmogelijk om op grond van het uiterlijk te zeggen of iemand een christen of een moslim is, laat staan of iemand tot de druzen of de yezedi's behoort. De verschillen zijn niet zichtbaar, maar toch zullen leden van de ene stam zich verheven voelen boven leden van de andere stam. In de islamitische wereld voelt men zich in de eerste plaats verbonden met de familie. Daarnaast weet men zich geborgen in de stam. Iedereen die geen lid van de familie is en verder iedereen die niet tot de stam behoort wordt als een potentiële bedreiging gezien.

In de religie zoeken mensen bescherming tegen natuurlijke en bovennatuurlijke krachten en machten. Steun en bescherming verwachten ze in de eerste plaats van Allah, zijn schoonzoon Ali en diens zonen Hassan en Hussein. Daarnaast verwachten ze steun van de engelen. Verder zijn er nog verschillende hulpmiddelen, zoals amuletten, die volgens het volksgeloof bescherming bieden tegen het boze oog en andere bedreigende machten. Die amuletten werden al gebruikt lang voordat de islam opkwam. Hoewel de islam het gebruik ervan afkeurt, wordt het niet verboden.

Amerikaanse symfonieorkesten had gespeeld. Hij vertelde mij dat hij op het punt stond naar India terug te keren om daar als rondtrekkend violist met een Indiaas repertoire zijn brood te verdienen. Ik vroeg hem of hij niet bang was dat zijn vertrouwdheid met Mahler en Beethoven hem bij de uitvoering van traditionele muziek parten zou spelen. Met een ironisch lachje antwoordde hij: '*Wij Indiërs ontwikkelen onze cultuur nog steeds en wat wij mooi vinden integreren wij en het andere laten wij liggen. Dat voortdurend in beweging zijn is onze cultuur. Jullie doen alsof onze culturen statische begrippen zijn.*'

Maar bewijst het gemak waarmee wij in de loop van de geschiedenis mensen uit andere culturen in onze samenleving hebben opgenomen dan niet dat we onze cultuur wel degelijk als iets dynamisch hanteren? Dat ligt er maar aan hoe je het bekijkt. Op formeel-juridisch niveau lijken we in Nederland inderdaad de tolerantie zelve. Historisch onderzoek laat zien dat van 1680 tot 1811 nieuwkomers niet vaker vervolgd of zwaarder gestraft werden dan Nederlanders. Sinds 1796 is de wetgeving ten aanzien van minderheden zelfs steeds verder verbeterd. Onlangs nog werd het antidiscriminatiebeginsel aan de Nederlandse grondwet toegevoegd.

lieve ouders,

Nu ik hier enige tijd ben zijn de eerste indrukken bezonken. Zoals je in het westen verwachten kunt vind je hier alles. Chocolade, limonade, koffie, beschaving, cultuur en eindeloos veel informatie.
Desondanks is dat alles niet zo bereikbaar als krijgens in onze chaotische samenleving, waar je slechts een aftreksel van al die dingen kunt xixkrijgen.
En dus genieten ze van hun overvloed, vergetend dat hun dagelijks leven verpest wordt door xxgxnxixxxikxxkxxxxikxdxn enorme hoeveelheden regen.
Het probleem hier is niet het weer maar het klimaat.
Hun in zichzelf gerichte, serieuze mentaliteit is moeilijk voor ons te begrijpen. Je zou verwachten dat je manier van leven groeit met wat je hebt maar het ziet er naar uit dat hier het tegendeel bewezen wordt. Alles is zo onvoorstelbaar serieus.

Soms gaan we met de fiets buiten de stad en alles herhaalt zich dan.
Een geordende stad verandert in een kennig geordende natuur. Het toeval bestaat niet. Ze hebben zeegolven zorgvuldig veranderd in saaie weilanden.
Niets is aan het toeval overgelaten, alles is gepland. Nergens vindt men onze vernietigende improvisatie.
Uiteindelijk ontwikkel je hier een onbedwingbaar verlangen dat op een willekeurige tramhalte een groep zigeuners instapt die de heleboel op stelten zetten.

                                                                M.

AMStERDAM 21-10-85

Hallo AHMED Hoe is het daar eigelijk hier is het koud 25/oct

Er zijn veel werkloze hier in Nederland de werkloze

Krijgen wwo waa uitkiring en En de werkloze win

MaroKKo die Krijgen geen uitkiring gewoon

Niks Krijgen ze ze moeten zelf voor hun eigen werken

als boeren zo of ijs verkopen. AMStERDAM heeft veel

winkels grote Bioskopen zoals city en calipso

en AlfA Bij de leidsplein komen veel MuziKanteNeN

clownes. Er zijn veel AArdige MeNseN maar sommige

Niet zoals gone dronklappen en er is ook een

zee dijk en andere dingen. Einde
ondertekend
Nazi?

Amsterdam 21-10-85

Beste Jamal ik verveel me erg veel.
Ik moet elke dag naar school
Alleen zaterdag en zondag want dan heeft iedereen vrij.
Ik zou graag willen weten hoe warm het nu in Tanger is.
Hoe gaat het met jou en Achmed en Rachid. Goed of slecht?
Met my gaat het nooit goed.
Ik heb wel leuke vrienden.
Hier in Nederland is het erg saai ik kan nooit naar de zee want het water is erg koud.
Veel nederlandse mensen zijn aardig maar sommige niet.
Zijn je ouders nog werkloos?
En je broer?
Sneeuwt het bij jullie veel? 's winters is het erg koud maar toch spelen we buiten met een slee.
Of we gooien met sneeuwballen.

Doe de groeten aan Achmed en Rachid en schrijf terug je vriend ......?

             nazieb

Dat neemt niet weg dat de vestiging van nieuwkomers, die om politieke, sociale of economische redenen hun eigen land voor Nederland verruilden, wel degelijk spanningen opriep. Voor bijvoorbeeld de joden en zigeuners, of voor de Chinezen die deze eeuw naar ons land kwamen, was assimilatie in de Nederlandse cultuur bepaald niet vanzelfsprekend. Ze zijn op heel wat vormen van discriminatie gestuit, ook op juridisch niveau. Bovendien nam die discriminatie in deze eeuw nogal eens de vorm van een politiek programma aan. Bijvoorbeeld in het antisemitisme van de nationaal-socialisten, maar ook in de ideologieën van meer recente extreem-rechtse politieke groeperingen. Die programma's gaan zonder uitzondering uit van een statisch cultuurbegrip en wijzen de 'anderen' aan als oorzaken van gesignaleerde problemen.

Ook in de uitspraken die professor S.W. Couwenberg deed in het kader van de recente discussie over nieuwkomers in onze samenleving klinkt volgens mij een zelfde statisch cultuurbegrip door. Bijvoorbeeld in zijn uitspraak: *'Ik heb de vraag aan de orde gesteld hoe de eigen nationaliteit zich verhoudt tot het groeiende aantal minderheden in onze samenleving.'* Tegenstanders van nieuwkomers brengen zulke vage grootheden als 'de eigen nationaliteit' in het geweer teneinde vreemde invloeden te weren. Daarbij omschrijven ze zelden wat dat 'eigene' nu is, maar laten ze wel doorschemeren dat het in ieder geval superieur is aan 'dat andere'. Een dergelijke statische benadering van andere culturen krijgt een speciale betekenis wanneer er sprake is van machtsverschillen. Dat bewijst de geschiedenis van het kolonialisme, het Nederlandse niet uitgezonderd. Met macht kregen gekoloniseerde volkeren een westers cultuurmodel opgedrongen. Zelfs nu de meeste koloniën hun politieke maar nog zeker niet hun economische onafhankelijkheid hebben bevochten, laten we niet na hen te berispen wanneer ze ons westerse democratische model niet hebben nagevolgd. In de voormalige gekoloniseerde gebieden speelt het naar voren halen van de eigen cultuur een belangrijke rol. Men beroept zich daarbij op het recht op een eigen identiteit als een universeel recht, vastgelegd in verdragen over de rechten van de mens.

Maar ook daarbij dreigt de eigen identiteit als iets statisch te worden opgevat. Kennelijk wordt cultuur overal daar waar er van machtsongelijkheid sprake is als een statisch gegeven in de strijd geworpen. En daarbij doet zich dan het paradoxale verschijnsel voor dat dat statische cultuurbegrip zowel een rechtvaardiging voor discriminatie kan zijn als een rechtvaardiging voor de strijd daartegen. Datzelfde verschijnsel valt ook op nationaal niveau te constateren. In de spanningen tussen autochtonen en allochtonen wordt voortdurend een beroep gedaan op een al dan niet vermeende gezamenlijke afkomst, een eigen cultuur en eigen symbolen.

Maar dat beroep heeft een andere betekenis al naar gelang een groep zich in een overwichts- of in een minderheidspositie bevindt.

Wanneer de zogenaamde 'oorspronkelijke bewoners' van Europese staten in nieuwkomers een bedreiging voor hun eigen cultuurgoed zien is er alle reden hen met een term van de Engelsman Martin Barker als 'nieuwe racisten' te betitelen, hoezeer ze zichzelf ook van racisme vrij achten. Barker beschrijft hoe in Engeland het beroep op de eigen culturele tradities, zonder daarbij van superioriteit te spreken, toch allerlei discriminerende effecten heeft. Alleen al het reppen over een bedreigde nationale cultuur leidt ertoe dat nieuwkomers, die door hun huidskleur, leefwijze en maatschappelijke positie zichtbaar van de vermeende nationale norm afwijken, al gauw als vijanden worden aangewezen.

Het is deze tendens die in verschillende Europese landen heeft geleid tot de wederopkomst van extreem rechtse politieke groeperingen. In het Engeland van

Martin Barker is dat het National Front. Bij ons is het de Centrumpartij. In Denemarken wordt het thema bespeeld door Glistrup. En in de Bondsrepubliek Duitsland is de redenering terug te vinden in het zogeheten *Heidelberger Manifest* uit 1981, waarin elf hoogleraren schreven dat het Duitse volk en de Duitse cultuur alleen te redden zijn wanneer de 'vreemdelingen' vertrekken.

Een Schot in de Bosporus

Zo zitten we dus aardig in de klem. Aan de ene kant kleven er aan het zoeken naar een eigen identiteit allerlei dubieuze kanten, waarvan we er hier enkele hebben besproken. Aan de andere kant is de tentoonstelling *TOTEM, Goden, Helden, Heiligen* juist bedoeld om te laten zien hoe mensen van oudsher en in alle culturen een eigen identiteit hebben gezocht teneinde fysiek en geestelijk te kunnen overleven. Wat ik heb willen betogen is dat het zoeken naar een eigen identiteit pas dan dubieus wordt wanneer het geschiedt in de context van economische, politieke of culturele ongelijkheid. De eigen identiteit wordt dan al snel gebruikt om de uitsluiting van 'anderen' te rechtvaardigen. Daarom geldt dat de tentoonstelling alleen geslaagd mag heten wanneer ze mensen ertoe verleidt hun etnocentrische ideeën te relativeren en afstand te nemen van hun gevoelens van superioriteit.
Pas dan is het mogelijk groepsvorming en de versterking van een wij-gevoel ook als iets positiefs te zien. Bijvoorbeeld als een manier om de wisselvalligheden van de natuur tegemoet te treden middels een gemeenschappelijke mythe die achter de natuurverschijnselen goden postuleert. Wanneer voorbeelden van een dergelijk religieus wij-gevoel geplaatst worden naast voorbeelden uit technologisch hoog ontwikkelde samenlevingen, waarin mensen in een wezenlijk andere verhouding tot de natuur staan, kan dat leiden tot het inzicht dat groepsvorming veel meer is dan een manier om zich tegen andere groepen af te zetten. Groepsvorming betekent namelijk ook een gemeenschappelijk zoeken naar antwoorden op de kernvragen van het leven.
Als neveneffect van de tentoonstelling zou het bovendien prettig zijn wanneer ze bijdroeg tot enige relativering van het zoeken naar een Europese culturele eenheid, zeker wanneer dat zoeken op een statisch eurocentrisch cultuurbegrip dreigt uit te lopen. De tentoonstelling moet onderstrepen dat de Europese cultuur evenals de niet-westerse culturen dynamisch en divers is. Eén Europese cultuur? Eigenlijk kan de absurditeit van die vraag al met één blik op de kaart worden aangetoond: van de Schotse hooglanden tot de Bosporus, van Lapland tot Gibraltar – één cultuur…?

Henk Jan Gortzak (1946) werkte tot 1978 als stafmedewerker dramatische vorming en theater bij de Nederlandse Stichting voor Kunstzinnige Vorming. Was daarna hoofd van het Kindermuseum TM Junior, in welke hoedanigheid hij eindverantwoordelijk was voor de tentoonstellingen *Indianen van Latijns-Amerika*, *Er wonen een heleboel mensen in Nederland* (over Turken, Surinamers en zigeuners) en *Uit en thuis* (over Marokko, Suriname, Turkije en Nederland). Hij publiceerde en hield lezingen over het fenomeen kindermuseum in binnen- en buitenland en schreef het boek *Jere mi* over Surinaams toneel in Nederland. Sinds 1985 is hij directeur van het Tropenmuseum in Amsterdam.

183

Bart Eijgenhuijsen

Contrasten **Een essay in foto's**

Mali, 1986

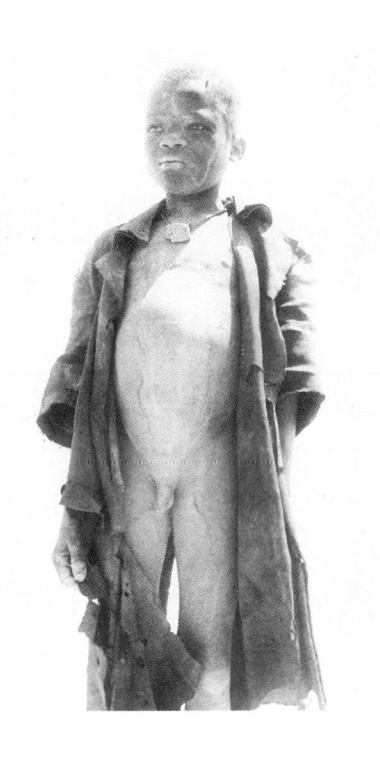

Haringpakkerssteeg, Amsterdam, 1985

Delhi, India, 1984

Halfweg, 1983

Calcutta, India, 1984

Westermarkt, Amsterdam, 1985

Bamako, Mali, 1986

Rijksmuseum Kröller-Möller, Otterlo, 1986

Calcutta, India, 1984

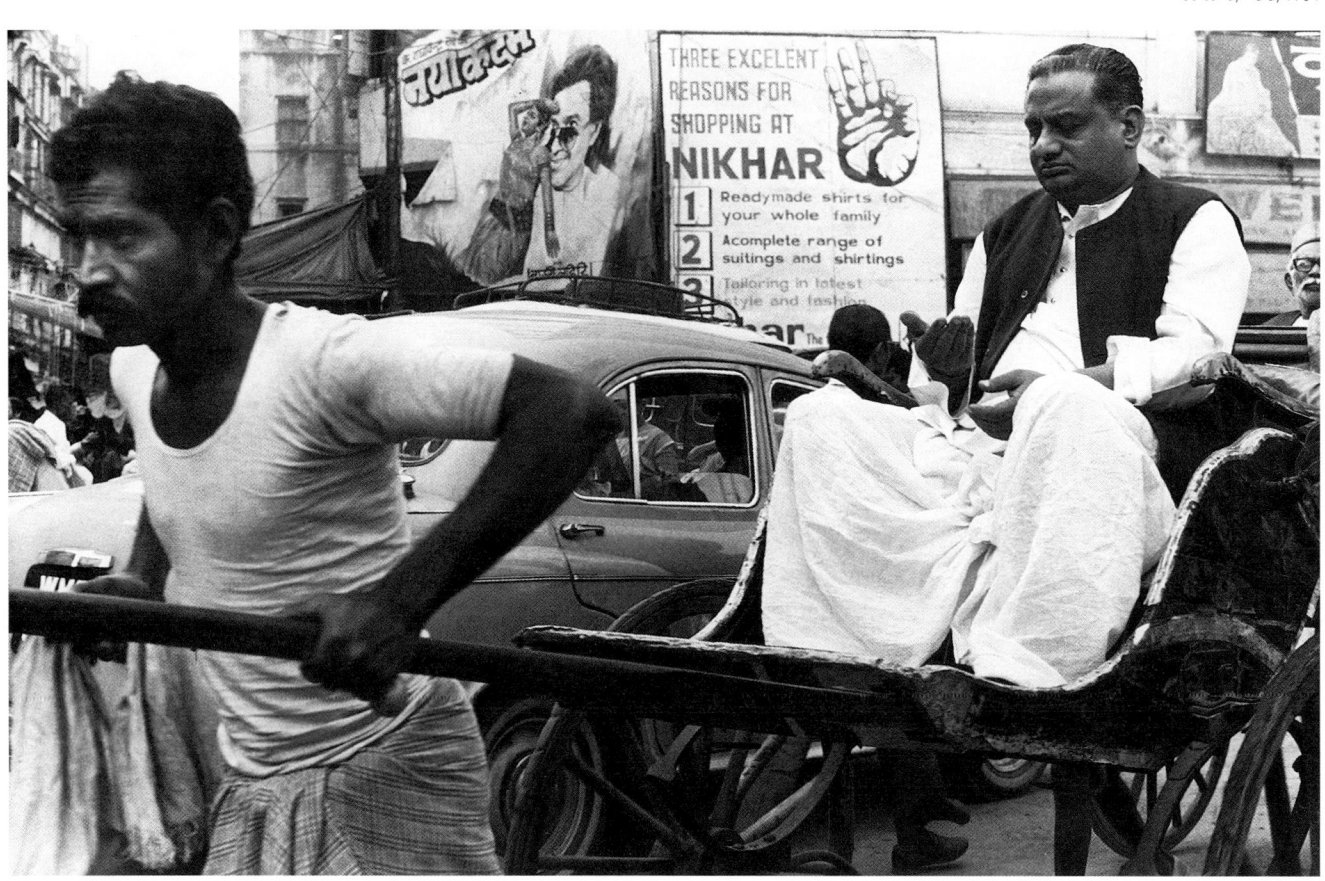

Stationsplein, Amsterdam, 1986

Santo Domingo, Dominicaanse Republiek, 1985

Lijnbaansgracht, Amsterdam, 1986

Lahore, Pakistan, 1980

Bijlmermeer, Amsterdam, 1985

Calcutta, India, 1984

Rozengracht, Amsterdam, 1986

Calcutta, India, 1984

De Bijenkorf, Amsterdam, 1986

Santo Domingo, Dominicaanse Republiek, 1985

De Dam, Amsterdam, 1984

Bart Eijgenhuijsen (1953) studeerde culturele antropologie en is momenteel fotograaf. Werkt voor de Stichting Margaret Mead die audiovisuele voorlichting geeft over de derde wereld. Hij legt zich in zijn fotografische werk toe op de vergelijking tussen de westerse industriële maatschappij en samenlevingen in de derde wereld.

Suzanne van Norden

Moederlandse geschiedenis
Over identiteit en geschiedschrijving

De eerste die mij met geschiedenis in aanraking bracht was mijn moeder.
Zij vertelde mij over haar geboorteland Indonesië. In mijn kleuterhersens verrezen oerwouden, brullende tijgers en asregens – om nooit meer helemaal te verdwijnen. Tegelijk kreeg ik het besef dat er zoiets bestond als een verleden: dingen die heel lang geleden gebeurd waren en waarnaar je kon vragen.
Heel veel jaren later werd ik historica. Mijn beeld van geschiedenis viel ondersteboven. Duidelijk werd dat 'open vragen' niet bestonden. Iedere vraag is aan het een of andere belang gebonden en bevat daarom ook al enigszins haar eigen antwoord. Als integere historici moesten we ons dus in dat belang verdiepen.
Waarom schrijven of spreken mensen hun geschiedenis? Waarvoor hebben ze een geschiedenis nodig?
Zelf vond ik dat in de geschiedschrijving nooit een lotsbestemming mocht worden uitgetekend. Geschiedschrijving moest bijdragen aan bevrijding en verandering, iets betekenen voor de onderdrukten overal in de wereld. De onderdrukten moesten de geschiedenis herschrijven en haar gebruiken als wapen in hun strijd.

Vrouwengeschiedenis

Ooit behoorde ik tot die woedende, feministische studentes die regelmatig tot acties overgingen, zoals het bezetten van de kamer van een medewerker op de universiteit. De kamer hing toevallig vol met portretten van historisch belangrijk geachte heren. Wij aarzelden niet de portretten af te dekken met grote vellen papier waarop teksten als 'geen grote-mannen-geschiedenis', 'na history nu herstory'. 'leve de moederlandse geschiedenis'. Het was de tijd dat alleen al een simpele analyse van taalgebruik voldoende was om in de bestaande geschiedschrijving seksisme aan te tonen.
Voor mij leidde het goochelen met termen tot een beetje een rare gewaarwording: ik begreep dat nu de moederlandse geschiedenis aan de beurt was – en realiseerde mij dat in mijn geval, als ik het allemaal letterlijk nam, hiermee het onderzoeksterrein niet alleen naar een ander geslacht, maar tevens naar de andere kant van de aardbol verlegd werd. Mijn moeder is namelijk een Chinese, in Indonesië geboren.
Iets te gecompliceerd voor toen, dus zette ik het een beetje uit mijn hoofd.
Maar naast de struise Brabantse boerinnen, de Amsterdamse naaisters en de rijzige grootstedelijke feministes die we als objecten voor onze research kozen, zag ik vaak in een hoekje van mijn hoofd, heel vaag, de tengere gestalte van mijn moeder – een kleine Chinese dame, glimlachend op de in het Westen als 'ondoorgrondelijk' bekend staande manier. Of: mijn oma, die ik alleen maar ken van die piepkleine, haarscherpe fotootjes – met een beheerste gezichtsuitdrukking kijkt ze in de lens, vaak gehuld in Hollandse winterjas en beide handen om een tas geklemd. En er bleef altijd een afstand tussen hen en die andere vrouwen. Ik voelde me ver van ze weg, hoe goed ik ze ook kende. Er bleef iets onbekends, iets verborgens, geheims.

Mijn oma en drie tantes, na de oorlog in Nederland

Moeders en motieven

De term 'moederlandse geschiedenis' is altijd in mijn hoofd gebleven – als een leeg schrift dat ik ooit nog eens vol zou schrijven. Ik voelde mij verward over mijn motieven. Waarom obsedeerde mijn moeders oosterse afkomst mij zo, wat had ik ermee te maken? Ik was bang voor het Zeer Verwerpelijke motief van 'interessant willen doen' – want heel lang was het beslist niet in de mode om je bezig te houden met wat nu 'etniciteit' wordt genoemd.

Toen ik klein was fantaseerde ik graag over stereotiepe Chinezen met lange vlechten en nagels, en hoopte dat een beetje van hun mysterieuze glans op een bril- en beugeldragend meisje in Amsterdam was overgegaan, een glimpje dat haar zou doen oplichten uit de oneindige massa andere grauwe kleine meisjes... Ik betreurde het dat mijn geboorteplaats niet Tsjongking was of Canton, in plaats van het doodgewone Amsterdam. Bij gebrek daaraan schepte ik nog wel eens op over het 'Cheribon' van mijn moeder, hoewel ik nooit geweten heb waar dat lag. Het ligt op Java, weet ik nu.

Ik begon mijn moeder de oren van het hoofd te vragen. Vermoedelijk deed ik dat op de normale, aan kleine kinderen eigen wijze. Nu ik zelf met kinderen woon weet ik hoe zij volwassenen kunnen bewerken met een onvermoeibaar herhalen van vaak zeer moeilijk beantwoordbare vragen. En hoe zij plezier beleven aan het herhalen van een pas geleerde formule: 'maar hoe was het daarvóór? en dáárvoor? en dáárvoor?' Ik zelf leerde vragen stellen snel af. Er was iets in mijn moeder dat verstrakte zodra Indonesië of Chinees-zijn aan de orde kwam. Ik kreeg het gevoel haar met mijn gevraag te storen en ontwikkelde een grote gevoeligheid voor de grens waarna je beter niet kon dóórvragen. De minimale gegevens leerde ik opslaan in de hersenen, waar ze hun rol speelden in steeds wisselende fantasieën. Wellicht besefte ik toen al dat het verleden niet 'onthuld' kan worden door objectief onderzoek en het gestaag opgraven van feiten. Mijn beeld werd: een chaotische lawine van brokstukken komt over mij, welke orde moet ik daarin scheppen? In mijn studie leerde ik het professionele handwerk van het historisch onderzoek. Archieven, literatuur, bronnen, fiches, hoofdstukindelingen, vraagstellingen. De vraag of een auteur wel mocht verschijnen in zijn/haar eigen historiografische tekst. En natuurlijk ook de vraag of zij of hij er wel buiten mocht blijven, veilig opgeborgen in het voorwoord.

Over mijn moeder kon ik geen kaartenbak maken, dat ging niet. Zeker niet toen ze nog leefde – beoefenaars van *oral history* zullen zich dat probleem wel voor kunnen stellen. Maar ook na haar dood, toen ze zich dus naar mijn idee voor geschiedschrijving leende, vroeg ik me af hoe ik over haar moest schrijven. Maar weer op onderzoek. Aan een mooie mythe waagde ik me niet, dat durfde ik niet. Ik wierp mij op mijn tantes, die iets minder terugdeinsden voor de directe benadering dan mijn moeder, maar bij wie desondanks duidelijk werd dat alleen een omvattend meerjarenplan van theevisites mij verder zou brengen. En dat er dan van onderzoek, in de zin van afstandelijke beschouwing, geen sprake meer zou zijn. Ik zou 'het Aziatische' via mijn tantes leren kennen door gewoon 'Aziatisch' met ze te zitten zijn, op een manier die zich tijdens de theevisites wel zou openbaren.

De Indonesische familiegeschiedenis leek nog het meest objectief reconstrueerbaar. Ik wapende mij met notitieboekjes, die vol kwamen te staan met elkaar tegensprekende uitspraken. Pas opgebouwde chronologieën stortten weer in elkaar na een volgend bezoek aan familieleden als plotseling de gezellige sfeer tot nieuwe vertrouwelijkheden had geleid – '*ach, maar weet je Suzan, dat was helemaal niet waar hoor, dat wist iedereen al lang!*'

In Indonesië stuitte ik warempel op zo'n Chinees met een hangsnor, lange nagels, een zwart petje en een wijde pyjama. Hij hing in de vorm van een halfvergane prent boven de divan van mijn oom en tante in Bandung. '*Eén van je voorvaderen!*', zei mijn oom lachend, maar hij wist ook niet meer wie en wanneer. Daarna bogen wij ons over een door hemzelf gemaakte stamboom van afschrikwekkende afmetingen. '*Mijn dochters zijn er helemaal niet in geïnteresseerd*', vertelde hij mij, aangenaam getroffen dat ik het wèl was.

Kronieken

Ooit begon ik aan een moederlandse geschiedenis – toen mijn verlangen naar een samenhangend verhaal weer eens heel sterk was.

'In het begin van de vorige eeuw leefde in China ene Gan Siong, waarover ik niets weet, behalve dat hij drie zonen en twee dochters had. Mogelijk werden zij allen geboren in Indonesië. In elk geval voorzag een van de zonen, Gan Song Liang, zich van maar liefst drie Indonesische "bijvrouwen", naast zijn eerste (Chinese) vrouw. Hoewel polygamie bij Chinezen een normaal verschijnsel was, kan ook de kinderloosheid van zijn eerste vrouw een reden zijn geweest voor deze uitgebreide dameskeuze. Op de stamboom vormen de

drie bijvrouwen het startpunt van drie enorme woekerende takkenmassa's, doorbuigend onder het gewicht van trossen Chinese namen.
De officiële vrouw van Gan Song Liang kreeg geen kind en nam er dus een aan, zoals gebruikelijk in Chinese families. Ongebruikelijker was dat ze een dochter aannam en geen zoon. Dit meisje, Gan Sim Nio genaamd en geboren in 1871, moest de familielijn voortzetten. Zij is mijn overgrootmoeder.
Ongeveer in dezelfde tijd leefde in Zuid-China mijn andere betovergrootvader, Tan Tjie Soen. Hij moet een van de vele doodarme Chinezen zijn geweest die uitkeken naar een mogelijkheid om het uitzichtloze bestaan in die streken te ontvluchten. De Chinezen die vanaf de zuidkust in alle richtingen de zee overstaken – naar Taiwan, Hawaï, Indochina, de Filippijnen, Korea, Indonesië, en van daar zelfs naar Amerika en Australië.
Zijn zoon Tan Djin Gie werd in 1871 geboren in de Portugees-Chinese havenplaats Amoy (tegenwoordig Xiamen). Hij was pas veertien jaar oud toen hij naar Indonesië trok, met waarschijnlijk weinig meer bagage dan een beperkte Chinese woordenschat en de adressen van familieleden die hem waren voorgegaan. Hij zou op Java in bliksemtempo zijn fortuin maken en daarmee de basis leggen voor een onwankelbaar Chinees geslacht. Maar misschien wankelde er al te veel in het koloniale Indië van rond de eeuwwisseling... Tan Djin Gie en Gan Sim Nio trouwden, waarschijnlijk toen Djin Gie al een stevige plaats bemachtigd had onder de aanzienlijke theeplanters van Bandung – meest Nederlanders. Ik vermoed dat Tan Djin Gie vóór alles Chinees wilde zijn. Hij wordt een confucianist van de oude stempel genoemd – de schaarse verhalen die ik over hem hoorde scheppen het beeld van een strenge self-made heerser, een eenzame patriarch, die zich alleen in zijn positie kon handhaven door onverstoorbaar vast te houden aan de oude waarden uit het verre land waar hij vandaan kwam. Om hem heen een dreigende, verschuivende wereld: een land waar westerlingen de dienst uitmaakten en de oosterlingen door ontelbare scheidslijnen en rangordes werden verdeeld; een geïsoleerde gemeenschap van geslaagde Chinezen waarbinnen men elkaar scherp in het oog hield; een enorme hoeveelheid bloedverwanten die in het gareel moest worden gehouden.'

Laat ik maar ophouden. Deze statige, zelfverzekerde schrijfstijl kon ik al gauw zelf niet meer verdragen. De taal van de kroniekschrijver die zich haar personages toeëigent, hoog boven hun aards gewriemel verheven. Opnieuw wantrouwde ik de kracht achter mijn eigen beeldvorming.
Bij toeval vond ik een andere versie, en wel van mijn moeder zelf. Haar eigen geschiedschrijving, geschreven in 1965 toen ze 47 jaar oud was. Een fragment:

'Ik ben in Cheribon (West-Java) geboren, nu 47 jaar oud en bracht mijn jeugd door in wat het dierbare Indië was (het huidige Indonesië en daarvan West- en Midden-Java).
Vanaf mijn negentiende jaar zag ik het niet terug.
Mijn moeder, zeer jong gehuwd, verloor één jaar na mijn geboorte haar man. Mijn zusje was nog niet geboren, maar zij was in verwachting van de tweede. Enkele jaren later hertrouwde zij, wij waren nog heel klein en wij wisten niet beter of mijn tweede vader was onze eigen echte vader. Ik was me dus niet bewust van enig verlies, hetzij dat later vage stemmingen wel daarop betrekking hadden. Mijn moeder kreeg met hem nog vijf kinderen.
In een gezin met zeven kinderen groeide ik op. Dit grote kindertal heeft, ook in terugblik, een grote verbondenheid opgeleverd en het idee dat we sterk stonden, vooral als er moeilijkheden waren. Ons gezin maakte in de tijden van economische depressie (omstreeks 1925) een zware periode door. Wij waren van West-Java naar Midden-Java verhuisd. Midden-Java was rijk, de suikerplantages daar bloeiden en mijn vader verdiende een hoop geld. Wij hebben het daar jarenlang heel goed gehad, tot we daarna onze levensstandaard drastisch moesten verlagen. Mijn vader werd werkloos en mijn moeder moest gaan werken om geld bij te verdienen. Het moeten zware perioden voor mijn ouders zijn geweest.
Het drong toch niet zo tot ons kinderen door, zoals waarschijnlijk altijd het geval is, er was die ondertoon van zorg, maar wij merkten het nooit (of wilden het niet merken) belangrijk aan den lijve. Wij gingen naar school, speelden met kinderen uit de buurt, hadden de tuin, de avonturen daarin en in de gemeenschap van het grote huis, de

Een modern gezin: mijn moeder en haar ouders, 1918

bedienden en buurkinderen; er waren steeds boeiende zaken die ons bezighielden.
Er ging zoveel om in de omgeving: er was een intensieve omgang met de familie van mijn vader, in het grote huis waren vaak logés. De bedienden brachten voor de kinderen ook alle levendigheid mee die ze maar interessant vinden. De bedienden woonden met hun gezin in de bijgebouwen. Het waren zeker drie of vier man. Een Javaanse vrouw is lang bij ons geweest, ook toen wij weer in Bandung terug waren. Zij ging soms maanden naar haar dessa, een geheimzinnige achtergrond. Soms kwam ze droevig terug, soms alleen blij om ons terug te zien. Er werd veel en rad met mijn moeder gepraat, het meeste begrepen we niet. Er was het leven in de grotere ruimere gemeenschap dan alleen het eigen gezin, een leven dat waarschijnlijk in alle onderontwikkelde landen gewoon is en voor kinderen heerlijk is.
Mijn moeder werkte veel en lang in atelier en winkel, de auto die we hadden moest worden afgeschaft, er waren weinig feesten meer voor mijn ouders, maar de tegenkant was dat moeder zo lekker veel thuis was. Ze had een winkel aan huis en die sfeer was zo, dat we de indruk kregen van eindeloze visites door vele dames die gezellig over van alles babbelden en ook wel eens wat kochten of lieten maken. Wij kinderen waren er nogal eens bij. Mijn moeder gaf adviezen over handwerk, bestelde de prachtigste materialen uit Holland en leerde mij allerlei. Zij had zelf les bij de nonnetjes.
Naast het grote huis hadden we de natuur, die zo toegankelijk is in de tropische steden (trouwens voor kinderen is de natuur een onuitputtelijk terein om naar uit te wijken), de rivier waar ik eindeloos zwierf, het inlandse dorp waar we gingen kijken naar feesten of tussen de huizen zwierven, de grote tuin, de ruimte, de vrijheid, de heerlijke stilte in het middaguur waarin de grote mensen sliepen en wij eigenlijk ook in bed hoorden te liggen, maar meestal stilletjes eruit kropen en in de tuin rondhingen of de kampong ingingen.'

Herinneringen aan een kinderleven waarin vrouwen de hoofdrollen spelen. Wat mij misschien nog het meeste treft is dat mijn moeder zich hier aan de geschiedschrijving heeft gezet – met welk doel? aan wie heeft zij zich op deze manier willen presenteren? wat moest het verhelderen of ondersteunen?
Zelf bestempelt ze haar beschrijving streng en simpel als 'nostalgisch':

'Ik zou in de nostalgische beschrijving nog wel veel verder kunnen gaan, maar u er niet verder mee vervelen. (...) De nostalgie is een gevaarlijk ding.'

Blijven voor mij de vragen: Is dit het verhaal dat ik als kind had willen horen? En wat is het verhaal dat ik nú wil horen? Gaat het om mijn moeder? Gaat het om het Indische, Chinese, oosterse? Is dat het wat tussen haar en de moeders van mijn Nederlandse vriendinnen en vrienden in staat, of tussen haar en mij, of tussen mij en mijn Nederlandse vrienden en vriendinnen? Moet de moederlandse geschiedenis mij steunpunten geven voor mijn 'identiteit'?

Identiteiten

Identiteit. Een begrip dat nog het best kan worden uitgedrukt met het zinnetje 'dit ben ik'. Daarbij een zelfbewuste, knipperloze blik, eventueel nog de handen in de zij – een houding waarnaar men in de meeste Aziatische landen vergeefs zal zoeken. Iets begerenswaardig?
In de omgangstaal is identiteit overwegend iets dat men moet vaststellen, zoeken, zich verwerven, iets dat men kwijt kan raken of waarmee men in crisis kan verkeren. Meestal gaat het om de 'eigen' identiteit van een persoon of zelfs van een groep of instelling. Een identiteit op zich is niets, zij moet met van alles ingevuld worden, en dan liefst op geheel eigen wijze. Tenslotte vertelt het woordenboek over het begrip: 'volkomen overeenstemming' of 'eenheid van wezen'. Het willen samenvallen met iets? Wil iedereen soms graag met iets samenvallen?

Er zijn zeer veel identiteiten denkbaar. Laten we het hier even over de etnische hebben. Niet zo lang geleden werd mij zonder waarschuwing een microfoon onder de neus geduwd met de vraag: *'Ben jij Indisch?'* Ik schrok vreselijk en kon alleen iets onverstaanbaars mompelen. Later bleek men van de uiteenlopende antwoorden een collage-bandje te hebben gemaakt. Waarop ik dus niet heb uitgeblonken als iemand met een duidelijke etnische identiteit.

Ik kan een lange reeks gebeurtenissen opsommen waarin ik voor een keus gesteld werd tussen westers of oosters, Nederlands of... Vaker nog maakten anderen die keus voor míj: *'Waar ben je geboren? Niet in Nederland, hè?' 'You look like Chinese'*, kreeg ik op mijn reis in China bijna dagelijks te horen, waarna dan lange explicaties volgden en vaak ongemakkelijk makende juichkreten van Chinese zijde als mijn etnische componenten naar hun idee bevredigend waren vastgesteld. Als ik op school les gaf over Indonesië vroegen de kinderen: *'Vieren ze bij jullie ook kerstmis?'* Een Indonesisch uitziende man die ik op straat tegenkwam, vroeg mij: *'Selamat, heb je wat geld voor mij? Ik durf het echt niet aan Hollanders te vragen.'* De vreemdste ervaring was wel dat ik in mijn eentje onopgemerkt door Peking kon wandelen.

Kan een etnische identiteit door dit soort ervaringen tot stand komen? Ik denk van niet. Alleen de blik van anderen is niet voldoende. Bij een identiteit hoort een geschiedenis. En opnieuw rijst de vraag: hoe 'werkelijk' is die geschiedenis? Freud bedacht voor de fantasie over de eigen herkomst de term 'familieroman' en veronderstelde dat die in de ontwikkeling van elk individu een rol speelt. Iemand stelt zich een andere verhouding tot de eigen ouders voor, denkt bijvoorbeeld een vondeling te zijn of anderszins niet het echte kind van beide of van een van beide ouders. Ooit, zo fantaseert hij of zij, zal de ware, liefst koninklijke, maar in ieder geval bijzondere herkomst worden onthuld. In de psychologische verklaring zijn zulke fantasieën pogingen om het vroegere, en nu pijnlijk tanende, ideaalbeeld van de ouders te behouden.

Kan ook mijn moederlandse geschiedenis worden gelezen als een familieroman? Ik heb nooit gedacht dat mijn ouders niet mijn echte ouders waren. Wel dat er andere wortels waren dan mij altijd was verteld, veel mooiere, interessantere, ver voorbij het ontwijkende gepraat van vooral mijn moeder. Etniciteit zou in de familieroman een cruciale rol kunnen spelen, afhankelijk van hoe 'etnisch' ouders zich presenteren in de beleving van hun kind.

Misschien zoek ik alleen mijn moeder, via het oosterse. En wil ik, via hetzelfde, weer afstand van haar nemen.

Plotseling ben ik bang dat dit de tegenstrijdige antwoorden zijn op de vragen die ik mijzelf steeds stel...

Plukken uit dagboeken

Uit het dagboek van mijn moeder, 20 augustus 1937:

'Ik ben op weg naar een nieuw leven. De "Sibajak" klieft de golven, begeeft zich vastberaden naar z'n doel: Holland. En voert met zich een klein meisje, klein van binnen en zo hunkerend naar liefde. (...) Nu weet ik dat Europa me iets zal geven, al verwacht ik niet dat ik per slot iets moois zal meenemen terug naar Indië.'

Bijna een maand later:

'Een week ben ik nu in Holland, en moe ben ik, erg moe van steeds maar weer nieuwe dingen en niets vertrouwds. Ik moet alles nog verwerken, 't stapelt zich op in m'n hoofd,

Een Hollands uitstapje

ik onthou niets meer. Van m'n reis heb ik nog niets opgeschreven, ik kon 't ook niet, voordat ik bekwam van 't ene was 't andere er weer om je aandacht te trekken, om van te genieten. Overweldigende indrukken heeft de reis me gegeven, o, wat is de wereld mooi, ik heb me nooit een goed idee ervan kunnen vormen.'

En na nog een week:

'Indië, wat verlang ik ernaar, mijn eigen land, mijn thuis. Holland, ach Holland, ik zal er nooit aarden. 't Kleine, bekrompene. De vele, vele mensen. Ik ga me weer opsluiten, onzeker voelen, en dat mag niet. Moet ik niet juist goed weten wat ik wil en daaraan vasthouden?'

Bijna twintig jaar later schrijft ze in haar levensverhaal:

'Geen dringende stemmen roepen mij meer naar Indonesië, bovendien heb ik hier mijn man en beide kinderen.
Misschien is er toch ook wel meer dat mij weerhoudt, namelijk de confrontatie met een zeer dierbaar verleden, waar men het liefst maar niet meer van wil onderzoeken wàt realiteit is en wàt ongemerkt door de glans van de idealisering is omvangen.
Du Perron zocht voor de oorlog in een reis van drie maanden met zijn Jane het Indië van zijn jeugd weer op. Voor zover ik me het herinner is dat weerzien een desillusie geworden, al heeft het hem niet afgehouden van een diepe interesse voor de verdere toekomst van het land van herkomst. Ik heb zulke visies niet waar ik mij na een eventuele teleurstelling op zou terug kunnen trekken en waag het misschien daarom ook niet mij te confronteren met het paradijs van mijn kindsheid.'

En de enige keer dat ze, na dertig jaar, weer in Indonesië kwam:

'Een stemming van: ik heb Indonesië al gezien, het is er te druk, het eten is vies, de mensen lelijk, wat heb ik er te maken.'

Uitspraken die iets vertellen over de verhouding tot een ooit verlaten land. Het begrip 'identiteit' lijkt er nauwelijks op van toepassing. Zoekend in de geschriften van mijn moeder naar referenties aan het Chinees-zijn in Nederland voel ik me een beetje belachelijk. Alsof ik haar een probleem opdring. Mijn oog valt op een verslag van een feest in 1937 van de AVSV, de vereniging van meisjesstudenten waar ze lid van was:

'Mijn speech die ik hield als enig Chineesch lid van de AVSV sloeg in, alleen was ik razend zenuwachtig. Daarna dansten we en om half drie was de fuif afgelopen, een fuif zonder onaangename herinneringen, een knalfuif.'

Mij bekruipt grote nieuwsgierigheid: waar zou die speech 'als enig Chineesch lid van de AVSV' over zijn gegaan? Latere aantekeningen maken duidelijk dat mijn moeder zich Nederlands voelde, of wilde voelen.

'Ik stelde mij voor dat ik meedeed aan een menuet in een balzaal uit de Rococo-tijd in oud-Europeesche klederdracht – en plotseling in het midden – als wel vaker – de schrik kreeg dat ik geen Europeesche was en de kleren op mij altijd moesten staan alsof ik mij verkleed had. "Ik heb nu eenmaal niet dezelfde geschiedenis", "wat moet ik ermee aan?" Wel eens gedacht dat ik dit overwonnen had, achteraf zie ik hoezeer dit vraagstuk mij nog bezighoudt. Had het wsch. weggedrongen. Vind het zelf niet ernstig – het is een kwestie van tijd hebben om dit bij te werken. Interesseer mij bovendien niet erg ervoor. Wat is er voor Chineesche literatuur en muziek, handwerk daargelaten? Identificeer mij zoodanig Europeesch dat ik van Chineezen als ik ze tegenkom zou kunnen zeggen: daar lopen vreemdelingen.'

Op de dam, 1937/1938

In haar terugblik:

'Op elfjarige leeftijd was ik dus in een internaat. Tussen Hollandse meisjes. Geen enkel Chinees meisje zou daar ooit geplaatst worden om de ouders. Men vermengde zich niet. Ik realiseerde mij dat pas veel later – zo lang kun je het besef van een situatie uitstellen! Ik wist niet dat ik een Chinees meisje was, bewust althans niet, en mijn ouders deden aan die ontkenning mee en vonden mij "niet anders dan de Hollandse meisjes".'

Als professioneel historica ben ik mij bewust van de gevaren van dit 'citaten plukken'. In een wetenschappelijk verantwoorde biografie zouden deze dagboekfragmenten ernstig gewogen en naar waarde geschat moeten worden. Ik zoek opnieuw – alsof ik in een kast vol oude spulletjes rommel – naar een citaat dat mijn moeder in mijn ogen ècht typeert. En vind het volgende:

'Mijn vriendin en ik zullen goede dokters worden, en als we dat bereikt hebben zullen we nog onbevredigd zijn, ik zeker. Ben ik daarbij gelukkig getrouwd dan zal ik nòg naar meer verlangen en nooit zal 't goed zijn, want deze onverzadiglijke begeerte is de essence van mijn karakter, die niet versmaadt of opzij werpt wat ze krijgt, maar 't toch meteen als basis heeft gesteld van 't bereiken van een nog hooger doel. Tot ik dood ben. Ik zal nooit lang gelukkig zijn.' (5 oktober 1938)

Verscheurd, gespleten of verdrongen

In een aantal recent verschenen boeken over de tweede generatie-problematiek is mij opgevallen dat de niet-westerse achtergrond vaak wordt beschreven als het verdrongene, het verbodene, het onbewuste. Het lijkt een simpel psychoanalytisch schemaatje: het dierlijke, oorspronkelijke in ons wordt door fatsoen, moraal en verstand verdrongen. Of in meer maatschappelijke termen: de niet-westerse component staat voor het wilde, primitieve, vurige, mythische, onderdrukt en bedwongen door het koele, westerse rationalisme en pragmatisme.
Marion Bloem splitst de hoofdpersoon van haar boek *Geen gewoon Indisch meisje* in tweeën: Zon en Sonja. Welgekozen namen: Zon is het verdrongen, verboden Indische, Sonja het aangepaste Nederlandse. Het verhaal getuigt van een geslaagde therapie: het verdrongene komt eindelijk aan de oppervlakte in al haar ongeremde schoonheid, maar legt het tenslotte af tegen het nuchtere, realistisch ingestelde zusje, dat daarna versterkt uit de strijd herrijst. Zon is in dit verhaal een hartveroverende, warme persoonlijkheid.
Twee andere schrijfsters met een Aziatische achtergrond treden hun alter-ego's bepaald minder welwillend tegemoet. Jill Stolk beschrijft in haar boek *Scherven van smaragd* hoe ze tijdens een optocht met een janplezier haar haat jegens twee Indische meisjes voelt groeien:

'Ik zie twee kleine Indische meisjes, hand in hand, die voorzichtig meerennen, dan weer snelwandelen, en elkaar meetrekken als ze te ver van de stoet af dreigen te raken.
Ze hebben geen plezier, dat zie je zo. De bedeesdheid straalt van ze af. Wat hebben die twee meisjes. In plaats van zich uit te leven op een moment dat het mag, lopen ze over van bedeesdheid en laten de kans voorbijgaan om nu eens in een horde schreeuwende, rennende scholieren mede de beest uit te hangen.
En ik heb me de vraag nog niet gesteld of ik weet al in welke richting ik moet denken. Hun bedeesdheid houdt verband met hun Indisch zijn, maar hoe het precies zit weet ik niet.'
Maar ik moet steeds naar ze kijken, zoals ze daar proberen mee te doen. Meedoen kunnen ze niet, maar achterblijven willen ze ook niet. Dat is ongepast of onbeleefd en je valt zo op.
En opvallen mag ook al niet. Waarom niet? Omdat ze toch al opvallen door hun uiterlijk?

Zou dat het zijn? (...) "Ga dan zitten, stel trutten, als je niet mee wilt doen", voeg ik ze in gedachten toe. "Laat je niet wijsmaken dat bedeesd beter is dan brutaal, stel onderkruipsels." (...)
De leraren zullen hun wel lieverdjes vinden. Ze doen nooit ongevraagd hun mond open. Nooit een grote bek. Nooit het huiswerk ongedaan. Nooit het verkeerde boek bij zich. Nooit is hun pen leeg. Nooit spieken zij. Nooit vreten ze hun brood voor de pauze op. Nooit zal de leraar hun anders dan vriendelijk en zachtaardig bejegenen. (...)
Wat hebben hun ouders met deze kinderen gedaan dat ze zo zijn? Zó zijn? Hoe zijn? Ze zijn zo teneergeslagen, zo overbeleefd en onzeker. Ze voelen zich zo misplaatst en ongemakkelijk. Dat hebben deze kleine kinderen toch niet zelf bedacht. Nee, daar zit wat achter. Ik denk de invloed van de ouders, maar precies weet ik het niet. Ik zie alleen het resultaat en het ergert me. Verdomd, het ergert me. Laat ik maar toegeven.
Luister dan niet naar je ouders! voeg ik ze in gedachten toe. Laat hun gefrustreerde gewauwel je er niet onder krijgen. Wil je de rest van je leven verpesten door eerst te kijken naar wat de omgeving wil en dan zonder vreugde of overtuiging die handelingen te verrichten of na te laten die je het minst doen opvallen? Wil je dat? (...) Stik dan, onderkruipers. Jullie en je ouders. Als het zo uitkomt kun je van mijn nog een trap nakrijgen, stelletje meegaande lafaards.'

Maxine Hong Kingston trekt in haar boek *De krijgsheldin* – een prachtig voorbeeld van mythische geschiedschrijving – ruim tien bladzijden uit om haar haat jegens een nogal zwijgzame Chinese klasgenote te beschrijven. Een fragment:

'Ik haatte het jongste, het zwijgzame zusje. Ik haatte haar als ze het laatst werd uitgekozen bij haar team en ik het laatst bij mijn team. Ik haatte haar om de manier waarop haar haar was geknipt, als bij een Chinese pop. (...)
Ik keek in haar gezicht om het van dichtbij te haten. Ze had zwart ponyhaar en haar wangen waren roze en wit. Ze was baby-zacht. Ik had het idee dat ik mijn duim op haar neus zou kunnen zetten en die zonder weerstand naar binnen zou kunnen drukken, dat ik een deuk in haar gezicht zou kunnen maken. Ik kon kuiltjes in haar wangen prikken. Ik kon haar gezicht kneden als deeg. Ze bleef staan en ik wilde niet meer naar haar gezicht kijken; ik had een hekel aan breekbaarheid. Ik liep om haar heen en nam haar van top tot teen op, zoals de Mexicaanse meisjes en de negermeisjes deden, zo bikkelhard. Ik haatte haar slappe nek, die haar hoofd niet omhoog hield maar het liet hangen; haar hoofd viel telkens naar achteren. Ik staarde naar de ronding van haar nek. Ik wilde dat ik kon zien hoe mijn eigen nek er van achteren en opzij uitzag. Ik hoopte dat hij niet op de hare leek. Ik wilde een stevige nek. Ik liet mijn haar groeien om hem te verbergen voor het geval het een bloemstengelnek was. Ik liep terug en ging voor haar staan om haar gezicht nog een potje te haten. Ik stak mijn hand uit en pakte het dikke gedeelte van haar wang, geen deeg maar vlees, tussen mijn duim en mijn vinger. "Zeg iets", zei ik. "Ga je nu iets zeggen?" Haar vel was vlezig, net inktvis waar de glasachtige beensprieten uit waren getrokken. Ik wilde stevig vel hebben, hard bruin vel. Ik had eelt op mijn handen; ik had in de aarde gekrabbeld om mijn nagels zwart te maken, die ik recht afknipte om stompe vingers te krijgen. Ik kneep in haar gezicht. "Zeg iets." Toen ik losliet schoot het roze terug in mijn witte duimafdruk op haar vel. Ik ging opzij van haar staan. "Praten!" schreeuwde ik tegen de zijkant van haar hoofd. Haar steile haar zat net zoals het al die jaren had gezeten, zonder krulletjes of vlechten en permanent. Ik kneep in haar andere wang. "Nou? En? Zeg je nog eens wat?" Ze probeerde haar hoofd te schudden, maar ik had haar gezicht beet. Ze had geen spieren om zich los te rukken. Het was net alsof haar huid meerekte. Vol afschuw liet ik los.'

De breuk

Identiteiten zijn misschien 'behuizingen'. Een kleine beeldspraak dan maar. Wie uit zijn huis barst staat op straat, maar kan dan wel het te kleine huis beter beschouwen dan toen hij er nog in woonde. *'In dat huis kan ik niet leven!'*, stampvoet de dakloze, *'het past bovendien niet bij mij!'* En dan begint de reis, op

Raden Adjeng Kartini (1879-1904)

zoek naar nieuwe vestigingsmogelijkheden.
Ik denk na over zo'n breuk met de oude situatie. Hij staat centraal in de geschiedenis van vrouwen: vrouwen zijn wel of niet tevreden met hun vrouwelijkheid. Soms zochten zij een nieuwe behuizing – in het mannenhuis komen wonen? of samen een nieuw huis?
Mijn moeder zette alles op alles om naar Nederland te komen, weg uit Indonesië, een nieuwe behuizing. Ze schrijft:

'**Door mijn aanraking met de Nederlandse maatschappij – door mijn lectuur, door de kranten die we lazen – kwam Nederland als land waar ik een stuk ontwikkeling wilde meemaken steeds meer in zicht. Dit stuitte nogal op verzet in mijn moeders familie, zeer conservatief als die was. Jongens gingen studeren – meisjes werden voor het huwelijk klaargemaakt en konden voor hun twintigste een goede partij hebben gevonden.
Ik voelde niets voor een brave huishoudelijke vervolmaking (omdat daar niets anders aan vastzat dan in een ander huis met een man, die zich nog presenteren moest, dat te doen wat ik van mijn moeder zag), om mij op die taak voor te bereiden. Mijn idee van huwelijk en volwassenheid was anders, niet bepaald scherp geformuleerd maar wel vast in mij verankerd. Ik wilde nog veel uitgaan, veel zien, vrij zijn en een eigen keus van man doen. Mijn grootmoeder, die heel veel had in te brengen, schudde haar grijze hoofdje bezorgd als ze mij zo hoorde betogen, maar was te zeer dol op ons om nee te zeggen toen ik haar dringend vroeg toch naar Holland te mogen. Ik zou echt afstuderen, riep ik, maar dat bedoelde ze niet, ze hoopte alleen maar dat ik na een periode van uitgaan en niets doen me gemakkelijker zou schikken in mijn huwelijkstaak. (...) Het kostte mijn grootmoeder dus wat om mij naar Holland te laten gaan; wij hadden geen geld, zij betaalde het en van haar heb ik mijn hele studietijd die door de oorlog acht jaar duurde bekostigd gekregen, een formidabele prestatie, waar het ging om bijdragen aan iets dat zij geheel niet begrijpen kon.**'

De aanraking met het Westen betekende voor veel mensen in niet-westerse landen een onherstelbare breuk met wat ik maar even 'hun eigen cultuur' noem. De vraag hoe zoiets kon gebeuren fascineert me al lang. Tot nu toe kreeg ik de indruk dat we de schuld moeten geven aan de in dit opzicht 'verwoestende' lectuur, de Europese literatuur, die de begeerte naar iets nieuws opriep, ongeveer zoals de 'slechte romans' in de negentiende eeuw het virus van de nieuwerwetse romantische liefde in Europa verspreidden.
Luister naar Kartini, de bekende Indonesische vrouwenvoorvechtster, in brieven uit 1899 aan een Nederlandse vriendin, brieven waarin ze haar tevens bedankt voor de toezending van de emancipatieroman *Hilda van Suylenburg:*

'**Ik heb zóó verlangd kennis te maken met een "modern meisje", het fiere, zelfstandige meisje dat zoo ten volle mijne sympathie heeft, dat met vluggen, flinken tred haar weg door 't leven gaat, vroolijk en opgeruimd, vol geestdrift en een warm gevoel, arbeidend niet voor eigen heil en geluk alleen, doch ook zich gevend aan de groote Maatschappij, werkend tot het heil van vele medemenschen. Ik gloei van geestdrift voor den nieuwen tijd, en ja, ik kan wel zeggen, dat wat denken en voelen betreft, ik den Indischen tijd niet meeleef doch geheel die mijner vooruitstrevende blanke zusters in het verre Westen. En als de wetten van mijn land zulks zouden toelaten, zou ik niets liever willen en doen, dan me geheel te geven aan het werken en streven van de nieuwe Vrouw in Europa. Eeuwen-oude tradities echter, die niet zoomaar af te breken zijn, houden ons in haar stevige armen gekluisterd. Eens ja, zullen die armen ons loslaten, maar die tijd ligt nog verre van ons, zoo eindeloos ver! Hij zal komen, dat weet ik, doch eerst drie, vier geslachten na ons. O! U weet niet wat 't is den jongen, den nieuwen tijd, uw tijd, lief te hebben met hart en ziel, terwijl je nog aan handen en voeten gebonden, vastgeketend bent aan de wetten, de gebruiken en gewoonten van je land, waaraan 't niet mogelijk is te ontkomen.
O, zeker Stella, kan ik mijn ouders nooit genoeg dankbaar zijn voor de vrije opvoeding,**

Kartini-school in Buitenzorg, Bogor, West-Java, omstreeks 1920

die zij mij gaven. Liever mijn hele leven strijd en moeilijkheden, dan niet gekend te hebben, al wat door mijne Europeesche opvoeding mijn leven vult. Ik weet, dat véél, véél strijd mij wacht, doch ik zie onbevreesd de toekomst in. Terug naar mijn oude omgeving kan ik niet, verder de nieuwe ingaan ook niet, nog duizenden koorden ketenen mij aan mijn oude wereld vast.'

En Sjahrir, een vooraanstaande figuur uit de Indonesische onafhankelijkheidsstrijd, schrijft in 1936 in zijn dagboek:

'Het Westen betekent voor mij het bruisende, voortdringende leven, het dynamische. We willen het leven, dit aardse leven, tot het hoogste goed en mooiste doel maken, dat is wat het Westen ons heeft geleerd, en daarom houd ik van het Westen, ondanks zijn bruutheid, ondanks zijn grofheid. Want die bruutheid en grofheid, als begeleidende verschijnselen van de winstzucht, neem ik op de koop toe bij dit nieuwe levensbesef, dat het ons geleerd heeft. Zèlfs het kapitalisme aanvaard ik daarbij als beter dan de hooggeroemde oosterse wijsheid en religie. Want precies die zo hooggeroemde wijsheid en religie maakten dat wij niet begrepen, dat wij tot het laagste gezonken zijn, waartoe een mens kan vallen: tot de slavernij, tot de eeuwige onderwerping. Wat wij in het Westen bewonderen en liefhebben is die onverwoestbare vitaliteit, die liefde tot en begeerte naar het leven, naar de vervolmaking van het leven. Iedere levenskrachtige jongeman en jonge vrouw hier in het Oosten moet zich dáárom richten naar het Westen, want alleen van het Westen kan hij of zij leren om zich een krachtcentrum te voelen, in staat en bereid om de wereld te veranderen, te beheersen.
Dit Oosten moet dus Westen worden in die zin dat het tot een even grote vitaliteit, een even groot dynamisch besef moet komen als het Westen. Faust moet zich ook in de oosterse mens openbaren. En dat is al bezig te geschieden. (...)
Dit betekent echter helemaal niet, dat ik het Westen, zoals het nu is, idealiseer. Ik ken de hele voosheid en rotheid, als kapitalistische wereld en beschaving ook, maar desondanks meen ik toch in staat te zijn dat alles, in vergelijking met wat men gewoonlijk onder het "Oosten" verstaat, te waarderen. Te waarderen om zijn veerkracht, zijn strijdbaarheid, zijn rationaliteit. Alleen rationaliteit is in staat deze wereld te beheersen. Geen kosmisch leven, maar mensenleven, de verhoging, verdieping, vermooiing van de mens als soort!'

Deze voorbeelden van hoe de westerse ideologie verwelkomd wordt als bevrijding uit de ketenen van traditie en voorbestemdheid klinken misschien wat vreemd in deze tijd waarin men algemeen spreekt over 'westerse ideologische overheersing', over de onderdrukking van het cultureel 'andere', over etno- en eurocentrisme. Het Westen kritiseert tegenwoordig zijn eigen vooruitgangsideologie. Niet-westerse culturen worden steeds meer beschouwd als in zichzelf rustende, volmaakte systemen waar men beslist niet aan mag komen. Geen breuk erin. Faust stuurt alles in het honderd, daarginds!

Een Chinese geboorte

Terug naar de identiteitsvragen. Ik ben met mijn bespiegelingen uiteindelijk aangeland in een spanningsveld dat in de vrouwenbeweging maar al te bekend is. De cruciale vraag of men als vrouw wordt geboren of tot vrouw wordt gemaakt, heeft geleid tot allerlei dilemma's en politieke conflicten. Als vrouwelijkheid een 'strategische maatschappelijke constructie' is, zoals velen beweren, moet die dan voortdurend worden afgebroken, of moeten we zelf een nieuwe vrouwelijkheidsconstructie maken, en waarom dan, en trappen we dan niet opnieuw in de oude valkuilen?
In het hedendaagse streven naar bewustwording van de eigen etniciteit tekent zich een zelfde paradox af: het stellen van de etnische identiteit werkt beurtelings

knellend en bevrijdend, men wil die identiteit nu eens 'vinden', dan weer 'behouden', dan weer 'kwijtraken', al naar gelang het strategische doel. *'First, you must forget that I am black. Second, you must never forget that I am black'* is ook hier het verwarrende devies geworden. Verwarrend als die paradox zich voordoet in discussies tùssen mensen, maar niet minder binnen één persoon. Ik verwijs naar de getuigenissen van mijn moeder en van de anderen in dit verhaal.

Net als in het geval van het vrouwenvraagstuk is bovengenoemde paradox gebonden aan fysieke, 'biologische' gegevens: een meer of minder opvallend uiterlijk, een huidskleur, een haarkleur, een lichaamsbouw. Ooit werden ze zonder veel problemen tot de 'raskenmerken' gerekend – tegenwoordig houdt alleen het begrip 'ras' al bijna het verwerpelijke standpunt in dat men is zoals men wordt geboren. In een poging de aandacht van het lichaam af te leiden in de richting van cultuur, werd het begrip 'etniciteit' ingevoerd. Mensen leven met hun lichamen in verschillende betekenissystemen, in verschillende culturen. En, lijkt het begrip te zeggen, ze kunnen daar ook uit- of instappen, of er veranderingen in aanbrengen. Soms ziet 'het etnische' er beweeglijker uit dan 'het vrouwelijke' – alsof een moederinstinct hardnekkiger is dan, pakweg, een oosterse ondoorgrondelijkheid. Maar in beide identiteitskwesties blijft de vraag: hoe groot is onze bewegingsvrijheid? hoe vrij zijn wij om onszelf te denken?

Moederlandse geschiedenis

En de geschiedenis? Mijn lege schrift? Moet ik mijn eigen voorouders kiezen? De voorouders die het best bij mij passen? Kan ik zo maar een verhaal verzinnen dat vervolgens mijn 'ware herinnering' wordt, waarmee ik mij een cultuur toeëigen, een identiteit? Ik citeer de Franse historica Régine Robin:

'Je identiteit terugvinden, dat is in de eerste plaats een lichaam terugvinden, een verleden, een geschiedenis, een geografie, tijdstippen en plaatsen, namen ook. Eigennamen, namen van steden, van dorpen, van vlakten, namen van rivieren, veel rivieren. Een naam geven.'

Een naam geven. Een huis zoeken.
In een praatgroepje van Aziatische vrouwen schaarden wij ons ooit om stapels vergeelde foto's, waarop tropische taferelen, die wij allen bleken te bezitten. Daarna wisselden we recepten uit, verbaasden ons over het feit dat ieder van ons wel eens een Fles in een wc had zien staan, vertelden elkaar wat onze ouders altijd wel en niet vertelden.
Toen gebeurde er lange tijd niets. Na een korte poging tot gezamenlijke geschiedschrijving braken we het groepje op. Ieder van ons koos, zwijgend, de eigen voorouders. Naar goed oosterse traditie bewezen we die ook eer, hetzij door hun etniciteit tot hoofdmotief voor politieke actie te maken, hetzij door die etniciteit vrijwel geheel te ontkennen.

Mijn 'moederlandse geschiedenis' is geloof ik dit bespiegelende verhaal met al die brokstukjes van mijn moeder erin. Misschien ben ik een zwerfkei?
Of een feestpakket? Welke voorouders heeft een zwerfkei?

Suzanne van Norden (1954) studeerde geschiedenis aan de Universiteit van Amsterdam. Was daarna werkzaam in het onderwijs. Maakte als medewerkster van het Komitee Indonesië lesmateriaal over Indonesië. Maakt momenteel 'anti-racistisch' lesmateriaal voor de basisschool.

Leonel Brug

De primitieve westerling

Freuds onderschatting van de voorouderverering

Feitelijke en psychische realiteit

Toen Sigmund Freud, de grondlegger van de psychoanalyse, in 1913 zijn werk *Totem en taboe* publiceerde, dacht men in Europa dat cultuur de hoogste vorm van beschaving was. De Europese volkeren, die zichzelf op de hoogste treden van de menselijke ontwikkeling waanden, noemden zich als vanzelfsprekend 'cultuurvolken'. Op de onderste treden, vrij dicht bij de dieren, plaatsten zij de 'wilden': de volkeren zonder cultuur, die daarom 'natuurvolken' of 'primitieven' werden genoemd. Tegen de achtergrond van deze opvattingen maakte Freud in *Totem en taboe* een vergelijking tussen de psychologie van de zogenaamde natuurvolken en de psychologie van de westerse neuroticus.

Volgens Freud zijn neurotici mensen die bijvoorbeeld lijden aan irreële angsten voor bepaalde objecten en situaties, of aan dwangmatig denken en dwangmatig handelen. Hij meent dat dergelijke verschijnselen overeenkomsten vertonen met wat men bij natuurvolken aantreft. In beide gevallen is er sprake van kinderlijke houdingen en kinderlijke wijzen van denken en voelen.

Bij de vergelijking van neurotici met zogenaamde primitieven gaat Freud uit van het onderscheid tussen feitelijke en psychische realiteit. Onder de feitelijke realiteit verstaat hij de werkelijkheid die onafhankelijk van de menselijke geest bestaat. De psychische realiteit wordt daarentegen juist door die menselijke geest voortgebracht. Zowel de objecten waar neurotici zo bang voor zijn als de geesten, demonen en bezielde voorwerpen die voor natuurvolken zo belangrijk zijn, rekent Freud tot de psychische realiteit.

Volgens Freud gaan neurotici zowel als primitieven met de psychische realiteit om alsof het een feitelijke realiteit is. Net als kinderen verwarren ze fantasie met werkelijkheid. Hun angsten komen voort uit hun fantasieën over bepaalde situaties of objecten. Zo kan een neuroticus bijvoorbeeld doodsangsten uitstaan bij de gedachte een konijnenvel te moeten aanraken. En zo durft een lid van een natuurvolk niet de naam van een dode uit te spreken uit angst dat de geest van de dode terug zal keren om kwaad te doen.

In de tijd dat Freud zijn psychoanalyse ontwikkelde ging men er in het Westen vrij algemeen van uit dat de feitelijke realiteit van veel groter belang was dan de psychische realiteit. Die gedachte werd ondersteund door het geweldige succes van de westerse wetenschap en techniek, die immers gebaseerd waren op het idee dat er maar één objectieve werkelijkheid bestond. Mede op grond hiervan nam men in het Westen een superieure houding aan tegenover de denkwijze van niet-westerse volken.

Inmiddels is men ook in het Westen gaan inzien dat feitelijke en psychische realiteit niet zo gemakkelijk gescheiden kunnen worden. Men is tot de conclusie gekomen dat wat men als de realiteit ervaart mede bepaald wordt door de manier van denken. De zogenaamde objectieve werkelijkheid, die het object van de wetenschap vormt, is volgens deze redenering slechts een van de vele mogelijke

Bisjpalen worden gesneden uit de lange plankwortels van de mangrove, een boomsoort die groeit in moerassige kustgebieden in de tropen. Een van de waaiervormige plankwortels wordt met open snijwerk versierd en vormt de beeltenis van een mens. De palen spelen een rol bij ceremoniën die verband houden met koppensnellen, maar ook met vruchtbaarheid en vernieuwing van het leven. De figuren stellen voorouders voor die slachtoffer zijn geworden van vijandelijke koppensnellers en die door een nieuwe sneltocht gewroken moeten worden. Tijdens het herdenkingsritueel worden de palen opgesteld voor het mannenhuis in het dorp. Na afloop worden ze achtergelaten in het bos. Deze bisjpaal is afkomstig uit het Asmat-kustgebied, in het zuidwesten van Nieuw-Guinea.

vormen van werkelijkheid. Daarom kunnen niet-westerse denkwijzen niet zo maar als inferieur en primitief worden gekwalificeerd.

Aan Freuds vergelijking van neurotici met primitieven ligt nog een ander wezenlijk uitgangspunt ten grondslag. Neurotisch gedrag is niet alleen irreëel gedrag, maar ook afwijkend gedrag, afwijkend van de normen die in de westerse samenleving gelden. Gezien vanuit die normen is het gedrag van de neuroticus onlogisch en onbegrijpelijk. Hetzelfde geldt ook voor het gedrag van mensen uit andere samenlevingen dan de westerse. Vandaar dat Freud meende neurotisch gedrag met dat van primitieven te kunnen vergelijken.

Maar die vergelijking gaat zo niet op. Want wat gezien vanuit de westerse samenleving als afwijkend geldt, hoeft dat niet voor een niet-westerse samenleving zelf te zijn. Mensen uit een zogenaamd minder ontwikkelde samenleving die hun vooroudergeesten vereren, houden zich daarbij strikt aan wat in die samenleving als norm geldt. Terwijl de angsten van de neuroticus betrekking hebben op een realiteit die niet algemeen aanvaard wordt, berust het geloof van de zogenaamde primitieven in de heilbrengende of demonische eigenschappen van hun voorouders op een gemeenschappelijk ervaren realiteit.

Westerlingen zouden zich van hun betwistbare uitgangspunten meer bewust zijn wanneer ze beter zouden beseffen hoe onbegrijpelijk, dwaas en infantiel hun eigen gedrag vaak in de ogen van zogenaamde natuurvolken is. Maar helaas hebben westerlingen meestal alleen maar oog voor de uitingen van bewondering en respect die hen vanuit andere samenlevingen bereiken.

De stoel van opoe

Ondanks alle kritiek die we op Freud kunnen hebben moet toch gezegd worden dat hij met zijn psychoanalytische concept van het onbewuste een eerste stap heeft gezet in de richting van een nieuwe manier van denken over de realiteit. Freud heeft ontdekt dat we om het menselijke gedrag te begrijpen ervan uit moeten gaan dat de realiteit meer omvat dan alleen de objectieve werkelijkheid. In wezen ontdekte hij dat de menselijke geest in bepaalde omstandigheden in staat is zijn eigen werkelijkheid te scheppen. Maar gevangen als hij was in de westerse manier van denken, meende hij die psychische werkelijkheid toch als irreëel te moeten kwalificeren.

Wanneer we er echter consequent van uitgaan dat mensen hun eigen realiteit creëren, dan blijken de verschillen tussen de westerse samenleving en zogenaamde primitieve samenlevingen heel wat betrekkelijker te zijn dan we dachten. Freud zelf wees er al op dat het taboe bij de zogenaamde wilden ook een in het Westen bekend verschijnsel is. Ook al heeft het een andere vorm en een andere inhoud, de werking van het taboe is in beide gevallen dezelfde.

Opmerkelijk genoeg zag Freud echter niet dat zo'n vergelijking ook opgaat voor een ander aspect van de primitieve cultuur, namelijk de voorouderverering. In *Totem en taboe* beschrijft Freud verschillende aspecten van de voorouderverering bij primitieve volken. Hij achtte die verering typisch iets voor dat soort volken, maar zag niet dat ze in zijn eigen omgeving wel degelijk ook voorkwam.

Strikt genomen is het juist om te stellen dat men in westerse samenlevingen de voorouders niet vereert. Men herdenkt hen. Standbeelden, borstbeelden, zuilen, plakkaten, straatnaamborden en andere gedenktekens herinneren aan vroegere helden. Men organiseert congressen en symposia waar men de aandacht vestigt op de wijze woorden die een voorouder als wetenschapper of als strijder voor een

Begraafplaats Père-Lachaise, Parijs, 1982

goede zaak geschreven of gesproken heeft. En al die herdenkingstekens en -evenementen hebben de bedoeling eraan te herinneren dat de voorouder op de een of andere manier voor het heden nog belangrijk is.

De primitieven van Freud hadden natuurlijk geen congreshallen waar ze hun voorouders vereerden. Dat deden ze op andere plaatsen. Ook hadden ze geen albums met familiefoto's en in hun hutten stonden ook geen ingelijste portretten van de grootouders op het buffet. In plaats daarvan hadden ze schrijnen, urnen en allerlei andere sacraal geachte voorwerpen die aan de vooroudergeesten waren gewijd.

Ook de zorg waarmee men in het Westen soms een dierbaar meubelstuk omringt omdat het al zo lang in de familie is, heeft alles met voorouderverering te maken. In feite zijn het allemaal totems: het monument en al die andere gedenktekens, de foto's en het meubelstuk. Net als bij totems is er een gevoelsmatige relatie tussen deze voorwerpen en de samenleving, groep of familie. De voorwerpen symboliseren de band die de leden van de groep bijeenhoudt. De stoel van opoe kan niet zo maar aan een vreemde worden verkocht of weggegeven, want zoals de totem voor de primitieven is dat meubelstuk voor de familieleden een gemeenschappelijk identificatie-object, een object waaraan ze een deel van hun identiteit ontlenen. Zeker wanneer we kijken naar de meer abstracte monumenten in het Westen, dan is een overeenkomst met de abstracte symbolische objecten in de primitieve samenleving onmiskenbaar. Omgekeerd zien we hoe in de zogenaamde minder ontwikkelde landen foto's een rol beginnen te spelen in de traditionele voorouderverering. Mensen uit de derde wereld die vertrouwd zijn met de dodenverering in hun land, zien dan ook onmiddellijk dat de westerling eveneens aan dodenverering doet. De westerling die dat ontkent valt in hun ogen eerder negatief dan positief op, immers: alleen dieren hebben geen relaties met hun doden.

Pillen om de geesten te bezweren

Dat Freud van het taboe wèl maar van de voorouderverering géén westerse varianten ontdekte, heeft wederom te maken met de westerse definitie van realiteit. Volgens Freuds eenzijdig rationele denkwijze komt aan geesten geen feitelijke realiteit toe: ze zijn produkten van de fantasie en behoren als zodanig tot de psychische realiteit. 'Herdenken' is een begrip dat zich gemakkelijker met een rationele denkwijze laat verenigen dan 'vereren'. Het bestaan van één enkele objectieve werkelijkheid wordt door het herdenken van een voorouder niet aangetast, maar door de verering van de geest van een voorouder wel.

Freud zag niet in dat de werkelijkheid van de relatie tussen levenden en doden in verschillende samenlevingen verschillende vormen kan aannemen. En dat terwijl die vormen niet eens zo erg verschillend hoeven te zijn. Want waar de een bij zijn herdenkingsmonumenten bloemenkransen neerlegt, brengt de ander bloemenoffers bij de totem. Waar de een een diner ter ere van de zoveelste sterf- of geboortedag van een verdienstelijke voorouder geeft, brengt de ander uit dankbaarheid een voedseloffer. En waar de een op Allerzielen op het graf van de voorouder een kaarsje brandt, steekt de ander bij speciale gelegenheden een wierookstokje aan. Door ze te herdenken in plaats van te vereren zijn in het Westen de vooroudergeesten niet verdwenen. Maar ze blijven in het normale leven van de westerling verborgen omdat hen daar geen plaats gegund wordt. Er zijn evenwel momenten waarop ook de westerling merkt dat ze er zijn. Dat is wanneer men in

Oosterpark, Amsterdam, 1987

Nationaal Monument op de Dam, Amsterdam; gebouwd door J.J.P. Oud en beeldhouwer John Raedecker, 1956

psychotherapie gaat. Daar ontdekt de cliënt dat de ouder of grootouder die al lang geleden is overleden nog steeds een belangrijke rol speelt. Vaak heeft men eerst jarenlang geprobeerd die vooroudergeest met pillen te 'bezweren'.

Maar uiteindelijk moeten er dan toch de rituelen van de psychotherapeut aan te pas komen, rituelen die voor een buitenstaander vaak net zo onzinnig zijn als de rituelen van de primitieven.

Het feit dat de primitieven hun vooroudergeesten tegelijkertijd als goede beschermers èn als kwade demonen zien, is volgens Freud een bewijs van hun kinderlijkheid. Maar ook de voorouders in het Westen brengen hun samenleving niet alleen maar goeds. Ze hebben evenzogoed iets 'demonisch'. Freud zelf is bijvoorbeeld een zeer verdienstelijke voorouder, die alle eer verdient. Maar is het kinderlijk wanneer wij tegelijkertijd vinden dat de in zijn denken vervatte sociale en ethische normen ook onheil brengen? Dat zijn ideeën over het denken en handelen van de zogenaamde primitieven bepaald geen zegeningen voor de hedendaagse multi-etnische samenleving zijn? En dat iets soortgelijks gezegd kan worden van zijn ideeën over de vrouw?

Hoewel Freud al jaren dood is, leeft zijn geest nog altijd voort. Maar terwijl de hedendaagse psychoanalytici die geest vereren als een voorouder waar geen kwaad woord over gezegd mag worden, bezweren anderen hem als een demon die de wereld nog altijd onheil brengt. Een figuur waarvoor die scheiding tussen verering en bezwering zo mogelijk nog sterker geldt is Karl Marx, die voor de een een goedheilige voorvader is en voor de ander de demon der demonen. Hier stuiten we wederom op een impliciete norm van het westerse denken. Voor dat denken kan iets alleen maar zwart òf wit zijn en niet beide tegelijk. Ambivalentie, zoals Freud dat noemde, is voor het westerse denken absoluut taboe.

Dat Freud ook op het punt van deze ambivalentie een overeenkomst zag tussen westerse kinderen en primitieven is in zekere zin niet meer dan logisch. Westerse kinderen zijn immers nog niet volledig gesocialiseerd in de normen van het westerse denken. In hun wereld is het nog mogelijk dat iets tegelijkertijd zwart èn wit is. Ook voor primitieven is ambivalentie niet taboe. Zij kunnen bij wijze van spreken zowel met het goede als met het kwade van Freud of Marx leven. Het goede accepteren zij en het kwade bezweren zij.

De totem op de dam

Vooroudergeesten staan voor het vermogen van de doden om het leven zowel in positieve als in negatieve zin te beïnvloeden. Ze zijn inderdaad produkten van de menselijke verbeeldingskracht, maar daarom nog niet minder reëel. In *Totem en taboe* heeft Freud met zijn vergelijkingen tussen kinderen, neurotici en primitieven een eerste, zij het halve stap gezet in de richting van een erkenning van die realiteit.

Het kind laat ons zien hoe groot onze mogelijkheden zijn om de werkelijkheid vorm te geven. De neuroticus maakt ons bewust van de grenzen die de westerse samenleving uiteindelijk aan die mogelijkheden oplegt. En de zogenaamde primitieven laten ons zien dat het verschil tussen feitelijke en psychische realiteit betrekkelijker is en dat de westerling heel wat primitiever is dan men over het algemeen geneigd is te denken.

Wanneer op 4 mei bij de grote totem op de Dam in Amsterdam één minuut stilte in acht wordt genomen, herdenken de aanwezige westerlingen de gevallenen uit de tweede wereldoorlog. Ze zeggen dan tegen zichzelf dat wat gebeurd is zich nooit

Leonel Brug (Curaçao, 1943) studeerde psychologie aan de Rijksuniversiteit Groningen. Is verbonden aan de Dienst Internationaal Onderwijs en Training van het Koninklijk Instituut voor de Tropen. Is trainingsconsulent en gastdocent bij enkele Duitse ontwikkelingsorganisaties en de Universiteit van Eichstätt.

meer mag herhalen. Primitieven zouden in die stilte de aanwezigheid ervaren van de geesten der gevallenen en zouden die geesten horen zeggen dat oorlog een taboe moet zijn. Hoe groot is op zo'n moment eigenlijk het verschil tussen westerlingen en primitieven?

Huib Schippers

De weerklank van verre streken
Oosterse muziek in het Westen

Een Indonesische musicus, wellicht een bonang-speler in Bantam, uit de achttiende eeuw

Saz-speler uit Turkije in traditionele kledij

Koloniale vooringenomenheid

Een Koreaanse violiste wint het Elizabeth-concours in België. Een dirigent uit India geniet wereldfaam. Niemand kijkt meer vreemd op wanneer oosterlingen westerse muziek spelen. Maar hoe zien wij de muziek uit het Oosten? Hoe gewoon vinden we een Europeaan die *shakuhachi* speelt? Of een Amerikaanse sitarspeler? Meestal kunnen we een gevoel van bevreemding niet onderdrukken. Nog steeds beoordelen we muziek aan de hand van onze eigen westerse maatstaven.

De wortels van deze vooringenomenheid liggen in het verleden. In de gloriedagen van het kolonialisme beheerste een beperkt aantal Europese landen enorme gedeelten van Afrika, Amerika en Azië. Maar de machthebbers hadden over het algemeen weinig oog en oor voor de inheemse kunstvormen.

Talloze reisverslagen getuigen van de bekrompen houding van de kolonialisten. Een Nederlands reiziger in Azië schreef over '*hunne groote kooperen bekkens, op welke een zeer vervelend en schel geluid wordt gemaakt, hetgeen alleen de maat slaat, zonder verandering van toonen. In het algemeen kan men hieromtrent aanmerken, dat de muziekkunst in het Oosten nog in de wieg ligt en alleen wordt geoefend op zeer eenvoudige, eentoonige werktuigen, hetgeen haar voor Europeesche liefhebbers zeer walgelijk maakt.*' En Griffiths, een Engelsman die omstreeks 1800 in Turkije reisde, hoorde '*een slecht gevormde gitaar met een paar snaren, altijd ontstemd, een smal houten doosje waarop twee kattendarmen zijn bevestigd, een tamboerijn (...) met vele kleine bronzen plaatjes die zeer onwelluidend rammelen, en een soort fluit, gemaakt zonder enige aandacht voor de juiste proportie van de afstanden tussen de openingen (...), die zij urenlang martelen met een uiterst onsmaakvolle monotoniteit*'.

Slechts enkelen konden wèl respect opbrengen voor de muzikale uitingen van het Oosten. De Britse rechter William Jones, tevens de grondlegger van de historische taalwetenschap, schreef in 1793 een waarderend essay over de verfijnde muziek die hij hoorde in Bengalen. Veertig jaar later schreef N.A. Willard in een verhandeling over Indiase klassieke muziek met een karakteristiek gevoel voor understatement dat '*Oosterse muziek niet zo hoog geschat wordt als haar misschien op grond van haar verdiensten toekomt*'.

Dergelijke verlichte zielen waren echter uitzonderingen. In de overtuiging dat het Westen in alle opzichten superieur was, werd de cultuur van onderdrukte volkeren, zo daar al aandacht aan werd besteed, beoordeeld volgens westerse maatstaven. Andere toonschalen werden als vals ervaren, en andere samenklanken als kakofonisch.

Het aanvankelijke gebrek aan waardering voor oosterse muziek kwam grotendeels voort uit de merkwaardige redenering dat militair en economisch zwakkere culturen ook op alle andere niveaus inferieur zijn. Volgens een dergelijke gedachtengang fluctueert de waarde van de muziek van Bach met de koers van de dollar. Deze houding van westerlingen, gekoppeld aan hun macht, heeft in veel

Bonang-speler uit Midden-Java, omstreeks de eeuwwisseling

Asik Aliseydi, hedendaagse Turkse *saz*-speler, in westerse kledij

hoogontwikkelde niet-westerse culturen geleid tot een cultureel minderwaardigheidsgevoel dat tot op de dag van vandaag voortbestaat.
Japan, een land dat altijd een sterk gevoel van nationale eigenwaarde heeft gekend, vormt wat dat betreft een opmerkelijke uitzondering. Het is erin geslaagd de eigen traditionele waarden en die van een andere cultuur succesvol te integreren. Aan de ene kant wordt de traditionele muziek bewaard en beschermd: haar belangrijkste vertolkers hebben de status van *national treasure* en ontvangen een staatssalaris. Aan de andere kant staat de beoefening van de westerse klassieke muziek op een hoog niveau. En tegelijkertijd is er sprake van een vruchtbare kruisbestuiving. Westerse klassieke muziek wordt bewerkt voor *koto* en traditionele Japanse melodieën worden verwerkt in composities voor een westers orkest.
De meeste andere landen richten zich echter in sterke mate op het Westen. Dat is niet alleen zichtbaar in de westerse kleding, de MacDonalds en de Coca-colareclames, ook hun muziek verraadt hun oriëntatie op het avondland. Hedendaagse popmuziek is over vrijwel de hele wereld op westerse leest geschoeid. In veel Aziatische landen zijn tegenwoordig instituten waar westerse klassieke muziek op hoog niveau wordt onderwezen. Maar deze op zich lovenswaardige interesse leidt niet zelden tot het verwaarlozen van de autochtone kunsten.
De gevolgen daarvan kunnen moeilijk worden onderschat. Muziek is door haar abstracte karakter misschien de meest directe uitdrukking van een cultuur. In de muziek van een volk ligt haar sociaal, historisch en economisch leven besloten. Het is misschien wat naïef en overdreven om te stellen dat muziek een universele taal is, maar ze is ontegenzeglijk een belangrijk communicatiemiddel. Ze doorbreekt de barrières van de taal en is daarom van belang voor het leren begrijpen en waarderen van een andere cultuur. En voor de cultuur zelf is ze een belangrijke uitdrukking van haar identiteit.

Malcolm Goldstein

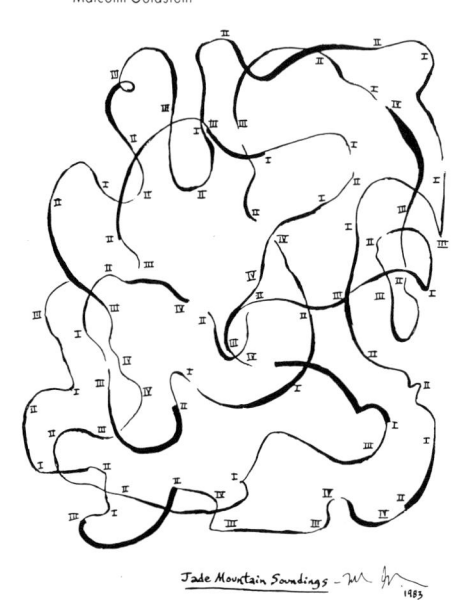

Herwaardering

Pas de laatste jaren zien we in een aantal niet-westerse landen een herwaardering van het muzikale erfgoed. Die is in de eerste plaats het gevolg van de opkomst van een nationaal bewustzijn in landen waar dat eeuwenlang is onderdrukt. Maar ook de groeiende belangstelling van het Westen voor traditionele culturen speelt daarbij een rol. Verschillende belangrijke componisten en musici hebben zich door oosterse culturen laten inspireren. Messiaen, Debussy, John Cage en Ton de Leeuw hebben oosterse ritmes, klanken en technieken, maar vooral ook oosterse muzikale ideeën in hun composities verwerkt. Moderne componisten hebben bovendien gevestigde ideeën over hoe muziek 'hoort' te klinken doorbroken. En tenslotte hebben ook musici, zoals de wereldberoemde violist Yehudi Menuhin, zich ingespannen voor de emancipatie van de niet-westerse muziek.
Tegelijkertijd hebben de veranderde machtsverhoudingen in de wereld, met name het instorten van het koloniale bouwwerk, westerlingen gedwongen de culturen van niet-westerse volken met andere ogen te gaan zien en ze op z'n minst als gelijkwaardig te gaan beschouwen. Daaraan hebben overigens ook de media een bijdrage geleverd: tegenwoordig is iedere westerling in staat in zijn huiskamer te ervaren wat vroeger alleen voor de reiziger naar 'de Oost' was weggelegd.
Maar niet alleen de belangstelling en waardering voor niet-westerse muziek zijn de laatste jaren aanzienlijk toegenomen, ook het aanbod is gegroeid. Vele niet-westerse musici treden op in zalen waar voorheen alleen westerse klassieke muziek

weerklonk. Een aantal van hen heeft zich zelfs blijvend in het Westen gevestigd om er concerten en onderwijs te geven. Ook de vele buitenlandse arbeiders die in het Westen zijn komen wonen hebben hun eigen muziekculturen meegebracht en daarmee de belangstelling voor niet-westerse muziek aangewakkerd. In de westerse popmuziek zijn talloze etnische invloeden hoorbaar. Steeds meer westerse musici grijpen naar instrumenten uit Afrika, Zuid-Amerika en het Oosten.
Samen met de klanken van het Oosten hebben westerlingen zich ook laten inspireren door het met die muziek verbonden gedachtengoed. De Chinezen en de Indiërs, evenals overigens de Grieken en de Bijbel, schreven aan muziek genezende krachten toe. Die gedachte wint tegenwoordig in verschillende varianten weer terrein. In psychiatrische inrichtingen en ziekenhuizen wordt steeds vaker muziektherapie toegepast om het lijden van patiënten te verzachten. Daarnaast is er het verschijnsel van de muzak, in feite een moderne toepassing van de manipulatieve krachten die in het Oosten aan muziek worden toegeschreven. Westerse grootwinkelbedrijven en restaurants verleiden tegenwoordig de consument met eigentijdse Sirenen. En ook het leger doet experimenten met het gebruik van geluid voor oorlogsdoeleinden: modern trompetgeschal voor de muren van Jericho.
Op een vreedzamer vlak zien we in de jaren tachtig weer een toenemende belangstelling voor muziek als hulpmiddel voor ontspanning en meditatie. Er is een grote vraag naar de vloeiende klanken van synthesizers en fluiten in de zogeheten *New Age*-muziek. Waar het niet direct aan de muziek zelf te horen is geven de titels wel aan dat de inspiratie voor de muziek uit het Oosten of uit hogere sferen afkomstig is: *The Light of Tao*, *Nada Brahma* en *Music of the Spheres*.
Dergelijke verschijnselen illustreren echter vooral de trendgevoeligheid van het Westen. Hoezeer de belangstelling voor etnische muziek ook groeit, zij blijft sterk onderhevig aan modes. Toen in 1968 een beroemde Liverpoolse popmuzikant een sitar ter hand nam, volgden vele duizenden zijn voorbeeld. Weinigen zijn echter het instrument trouw gebleven, voor de meesten bleef het bij een vluchtige kennismaking. De gelijktijdige belangstelling voor oosterse filosofieën en voor de bijbehorende attributen onderging een zelfde lot. De boeddha's met een lampekap brachten in de westerse huiskamers geen blijvende Verlichting. Een zelfde vluchtigheid valt ook te constateren in de recentere belangstelling voor de Japanse en Afrikaanse podiumkunsten.

Imitatie versus namaak

Al met al blijft het meestal bij een oppervlakkige kennismaking met andere culturen. En juist in die oppervlakkigheid wordt het specifieke van die andere culturen ontkend. Zij berusten namelijk voor het merendeel op eeuwenoude tradities. Wil men tot de kern van een niet-westerse cultuur doordringen, dan moet men de rol van de traditie niet uit het oog verliezen. En dat is niet altijd even gemakkelijk want in het Westen heeft het begrip traditie vrijwel geen betekenis meer. Het beeld van de traditionele kunstenaar die zich in de eerste plaats in dienst stelt van de overlevering staat in schril contrast met het bij ons dominerende ideaalbeeld van de kunstenaar: de aan de wereld en aan zichzelf lijdende romanticus, die kleumend op zijn zolderkamertje wacht op nieuwe vlagen van inspiratie en uiteindelijk tot zelfexpressie komt in een schepping die meestal slechts door weinigen wordt begrepen.

De teloorgang van de traditie in de westerse cultuur is de consequentie van een ontwikkeling die met de negentiende-eeuwse romantiek is begonnen. De vroegste romantici verwierpen een aantal traditionele ideeën over kunst. Dat werkte inspirerend en bevrijdend. De oude ideeën waren verstard en levenloos, ze waren louter vorm en misten inhoud. Ze sloten niet meer aan bij het culturele klimaat van de tijd en slaagden er niet langer in kunstenaars en kunstminnenden te inspireren. Maar in onze twintigste eeuw heeft het afwijzen van de traditie ongekende proporties aangenomen. Nog nooit in de geschiedenis van de kunst zijn in zo'n korte periode bestaande kunstzinnige waarden zo grondig afgebroken. In veel hedendaagse kunst streeft men niet langer naar voortzetting en verfijning van overgeleverde artistieke waarden, maar staan persoonlijke expressie en originaliteit centraal. Traditie is synoniem met ouderwets, imitatie is namaak, alleen wat zich als nieuw aandient maakt kans goed of interessant te worden gevonden.

Maar bevrijding uit de knellende banden van de traditie betekent ook het verlies van ieder houvast. En daar heeft niet alleen de kunstenaar maar ook de kunst zelf onder te lijden. De vrijwel exclusieve nadruk op persoonlijke expressie heeft ertoe geleid dat de kunst het contact met het publiek voor het grootste deel heeft verloren. De communicatie tussen kunstenaar en publiek berust immers in hoge mate op traditie, dat wil zeggen op het feit dat beiden aan klanken, beelden en begrippen min of meer dezelfde betekenissen toekennen. Zodra de traditie wordt afgewezen valt de belangrijkste voorwaarde voor die communicatie weg. Wanneer een kunstenaar taal of tonaliteit de rug toekeert zal hij op andere wijze contact met zijn publiek moeten maken. Dat is niet onmogelijk, maar het lukt zelden.

Het is een romantische misvatting te menen dat alle 'miskende' componisten van deze eeuw hun tijd ver vooruit waren. Het overmatige subjectivisme van expressionistische componisten uit het begin van deze eeuw deed hen – in de woorden van Ton de Leeuw – belanden in een *'isolement dat tot op de dag van vandaag niet wezenlijk werd doorbroken'*. Maar wanneer alleen de maker de diepere betekenis van zijn kunstwerken doorgrondt, valt er ook nauwelijks iets anders te verwachten. Kunst blijft dan een zinloze, egocentrische exercitie.

Uit angst te verstarren zijn we ver van onze bases afgedwaald. Hoewel we ons in een tijd wanen waarin we de romantische ideeën achter ons hebben gelaten, zijn we nog lang niet toe aan een vruchtbare herwaardering van wat we allemaal verdrongen hebben. Wat we vooral opnieuw moeten leren is dat imitatie niet tot namaak hoeft te leiden, dat ze niet van geestesarmoede of gebrek aan inspiratie hoeft te getuigen. Imitatie in de klassieke zin van *imitatio* betekent juist het

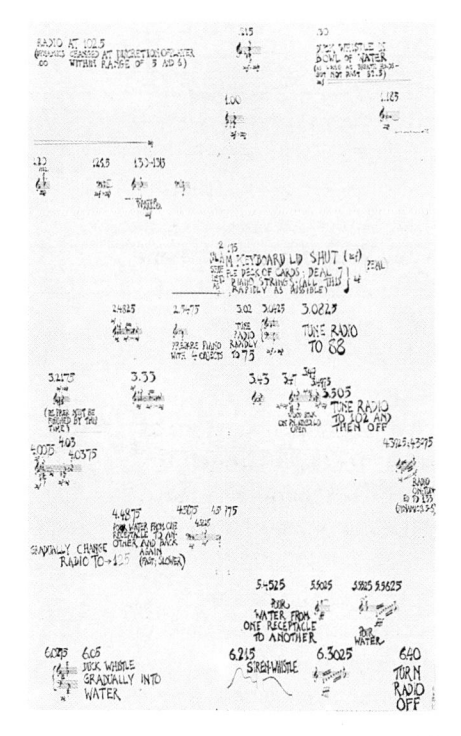

John Cage, Water Music, 1960

waarderend aanvaarden van het overgeleverde.

Imitatio verzekert het behoud van alles wat aan de traditie levend en waardevol is. Alleen dode tradities zijn statisch en belemmerend. Zonder een traditie, die door vele opeenvolgende generaties levend wordt gehouden, kan een kunstvorm zich niet ontwikkelen. Zoals de Engelse kunsthistoricus Ernest Gombrich in een lezing voor koningin Beatrix betoogde is het ondenkbaar dat het jongetje dat ontdekte dat hij een toon kon maken met het stuk riet dat hij afsneed, later in zijn leven volgens hetzelfde principe het kerkorgel zou ontwikkelen om er tenslotte Bachs complexe koralen voor te componeren.

Gelukkig lijken nieuwe generaties kunstenaars opnieuw te beseffen hoe belangrijk een levende traditie is. Er zijn jonge schilders die eerst willen leren hoe ze een appel moeten schilderen alvorens hun meesterwerk aan het canvas toe te vertrouwen. Een teken van de herwaardering van de traditie in de muziek is niet alleen de oplevende belangstelling voor oosterse muzikale vormen maar ook de hernieuwde belangstelling voor middeleeuwse muziek en de pogingen die muziek zo authentiek mogelijk uit te voeren. Ons eigen verleden wordt weer ervaren als een schat van waardevolle ideeën. Het exotische, zo blijkt, hoeft eigenlijk niet eens per se in de tradities van verre landen te worden gezocht.

Muzikale dialoog

Tientallen jaren geleden merkte de Nederlandse etnomusicoloog Jaap Kunst reeds op dat men zich er niet voldoende van bewust is *'dat westerse muziek uiteindelijk gebaseerd is op oudere vormen die gelijk zijn aan – of in ieder geval vergelijkbaar met – vormen die we nu vinden buiten Europa'*.

Drie gezichten van de sitar-speler Ravi Shankar: als psychedelische popheld, samen met de westerse musicus Yehudi Menuhin, en als traditioneel Indiaas musicus

Jamaluddin Bhartiya op sitar

Ken Zuckerman op sarod

Inmiddels is er een groeiend aantal jonge westerse musici dat hieruit de uiterste consequentie trekt. Zij voelen zich zo sterk aangetrokken tot niet-westerse traditionele muziekvormen dat ze er graag een lange leerperiode bij een meester in het Oosten voor over hebben. Zij weten soms na jaren van studie een grote mate van professionaliteit te bereiken en worden in de landen zelf zeer gewaardeerd. Langzamerhand begint in het Westen het besef door te dringen dat als een Japanner een viool kan bespelen, een westerling misschien wel met een *shakuhachi* overweg kan. Wellicht dat er op die manier op den duur sprake kan zijn van een muzikale dialoog tussen Oost en West.

In een bestek van honderd jaar is er veel veranderd. Dankzij de revolutionaire technische ontwikkelingen in onze eeuw dringt de weerklank van verre streken moeiteloos tot ons door. Opnamen van niet-westerse musici zijn in groten getale voorhanden. In een handomdraai switchen we van de complexe samenklanken van een fuga van Bach naar de ijle schoonheid van het spel van een Japanse *shakuhachi*-speler of naar de rijkdom aan melodie en expressie die een Indiase zanger in één enkele toonschaal weet te vinden. Ook onze houding is gewijzigd. Na een aanvankelijk gevoel van superioriteit hebben we nu een geesteshouding ontwikkeld die het ons mogelijk maakt waardering op te brengen voor culturen die van andere principes uitgaan dan de onze. Zo zijn we op weg naar de muzikale volwassenheid die bij onze kosmopolitische twintigste eeuw past, een eeuw waarin de wereldburger heeft geleerd dat er vele kunstuitingen op basis van wederzijdse waardering naast elkaar kunnen bestaan.

Huib Schippers (Amsterdam, 1959) studeerde Engelse taal- en letterkunde aan de Universiteit van Amsterdam. Sinds 1975 studeert hij Indiase klassieke muziek bij de sitarspeler Jamaluddin Bhartiya en treedt hij regelmatig op in binnen- en buitenland. Publiceert over niet-westerse muziek, onder andere in *Het Parool*. Verzorgt voor de Amsterdamse Concertzender programma's over niet-westerse muziek. Is mede-oprichter van de Stichting ISTAR Nederland, die het initiatief nam tot het festival 'Spiegels van het Oosten'.

Franck Noël op *shakuhachi*

Yoshida Koichi

Rock 'n' rollers in Harajuki, Japan, 1986

Het einde van de Europese mythe

Een Aziatische kijk op muziek en economie

Cultuur en welvaart

In Japanse tekenfilms komt een figuur voor die Doraemon heet. Dit schattige schepseltje heeft in Thailand de harten van vele mensen veroverd. Een andere Japanse held, Ultra-Man, is in Afrika een bekende televisiefiguur. Japanse popmuziek is doorgedrongen tot in Oost- en Zuidoost-Azië en is daar erg populair. Het begon allemaal in de jaren zestig. Japan maakte toen een periode door van sterke economische groei en werd het eerste Aziatische land dat de Olympische spelen organiseerde. Zoals dat altijd gaat nam ook hier de economische kracht die het land ontwikkelde de cultuur op sleeptouw, met als gevolg dat nu in de jaren tachtig de naburige Aziatische landen onder de invloed beginnen te raken van de Japanse populaire cultuur.

Na de tweede wereldoorlog namen de Verenigde Staten vijftig procent van de wereldproduktie voor hun rekening. De Amerikaanse welvaart torende hoog boven die van de rest van de wereld uit. Walt Disney's stripfiguren veroverden de aardbol en overal raakte het publiek in de ban van jazzmuziek en westerns. Hamburgers en popcorn drongen tot in alle uithoeken van de aarde door en Elvis Presley werd de koning van de populaire muziek.

Cultuur is mensenwerk, maar om cultuur te scheppen is welvaart en vrije tijd nodig. Overal ter wereld wordt cultuur geproduceerd. Dat betekent dat het vermogen van een cultuur om invloed op andere culturen uit te oefenen niet eigen is aan die cultuur als zodanig. Beslissend voor die invloed is de sociale en economische welvaart van de samenleving waarin die cultuur haar basis heeft.

Op het gebied van muziek bestaat er een mythe die zegt dat er van alle verschillende soorten muziek maar één de status van een abstracte, universele kunstvorm heeft bereikt, en dat is de Europese muziek. Veel klassieke kunstenaars geloven in die mythe. In Europa vormt dit geloof onderdeel van het nog altijd bestaande Europese etnocentrisme. En in Japan, een land dat tot de culturele invloedssfeer van Azië behoort, laat een aantal kunstenaars zich door die mythe verleiden hun roeping te zoeken in een kunstvorm die geen wortels heeft in de tradities van hun eigen land.

Van de negentiende eeuw tot halverwege de twintigste eeuw bevond het grootste deel van 's werelds welvaart zich in Europa. De Verenigde Staten, dè supermacht van de twintigste eeuw, waren nog maar net begonnen met de Europese machten op gelijke hoogte te geraken. Van de noordwestelijke streken van het Euraziatische continent tot aan de andere kant van de straat van Dover beijverden zich vele landen om de roem van Europa te vergroten. In die tijd stond het grootste deel van de wereld onder Europese heerschappij. Met uitzondering van een paar landen, zoals Japan, Thailand en Ethiopië, werden de toenmalige onafhankelijke landen gedomineerd door immigranten uit Europa. Economisch bleven ze van Europa afhankelijk en cultureel waren ze de kinderen of kleinkinderen van Europa. De vermeende superioriteit van Europa ten opzichte van andere landen was

destijds veel duidelijker dan die van de Verenigde Staten na de tweede
wereldoorlog. De wereld lag aan Europa's voeten en danste naar haar pijpen.
Het was de tijd dat de Europese cultuur gezien werd als de enige cultuur die zich met
recht op een hogere vorm van beschaving mocht beroepen. Een mythe wordt
geboren en sterft af wanneer de geschiedenis er rijp voor is. Of ze nu met de feiten
strookt of niet, de mythe van de wereldwijde universaliteit van de Europese cultuur
leeft voort, met alle historische bagage van kolonialisme en overheersing die deze
mythe in zich draagt.

Muziek, technologie en economie

Muziek wordt gemaakt door mensen, dat wil zeggen door exemplaren van een soort
die vanaf haar eerste optreden op deze aarde met haar neefjes, de primaten, de
gewoonte deelt in groepen te leven. Mensen zijn kuddedieren, zij kunnen niet op
zichzelf leven, afgesloten van de samenleving. Iedere samenleving bezit een
voorraad cultuur en technologie, alsmede talloze wijsheden en visies. Mensen
ontwikkelen zich en drukken daarbij hun stempel op de samenleving, die op haar
beurt ook weer haar stempel op de mensen drukt.

Muziek is ondenkbaar zonder instrumenten. Muziek is een soort software die instrumenten (waaronder het menselijk lichaam) nodig heeft als hardware. Instrumenten weerspiegelen niet alleen de voorkeuren van mensen voor bepaalde klanken maar ook het niveau van hun technisch en economisch kunnen.

De westerse piano is bij uitstek een produkt van de industriële revolutie. Ze bestaat uit snaren die over een stalen frame zijn gespannen en daarmee belichaamt ze niet alleen de wetten van de dynamica, maar ook de negentiende-eeuwse arbeidsdeling en stroomlijning van het produktieproces. Volgens een soortgelijke redenering moeten ook de synthesizers en ritmeboxen van de hedendaagse popmuziek worden gezien als de produkten van een geavanceerde computertechnologie die zich heeft ontwikkeld op basis van Maxwells elektromagnetische principes.

Ook de Indiase *sitar* heeft stalen snaren. Vroeger waren de snaren van zijde of kattedarm, hetgeen betekent dat het instrument destijds een heel andere klank moet hebben gehad dan het pregnante geluid dat we er nu van kennen. Maar hoe dan ook, de zijden snaren zouden natuurlijk nooit zijn gebruikt als er tussen China en India geen handelsroute was geweest.

Het vervaardigen van een *ud*, een Arabisch snaarinstrument dat op een viool lijkt, vereist een enorme ambachtelijke precisie om de vele kleine, dunne stukken hout tot een klankkast samen te voegen. Het vakmanschap, de nauwkeurigheid en de verfijning die daarbij komen kijken zijn van een geheel andere en hogere orde dan het vakmanschap dat nodig is voor het vervaardigen van bijvoorbeeld de boogvormige harp die men in Afrika aantreft. Aan de andere kant moeten we beseffen dat die Afrikaanse harp meer is dan alleen een muziekinstrument. Eigenlijk is zij een combinatie van een trommel en een boog. De boog wordt door de trommel heen gestoken, waarna de snaren van de boog gespannen worden. In veel Westafrikaanse gebieden wordt dit instrument gezien als een symbool van de geslachtsgemeenschap van man en vrouw. Het verbeeldt een gebed voor vruchtbaarheid en een rijke oogst en verraadt daarmee zijn afkomst uit een traditionele agrarische maatschappij.

Muziekinstrumenten weerspiegelen dus het technologische en economische niveau van een samenleving. De relatie tussen muziek en muziekinstrumenten doet denken aan een möbiusband: ze vormen twee in elkaar overlopende aspecten van één en dezelfde gemeenschap. En beide moeten in relatie worden gezien met de geografie en de geschiedenis van de betreffende samenleving.

Gemeenschappen van jagers en verzamelaars brachten weinig en niet erg geavanceerde muziekinstrumenten voort. Een volk dat zich veel verplaatst sleept het liefst zo weinig mogelijk gebruiksvoorwerpen met zich mee. De belangrijkste muzieksoort die de nomaden ontwikkelden waren balladen begeleid door snaarinstrumenten. Pas toen nomaden agrarische gemeenschappen stichtten kwamen ze ertoe energie in andere zaken te steken. Er kwamen steden op, er werden regelmatig markten gehouden. Langzamerhand begonnen mensen de muziekinstrumenten die zij van hun voorvaders hadden geërfd te bewaren en door de eeuwen heen verder te ontwikkelen.

In de steppen van Centraal-Azië, waar ooit helden als Djingiz Chan en Timoer Lenk leefden, brachten nomaden op den duur een muzieksoort tot ontwikkeling die aan hun vergane glorie herinnerde. Ze is opgebouwd uit complexe melodieën en vereist een subtiele techniek van de menselijke stem en van de *morin khuur*, een Mongools snaarinstrument dat in de gouden tijden van de Mongolen uit Arabië werd geïmporteerd. Die vergane glorie van de nomaden was gelegen in hun gevechtskracht. Wanneer hun gewapende krijgers te paard in de aanval gingen,

Ngbaka-harp, Kongo

waren ze net zo onstuitbaar als de sterkste legermacht van tegenwoordig. De nomaden domineerden de handel doordat ze de karavaanroutes die China, India en Arabië met elkaar verbonden onder controle hadden. Hun centrale rol in de handel bracht hen in contact met de hoger ontwikkelde culturen van destijds, waar ze waardevolle kennis aan ontleenden. En dit komt in hun muziek tot uiting.

De zijderoute, die schier eindeloze handelsweg van de premoderne wereld, was de weg waarlangs de cultuur en technologie van de ene beschaving naar de andere werd overgebracht. Dat ging allemaal over land. Informatie verspreidde zich over samenlevingen waar ze werd opgenomen in de reeds bestaande kennis. Geavanceerde snaarinstrumenten kwamen via de zijderoute in andere samenlevingen terecht en gaven aanleiding tot veranderingen in de muziekpraktijk. Chinese procédés om papier te vervaardigen, Chinese typografie en Chinees buskruit vonden hun weg naar de westerse wereld. Van Arabië en Perzië werden gigantische bibliotheken vol islamitische kennis naar China gebracht, evenals methoden om sterke drank te maken.

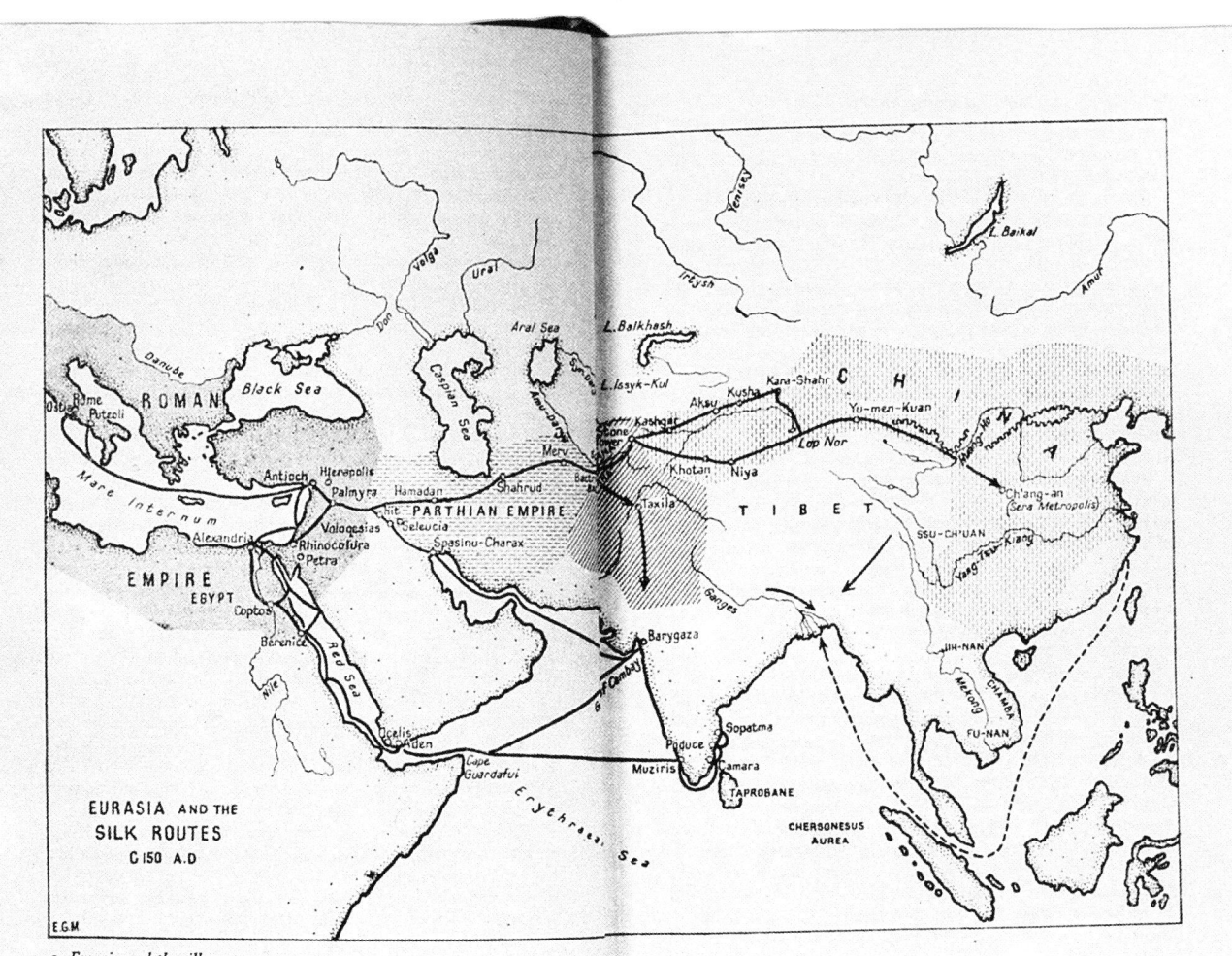

3. *Eurasia and the silk routes, c. 150 A.D.*

Maar na verloop van tijd verplaatste de goederenstroom zich van land naar zee. Zeventig procent van het aardoppervlak bestaat immers uit water.
De nomadenstammen verloren daardoor hun centrale plaats in de geschiedenis.
In plaats daarvan kwamen de Europese naties opzetten. De reden daarvoor wordt met één blik op de wereldbol duidelijk. Het meeste land bevindt zich op het noordelijk halfrond. En op het noordelijk halfrond is er één gebied vanwaaruit het gemakkelijk is alle uithoeken van de wereld te bereiken: de monding van de Loire, het punt waar het centrum van het noordelijk halfrond op de Atlantische Oceaan uitkomt. In dit opzicht was de bevolking van Europa goed bedeeld. Het succes van Europa is voor een groot deel te danken aan haar geografische ligging.

Vroege oosterse massacultuur

In het midden van de achttiende eeuw pochte de Chinese keizer Quanlong tegenover Europese bezoekers dat alles wat zij in Europa hadden al lang in China te krijgen was. China is in feite altijd zeer welvarend geweest. Zuid-China, een rijk gebied waar veel rijst werd verbouwd, groeide gedurende haar ontginning uit tot het centrum van een bloeiende populaire cultuur. In het noordelijk deel van China, in het dal van de rivier de Huanghe, lag de bakermat van de Chinese beschaving. En in het westen hadden zich langs de zijderoute grote steden ontwikkeld.
In de achtste eeuw werden de massa's in China vermaakt door vertellers die verhaalden over de avonturen van helden en ridderlijke figuren. Deze verhalen hadden hun oorsprong in eenvoudige boeddhistische preken die bedoeld waren om het volk te stichten. In het begin van de tiende eeuw waren zij uitgegroeid tot volkstoneelstukken, die zich later tot *jingjoe* (Chinese opera) ontwikkelden, een genre dat ook nu nog bestaat.

Eishi, Avondregen

In het begin van de veertiende eeuw, tijdens de door de Mongolen gevestigde Juandynastie, waren de prestaties van beroemde actrices als Zhu Ranxiu, Tian Ranxiu en Sai Lianxiu in de hoofdstad het gesprek van de dag. De toneelschrijver Guan Hanqing schreef destijds zestig stukken. Romans, gebaseerd op de meest geliefde stukken en geschreven in gewone omgangstaal, vonden gretig aftrek. Op straat mochten de straattheaters, met hun acrobaten en muzikanten, zich in een grote belangstelling verheugen. Paalklimmers waren op het hoogtepunt van hun populariteit. Op de drukste punten van de stad werden mensen vermaakt door poppenspelers en vertellers.
Ook in Japan was het post-Columbustijdperk een welvarende tijd. In een verbazingwekkend tempo werd nieuw land gecultiveerd. In het begin van het Edo-tijdperk werden waterwerken aangelegd in gebieden waar eerder slechts moerassen en rietvelden waren. De oogsten werden rijker en de bevolking verdubbelde. In het begin van de achttiende eeuw was het aantal mensen de dertig miljoen reeds gepasseerd, en dat op een oppervlak dat slechts twee derde was van dat van Italië. In het Tokoegawa-tijdperk leefden in de burchtsteden die over de Japanse archipel verspreid lagen gemiddeld zo'n twintigduizend mensen. Edo, waar de *sjôgoen* heerste, gold met één miljoen inwoners als de grootste stad ter wereld. In Osaka, het centrum voor handel en transport, woonden echter bijna evenveel mensen als in Edo. Overal langs de kust, die zo lang was als de omtrek van de aarde, ontstonden havensteden. Langs de belangrijke routes over land ontstonden handelscentra. Over het hele land ontwikkelde zich een netwerk van markten. De handel bloeide en boeren, kooplui en ambachtslieden leerden lezen en schrijven.
Haikoe, het bekende drieregelige puntdicht, stamt af van een vorm van poëzie die

destijds als amusement werd gezien. Topdichters kwamen vaak voort uit families van kooplui of boeren. Populair waren boeken van de hand van beroemde personen, variërend van geleerden en geletterden tot courtisanes en bekende schoonheden. Beoefenaars van *oekijo-e* (letterlijk: beelden van de vliedende wereld) tekenden het dagelijks leven van gewone mensen, beroemde toneelspelers en gevierde geisha's. Dat leverde genretaferelen met soms een sterk erotische ondertoon op. In *kaboeki*-theaters liet het publiek zich ontroeren door de lotgevallen van mensen als henzelf, of stroomde men samen om stukken te zien gebaseerd op het laatste nieuws. Dat was in de tijd dat in Europa het publiek nog geschokt was wanneer in opera's het leven van de lagere klassen werd uitgebeeld. Zogenaamde massacultuur bestond al honderden jaren voordat Ortega y Gasset in het begin van de twintigste eeuw de opstand van de massa's voorspelde.

Instrumenten voor *kaboeki*-theater

Noh-masker: Hannya

Noh-masker: Ko Omote

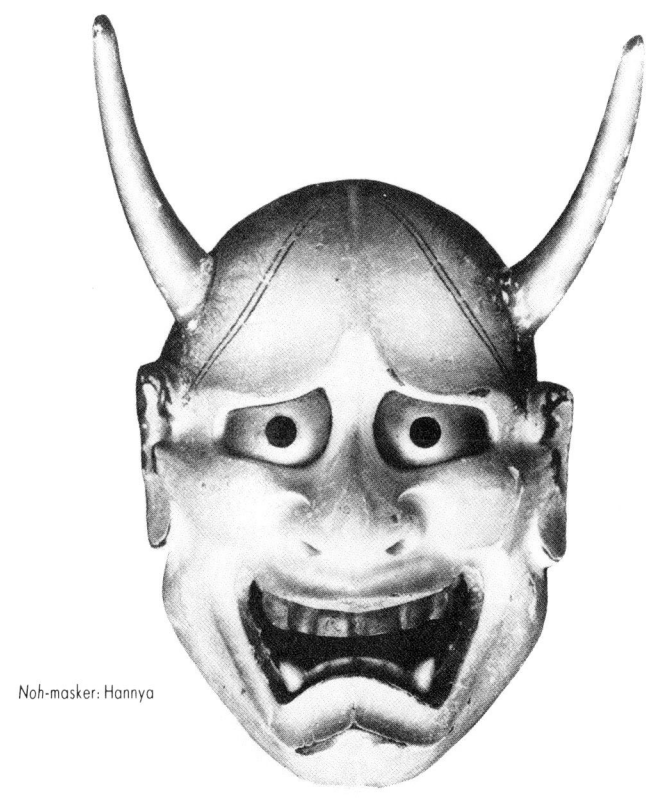

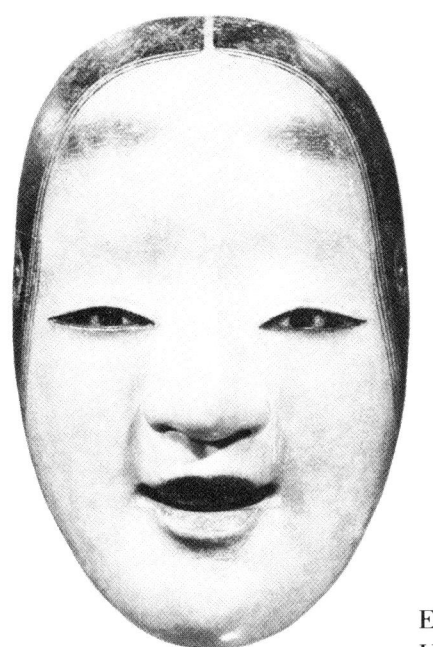

Utagawa Toyokuni, Kaboeki-acteur, 1795

Europa was dus niet de enige plaats waar historische vooruitgang plaatsvond. Uitdrukkingen als 'donker Afrika', het 'wilde Amerika' en het 'achtergebleven Azië' verrieden slechts de arrogantie van Europa ten tijde van haar wereldwijde expansie.

De wereld een kleurrijk palet

Nu we het einde van de twintigste eeuw naderen is het aantal staten op de wereld tot boven de honderdzestig gestegen. In deze eeuw hebben supermachten twee wereldwijde oorlogen gevoerd. Na de eerste wereldoorlog ontstonden er in Oost-Europa vele nieuwe naties. De koloniën in Oost- en Zuidoost-Azië verklaarden zich na de tweede wereldoorlog onafhankelijk. In de jaren zestig maakten veel Afrikaanse naties zich van Europa los. In de jaren zeventig werden in de Stille Oceaan talrijke mini-naties geboren. De aarde wordt bevolkt door talrijke etnische groepen. Er bestaan de meest uiteenlopende stammen en rassen, samenlevingen en

Hokusai, Katsushika (1760-1849), Schertsprent

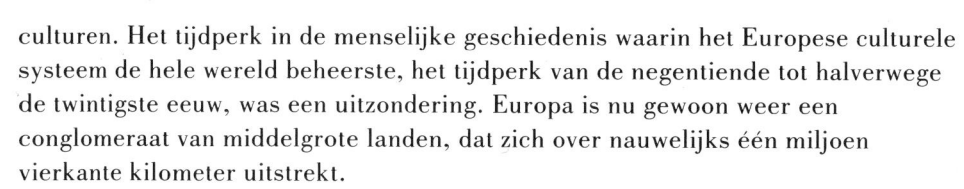

culturen. Het tijdperk in de menselijke geschiedenis waarin het Europese culturele systeem de hele wereld beheerste, het tijdperk van de negentiende tot halverwege de twintigste eeuw, was een uitzondering. Europa is nu gewoon weer een conglomeraat van middelgrote landen, dat zich over nauwelijks één miljoen vierkante kilometer uitstrekt.

Terwijl de golf van Europees expansionisme langzaam wegebt worden de kleurrijke patronen die daaronder verborgen lagen langzaam weer zichtbaar. Het mozaïek van afzonderlijke culturen dat de aardbol bedekt begint zijn ware kleuren weer te tonen. We leven in een tijdperk van diversiteit. Elk van de meer dan honderdzestig landen op de wereld komt op voor zijn eigen geschiedenis en zijn eigen cultuur en streeft naar coëxistentie met andere landen.

In samenlevingen waar de markt niet zo sterk ontwikkeld was, speelde traditionele muziek een belangrijke rol in sociale gebeurtenissen en festiviteiten, waar ze bloeide tot die samenleving rijp was om zichzelf tot een nieuwe en onafhankelijke natie uit te roepen. De eigen tradit004 van de verschillende landen in de wereld hebben op die manier de Europese storm doorstaan. Zodra ze onafhankelijk waren zijn die landen begonnen hun eigen tinten aan het palet van de wereldcultuur toe te voegen.

In samenlevingen waar het principe van de markt tot in alle levensgebieden is doorgesijpeld, zijn muziek en kunst zodanig gepolijst dat ze als artikelen kunnen worden verkocht. Wanneer een bepaalde kunstvorm het op de markt goed doet, wanneer hij mensen aan blijft spreken, dan hoeven de erin bewaard gebleven resten van traditionele kunst niet verloren te gaan.

In de tweede helft van de twintigste eeuw zijn over de hele wereld etnische dansgroepen ontstaan, net zoals aan het eind van de negentiende en het begin van de twintigste eeuw het ene orkest na het andere werd geformeerd. Pas onafhankelijk geworden naties en vooral de bevolkingsgroepen die die onafhankelijkheid hebben bevochten zijn zich ervan bewust dat hun eigen traditionele muziek en dans uitermate geschikt zijn als symbolen van hun pas verworven identiteit.

De openingsceremonies van de paar laatste Olympische spelen waren dankzij de vele nationale drachten kleurrijke gebeurtenissen. Wereldtentoonstellingen worden opgevrolijkt door allerlei muziekvormen van deelnemende derde wereld-landen. En het is niet uitzonderlijk dat een professionele vertolker van etnomuziek op een tournee gaat waarbij alle uithoeken van de wereld worden aangedaan. In de sector van de niet-commerciële kunst, bijvoorbeeld op het gebied van beeldende kunst, theater en concerten, is het aandeel van traditionele kunst in vergelijking met vroeger ongelooflijk toegenomen. Wie de moeite neemt er even bij stil te staan zal beseffen dat het grootste deel van alle klassieke muziek die tegenwoordig te beluisteren valt, is gecomponeerd tussen de achttiende en het begin van de twintigste eeuw. Het is de muziek van het verleden, het erfgoed uit de gloriedagen van Europa.

Maar niet alleen de Europese klassieke muziek is de nalatenschap van een roemrijk verleden, dat geldt ook voor *kaboeki* en *jingjoe*. En voor de Indiase *vina*, die in de cultuur van de brahmanen tot ontwikkeling kwam. En voor de Chinese *siter*, die in de intellectuele klassen in gebruik was. De meeste traditionele muziek heeft haar wortels in de levensstijlen van premoderne samenlevingen.

De illusie van universaliteit

Maar de tijden veranderen snel. We zijn onherroepelijk het tijdperk van de technologie binnengetreden. Of we er nu beter van worden of niet, de samenleving is voorgoed veranderd. Een belangrijke verandering is de ontdekking van olie als leverancier van energie. Olie laat zich goed vervoeren en opslaan. Ze is praktisch in het gebruik en levert vijftig procent meer energie dan kolen.
Klassieke muziek was de muziek van de industriële revolutie, en de industriële revolutie had alles te maken met het gebruik van kolen als belangrijkste energiebron. Ontdekkingsreizigers als Marco Polo en Ibn Battoeta waren verbaasd toen ze merkten dat in de Juan-huishoudens in China kolen werden gebruikt. Maar kolen waren onpraktisch en legden grenzen op aan de flexibiliteit van de samenleving. Dankzij de olie, die overal kan worden gebruikt, zijn die grenzen opgeheven.
De moderne technologische ontwikkeling is in Europa begonnen. Ze had een enorme invloed en veranderde het aanzien van de wereld. Maar ze werkte als een tweesnijdend zwaard. De technologische superioriteit, waaraan Europa een beslissend voordeel ten opzichte van de rest van de wereld ontleende, begon de fundamenten van de eigen samenleving aan te tasten. Europa liet niet alleen de rest van de wereld naar haar pijpen dansen, ze danste zelf ook, opgezweept door de tamtam van de geschiedenis. Met haar eigen muziek heeft ze de landen om zich heen veranderd, maar daarmee zette ze een vloedgolf in beweging die niet meer viel te stoppen. De sociale dynamiek die de mythe van de Europese cultuur over de wereld heeft verbreid, is dezelfde die nu de culturele uitingen van meer dan honderdzestig landen uitzaait. De wegen der geschiedenis zijn complex en verrassend.

China, eind zeventiende eeuw

Steenreliëf van de Boroboedoer (detail), Java, 750-800 na Christus

Het tijdperk van de Europese klassieke muziek was, zo kunnen we nu zeggen, in zekere zin ook het tijdperk van de etnische muziek. Tegelijkertijd waren immers op grote afstand en buiten het gezichtsveld van Europa mensen bezig hun eigen traditionele muziek te ontwikkelen en vervolmaken. Japan beleefde het Meidji-tijdperk, een tijdperk waarin de culturele revolutie zich in een steeds hoger tempo voltrok. De tradities van het oude Japan behielden bij al die veranderingen hun centrale plaats, maar de veranderingen gingen sneller vanaf het moment dat Japan uit Europa politieke en wetenschappelijke ideeën begon te importeren.
In Indonesië werd de hoofse cultuur uit de Kraton-tijd steeds verfijnder.
Vreemd genoeg deed die ontwikkeling zich voor terwijl de Hollanders hun macht uitbreidden en de politieke macht van de vorsten afnam. In plaats van aan politiek wijdde men zich aan cultuur. Ook aan Indiase hoven bleef onder de Engelse heerschappij de traditionele muziek behouden en werd ze zelfs verder ontwikkeld. In feite hebben we te maken met één en hetzelfde verhaal, verteld vanuit verschillende invalshoeken. Of we het nu hebben over de bloei van de klassieke muziek in Europa, de verfijning van de Indiase muziek, de sfeervolle klanken van het *gamelan*-orkest of de evolutie van de Japanse muziek – steeds gaat het om traditionele muziek uit één en hetzelfde tijdperk.
Toen olie en electriciteit gangbaar werden, kwamen andere soorten muziek in de schijnwerpers te staan: chansons, tango-muziek, jazz, *hi-life*, calypso, *salsa* en *krontjong*. De tijd dat liefhebbers van klassieke muziek buiten Europa zich met bamboe-grammofoonnaalden moesten behelpen om de grote meesters uit de negentiende eeuw te kunnen beluisteren, is voorbij. En ook voorbij is de tijd dat films bij mensen in Azië en Afrika een niet te stillen honger deden ontstaan naar alles wat met Europa te maken had. In de tweede helft van de twintigste eeuw begon er een nieuw tijdperk van elektronische technologie. Jongeren van alle

Yoshida Koichi (Tokio, 1946) promoveerde aan de Keio Universiteit in de economie. Componist. Was producent van concerten en grammofoonplaten en redacteur voor klassieke muziek bij CBS-Sony. Is tegenwoordig muziekcriticus en publicist, met name op het gebied van uiteenlopende muziektradities. Leefde enige tijd in West-Afrika. Is getrouwd met de componiste Nagayo Sueko, met wie hij meerdere werken schreef. Woont in Tokio.

nationaliteiten raakten in de ban van elektronische instrumenten. Popmuziek in alle mogelijke lokale varianten bloeide over de hele wereld op.

Toch zal de mensheid waarschijnlijk nooit een totaal homogene cultuur voortbrengen. De planeet aarde zal altijd verschillende levensstijlen kennen, afhankelijk van de beschikbaarheid van grondstoffen, van de plaatselijke economische mogelijkheden, van de eigen geschiedenis en van de eigen culturele tradities. De verschillende culturen op deze aarde kunnen niet als een pak kaarten door elkaar worden geschud. De nivellerende invloed is niet zo sterk dat ze de culturele diversiteit kan vernietigen en vervangen door een geheel nieuwe, homogene *lifestyle*.

Muziek is een universeel menselijk verschijnsel. Maar er heeft nooit een universele muziek bestaan. Er was een tijd dat mensen droomden van een universele cultuur, maar werkelijke universaliteit heeft nooit bestaan, zelfs niet in Europa. Door de eeuwen heen hebben mensen vele muzikale vormen ontwikkeld en aan latere generaties doorgegeven. De caleidoscoop van muzikale vormen toont ons over de grenzen van tijd en ruimte heen hoe creatief mensen kunnen zijn.

De mensheid is nog niet zo lang geleden begonnen de twee miljoen jaar dat de *homo sapiens* op aarde vertoeft in kaart te brengen. We hebben nog nauwelijks meer dan een uiterst vaag beeld van de verschillende culturele en muzikale uitingen van de mensheid. Maar één ding is duidelijk: de wereld ziet er heel anders uit dan in de tijd dat ze zich in de schaduw van Europa bevond. En wat de toekomst betreft is het een open vraag welke soorten muziek we allemaal nog te horen zullen krijgen.

Nico Vink

Haalt Simone op tijd de rechtszaal?

Telenovelas in Brazilië

Telenovela en soap opera

Het is vrijdagavond, 21 juli 1972. De Braziliaanse steden lijken uitgestorven. Iedereen zit aan het televisiescherm gekluisterd en kijkt naar de laatste aflevering van het televisiefeuilleton. Zal Simone op tijd in de rechtszaal zijn om met haar getuigenis Cris voor een veroordeling te behoeden?
Die avond werd voor het eerst, maar niet voor het laatst, een kijkdichtheid van bijna honderd procent gehaald. Het was de tijd van het Braziliaanse *Wirtschaftswunder*, de tijd ook dat de militaire dictatuur op het hoogtepunt van haar macht was. In die tijd leefde en werkte ik in Brazilië. Ik werkte onder arme mensen, mensen uit de arbeidersklasse, en probeerde hen tegen de uitbuiting in het geweer te brengen. Dat was een moeilijke taak. Arbeiders in Brazilië maken lange dagen. Ze moeten vaak uren reizen voor ze weer thuis zijn. Eenmaal thuis kijken ze het liefst naar *telenovelas* en hebben ze weinig lust in vergaderingen over de problemen in de buurt. En zo begon ik me voor *telenovelas* te interesseren. Waarom, zo vroeg ik mij af, hechten mensen daar meer belang aan dan aan onze o zo belangrijke boodschap? En welke invloed hebben de *telenovelas* op hun leven? *Telenovelas* zijn vergelijkbaar met Amerikaanse televisieseries. Ze hebben beide hun oorsprong in de zogeheten *soap operas*, de radioseries die de reclames voor wasmiddelen omlijstten. Maar de *telenovelas* hebben een eigen ontwikkeling doorgemaakt. Terwijl de hedendaagse Amerikaanse *soap operas* overdag worden uitgezonden, verschijnen *telenovelas* gedurende *prime time* op het beeldscherm, dus van 's avonds zes uur tot half tien. Er volgen er dan drie na elkaar, elk voor een ander publiek. De eerste is voor de jeugd, de tweede is op een breder publiek gericht en heeft een humoristisch karakter, de derde is voor een meer volwassen publiek en is gewaagder qua onderwerp en qua beelden.
Terwijl *soap operas* jarenlang door kunnen gaan, heeft de *telenovela* honderdvijftig à tweehonderd afleveringen. Een *telenovela* duurt daardoor gemiddeld zes maanden. *Soap operas* zowel als *telenovelas* hebben een open verhaal, dat wil zeggen dat ze tijdens de produktie worden geschreven, zodat het script telkens aan nieuwe omstandigheden kan worden aangepast. Zo kan het gebeuren dat een acteur of actrice, die het in een bijrol erg goed doet, later in het verhaal steeds meer op de voorgrond treedt. De Braziliaanse schrijvers van *telenovelas* verwerken daarnaast ook nieuws en actualiteiten in hun script. De beroemde *novela*-schrijver Dias Gomes gebruikte bijvoorbeeld de Watergate-affaire in zijn *O Bem-amado*, waarin hij een plaatselijke *coronel* (bestuurder) een biechtvader af laat luisteren. Sinds 1964 zijn er in Brazilië zo'n vierhonderd *telenovelas* geproduceerd. Het is wellicht zinnig er eentje uit te kiezen en samen te vatten. We zouden daarvoor bijvoorbeeld *De slavin Isaura* kunnen nemen, die veel succes had en naar meer dan honderd landen, waaronder Cuba en China, is geëxporteerd. Of *Roque Santeiro*, een van de recente *novelas* van Dias Gomes, die de hoogste kijkdichtheid in de

geschiedenis van het genre haalde. Maar we kiezen voor *Selva de Pedra (De jungle van beton)*, een *novela* geschreven door Janet Clair en uitgezonden in 1972. Het is een echte klassieker, waarvan kort geleden nog een nieuwe versie werd gemaakt. De held van deze *novela* is Cristiano, een jongeman uit een arme familie op het platteland. Cris vertrekt al gauw naar de grote stad, in dit geval Rio, waar hij rijk en machtig hoopt te worden. Hij trouwt met Simone, die zo verzot op hem is dat ze haar loopbaan als beeldhouwster voor hem opgeeft. Hij wil dat ze thuis blijft en zich door hem laat onderhouden. Op het moment dat Simone in verwachting is begint Cris een relatie met Fernanda, een meisje uit de hogere klasse. Hij wordt daarin aangemoedigd door zijn oom Aristides, een rijke reder. Cris vindt zijn carrière belangrijker dan zijn liefde voor Simone, van wie op een gegeven moment wordt beweerd dat ze bij een auto-ongeluk om het leven is gekomen. Cris volgt zijn oom op als eigenaar van de scheepswerf. Maar wanneer Fernanda in de kerk op hem wacht om met hem in het huwelijk te treden, komt Cris niet opdagen.

Mexico, 1983

Inmiddels is Simone, die nog in leven blijkt te zijn en een beroemd beeldhouwster is geworden, incognito in de stad teruggekeerd. Om een lang verhaal kort te maken: na een hoop problemen en ruzies, ook tussen Simone en Fernanda, eindigt de *novela* met de gelukkige hereniging van Simone en Cris.

Het verhaal doet nogal sentimenteel en melodramatisch aan en men vraagt zich af wat het met het leven van de gemiddelde kijker te maken heeft. Toch is dat meer dan men op het eerste gezicht denkt. De meeste Brazilianen zijn wel eens met migratie in aanraking gekomen, hetzij doordat ze zelf, hetzij doordat een familielid migreerde. De afgelopen decennia zijn miljoenen mensen van het platteland naar de stad verhuisd. Voor de meesten van hen is het een harde overlevingsstrijd geworden. Lang niet iedereen zal het uiteindelijk zo ver hebben geschopt als Cris, maar de problemen en dilemma's waar hij voor kwam te staan zijn voor veel mensen herkenbaar. En waarom zouden de sentimenten en tranen die bij de kijkers worden losgemaakt per se slecht zijn?

Modernisering, vervreemding en verzet

De laatste jaren zijn er karrevrachten boeken verschenen over de maatschappelijke invloed van de media. Er zijn veel visies op de aard van die invloed ontwikkeld. Om het overzichtelijk te houden zal ik me hier tot drie van de belangrijkste visies beperken, die ik voor het gemak van de etiketten 'modernisering', 'vervreemding' en 'verzet' zal voorzien.

Aanhangers van de eerste visie, die met name in de jaren zestig populair was, kennen aan de media een uiterst positieve invloed toe. De media spelen volgens hen een belangrijke rol in de verbreiding van de moderne individualistische waarden. De media wakkeren de ambities van mensen aan en de economie vaart daar wel bij. De maatschappelijke invloed van de media wordt dus vooral in de groei van de produktie gezien, terwijl problemen van sociale ongelijkheid buiten beschouwing blijven.

De vervreemdingstheorie heeft daarentegen een negatieve kijk op de media. Deze visie, die van de Frankfurter Schule stamt, kende vooral in de late jaren zestig in Latijns-Amerika veel aanhangers. De vervreemding die de media met name bij de arbeidersklasse zouden bewerkstelligen, verklaart volgens hen waarom die klasse haar situatie schijnbaar zo gelaten accepteert. Maar de werkelijkheid bewees weer eens anders te zijn dan de theorie veronderstelde. In de jaren zeventig konden zelfs sociologen niet ontkennen dat ondanks de scherpe dictatuur overal oude en nieuwe sociale bewegingen opbloeiden. Hoewel het aantal televisieseries toenam, ontplooiden mensen steeds meer sociale activiteiten, zoals bijvoorbeeld in de basisgemeenschappen van de kerk.

Deze ontwikkeling gaf aanleiding tot de formulering van een alternatieve visie op de media. Volgens die visie is de invloed van de media niet echt heel groot, omdat de volksmassa's hun eigen cultuur hebben die hen in staat stelt de invloed van de dominante cultuur te weerstaan. Deze verzetsvisie gaat er evenals de vervreemdingstheorie van uit dat maatschappelijke verandering iets structureels is. Omdat de maatschappelijke machtsstructuur gebaseerd is op de scheiding tussen onderdrukkende en onderdrukte klassen, is maatschappelijke verandering een kwestie van klasse-organisatie. Alleen door de onderdrukte klasse te mobiliseren kan de bestaande sociale structuur ter discussie worden gesteld. Organisatie en mobilisatie worden bewerkstelligd door mensen van hun sociale positie bewust te maken. Op dit punt zijn de ideeën van Paulo Freire van grote invloed geweest.

Zelf kan ik het met geen van deze drie visies volledig eens zijn. Hoewel de eerste visie, de moderniseringstheorie, een open oog heeft voor de culturele aspecten van maatschappelijke verandering, vat ze die toch te eenzijdig en naïef op.
De vervreemdings- en de verzetstheorie zijn realistischer omdat ze van een klassenanalyse uitgaan. Iedere toerist die door Brazilië reist zal niet om de enorme verschillen tussen de sociale klassen heen kunnen. Dat neemt niet weg dat het niet eenvoudig is te omschrijven wat er nu precies onder een sociale klasse moet worden verstaan.
Sociologen in Latijns-Amerika, maar niet alleen daar, hebben traditioneel een neiging tot economisme. Dat wil zeggen dat ze politieke, sociale en culturele ontwikkelingen vaak wat al te snel herleiden tot veranderingen in het produktieproces. Om dat te vermijden zou ik hier de ideeën van Pierre Bourdieu willen introduceren. Volgens hem wordt de klassepositie van mensen door meer dimensies gekenmerkt dan alleen de economische. Simpel gezegd komen zijn ideeën erop neer dat mensen niet alleen over een economisch kapitaal beschikken, maar ook over een cultureel of symbolisch kapitaal. De klassepositie van personen of groepen wordt niet alleen bepaald door hun rol in het produktieproces, maar ook door de culturele goederen waar zij over beschikken of die ze consumeren.
Enkele voorbeelden kunnen dit illustreren. Tot iemands culturele kapitaal behoort bijvoorbeeld een bepaald taalgebruik, al dan niet met een lokaal accent, het vermogen om zich op diners en recepties te bewegen, een bepaalde smaak, specifieke esthetische voorkeuren, kennis van literatuur of voetbal, het vermogen om Franse wijnen of Schotse whisky's te herkennen, en zelfs een bepaalde lichaamstaal. Het bezit van deze symbolische goederen bepaalt tot welke categorie iemand behoort – of iemand tot de klasse behoort waar het op 'smaak', 'intelligentie', 'verfijning' en 'belangrijkheid' aankomt of tot de klasse die als 'smakeloos', 'ongeschoold', 'achtergebleven' en 'oninteressant' betiteld wordt.
Op deze manier bepalen culturele goederen iemands sociaal-culturele positie in de maatschappij.
Maar aan de drie besproken visies mankeert nog meer dan alleen hun economisme. Ze zijn daarnaast ook nogal rationeel en ruimen weinig plaats in voor emoties. Daarmee weerspiegelen ze de typisch westerse voorkeur voor de rationele en intellectuele dimensies van de ervaring en de daarmee gepaard gaande onderschatting van gevoelens (die overigens hand in hand gaat met de onderschatting van het vrouwelijke). Ik geloof dat hierin een van de redenen ligt waarom *telenovelas* door intellectuelen nauwelijks worden gewaardeerd: ze zijn in hun ogen te zeer gebaseerd op emoties en sentimenten en doen te zeer een beroep op invoelingsvermogen.
Ook over dit verschijnsel heeft Bourdieu zijn licht laten schijnen. Hij gaat ervan uit dat esthetische oordelen per klasse verschillen. Het publiek uit de hogere en middenklasse is vooral geïnteresseerd in de formele aspecten van een kunstwerk, heeft meer waardering voor een ingewikkeld plot dan voor een lineair verhaal en hecht veel waarde aan een kritische distantie tot het werk. Mensen uit de arbeidersklasse zijn meer gespitst op de actie dan op de vorm, houden van een recht-toe-recht-aan verhaal met een *happy end* en mogen zich graag met de personages identificeren. Die identificatie kan zelfs zo ver gaan dat ze de slechterik in het verhaal gaan uitschelden, niet omdat ze niet in de gaten hebben dat het om fictie gaat, maar omdat de identificatie met het verhaal voor hen nu juist het meest wezenlijke is en hen het meeste plezier verschaft.
In het licht van opvattingen als die van Bourdieu komt de vraag naar de

maatschappelijke invloed van de media er enigszins anders uit te zien. Wanneer het erom gaat de machtsverhoudingen in een maatschappij te veranderen, zal het niet alleen om economische macht gaan, maar ook om symbolische macht. De vraag luidt dan in eerste instantie welke sociaal-culturele effecten de media hebben. In tweede instantie kan men zich dan afvragen welke bijdrage de media kunnen leveren aan de verandering van de symbolische machtsverhoudingen. Kunnen ze daar bijvoorbeeld aan bijdragen door meer plaats in te ruimen voor culturele produkten die zijn afgestemd op of voortkomen uit de arbeidersklasse? Kunnen ze onder andere in de vorm van *telenovelas* een zodanig beeld van de arbeidersklasse creëren dat arbeiders daarin hun positie als uitgebuitenen kunnen herkennen? (Dergelijke vragen kunnen overigens ook gesteld worden ten aanzien van de ongelijkheid tussen seksen en tussen rassen.)

De Braziliaanse cultuurindustrie

Het televisietijdperk begon in Brazilië in de jaren vijftig met twee uit de Verenigde Staten geïmporteerde camera's. Eén van de twee bezweek meteen al onder de champagneflos die er ter inwijding op kapotgeslagen werd. Maar niet alleen het materiaal was Noordamerikaans, ook de commerciële opzet en het particuliere eigendom werd van de grote broer afgekeken.

De eerste tien jaar was een televisietoestel nog zo duur dat het een luxe was die bleef voorbehouden aan de elite van Sao Paulo en Rio. Pas toen in 1965 Globo, gesteund door het Time/Life-concern, met haar uitzendingen begon, ontwikkelde de televisie zich tot een industriële onderneming. Aan de snelle groei van het televisiebedrijf werd door een aantal factoren bijgedragen.

In de eerste plaats door het zogenoemde 'economische wonder': de enorme groei van de economie in de periode van 1965 tot 1974. Hoewel die economische groei vooral werd veroorzaakt doordat een minderheid steeds meer luxe goederen consumeerde, nam ook in andere bevolkingsgroepen de consumptie toe. Industrie en dienstverlening kregen daardoor behoefte aan een manier om de hele bevolking te bereiken. Om economische redenen en vanwege de hoge graad van analfabetisme waren de geschreven media daar slechts in beperkte mate voor geschikt. De televisie werd enorm belangrijk. Bovendien stimuleerde de staat de ontwikkeling van het televisiebedrijf, niet alleen door de technische infrastructuur te verbeteren, maar ook door zichzelf tot een belangrijke adverteerder op te werpen en zeker niet in de laatste plaats door regelingen te treffen waardoor televisietoestellen in vierentwintig à zesendertig maanden konden worden afbetaald. Deze laatste maatregel verklaart waarom overal in de steden van Brazilië tot in de kleinste uithoeken van de armoedigste krottenwijken televisietoestellen kunnen worden aangetroffen.

Het grote economische belang van televisie in Brazilië wordt duidelijk wanneer men beseft dat meer dan de helft van het totale reclamebudget aan televisiespots wordt besteed, waarbij men moet bedenken dat Brazilië qua geld dat aan reclame wordt uitgegeven in de wereld de zevende plaats inneemt. In feite is de belangrijkste functie van de televisie het verkopen van publiek aan adverteerders. De wet staat toe dat van elk uur zendtijd een kwartier aan reclame wordt besteed. Die reclame is van invloed op de vorm van de *telenovelas*. Tijdens iedere aflevering zijn er drie onderbrekingen voor reclame en om de aandacht van de kijker vast te houden moet er telkens een moment van spanning worden ingebouwd. Voor een omroep als Globo zijn de *telenovelas* van groot belang omdat ze zich op die manier

van een vast publiek verzekert dat op gezette tijden het juiste kanaal inschakelt. Bovendien wordt tussen de *novela* van zeven uur en die van half negen het nieuws uitgezonden, dat een nog net iets hogere kijkdichtheid heeft dan de *novelas* zelf. Naast de reclamespots wordt ook de zogeheten *merchandising*, de stiekeme reclame, steeds belangrijker. De omroepen hebben speciale afdelingen die zich met het uitbaten van deze vorm van reclame bezighouden. Wanneer de held in een *novela* een biertje pakt is het niet moeilijk daarvoor een bepaald merk te gebruiken. En het verhaal heeft er ook niet onder te lijden wanneer er even wordt ingezoomd op het merk van de auto waarin de held zich verplaatst. Maar soms loont het zich om de plot aan te passen opdat er een of ander nieuw produkt kan worden vertoond. *Novela*-schrijvers ontkennen dat er op dat punt druk op hen wordt uitgeoefend, maar aan de andere kant is bekend dat zij door de plot te veranderen een hoop geld kunnen verdienen, vaak meer dan hun gewone salaris.

Kan men op grond hiervan nu spreken van cultureel imperialisme en van de dominantie van de media door de heersende klasse? Wat het culturele imperialisme betreft is een sterke invloed van de Verenigde Staten onmiskenbaar. De meeste speel- en tekenfilms komen uit Hollywood. Maar wanneer we de kijkdichtheid van de programma's in ogenschouw nemen, dan verandert het beeld. De programma's die gedurende *prime time* worden uitgezonden zijn allemaal van Braziliaanse makelij. Sterker nog: Globo exporteert veel *novelas* naar het buitenland, inclusief de Verenigde Staten, waar de Spaanstalige televisiestations Latijnsamerikaanse *novelas* uitzenden. En nog niet zo lang geleden kocht Globo een televisiestation in Monte Carlo om zich op de Italiaanse markt te gaan richten.

Ook de stelling dat de televisie-industrie door een elite wordt beheerst is te simpel. Natuurlijk is het zo dat de televisiestations in handen zijn van slechts enkele, zeer rijke mensen. Maar aangezien het om een industrie gaat is het produkt het resultaat van collectieve arbeid. De sleutelposities in die industrie worden ingenomen door mensen uit de middenklasse. Dat geldt voor de overgrote meerderheid van de schrijvers, acteurs en regisseurs. De populaire Dias Gomes is zelfs een verklaard marxist en veel acteurs zijn lid van de communistische partij. Een en ander leidt ertoe dat de onderwerpen en waarden die in de programma's aan de orde komen lang niet allemaal de belangen van de heersende klasse dienen. Het is eerder zo dat in de *telenovelas* mensen uit de heersende klasse er nogal slecht van af komen: ze zijn dan wel steenrijk maar nauwelijks gelukkig, ze hebben veel problemen, zijn hardvochtig en corrupt, enzovoort.

In tegenstelling tot bekende Noordamerikaanse televisieseries zoals *Dallas* en *Dynasty* spelen in de Braziliaanse *telenovelas* arbeiders wel degelijk een rol. Natuurlijk staat de romantische liefde tussen held en heldin centraal, maar meestal is een van de twee arm en de ander rijk. Wel wordt het leven van de arbeiders in de *novelas* meestal mooier voorgesteld dan het in werkelijkheid is. Hun kleding en hun behuizing is fraaier en hun bestaan romantischer dan in het echt. De *telenovelas* laten daarnaast ook iets van de uitbuiting zien en van het verzet daartegen, maar dat gebeurt niet op een politieke manier. De oplossingen die de personages voor hun situatie vinden zijn altijd individueel van aard en nooit collectief. De minvermogende hoofdpersoon komt hogerop door met iemand uit de hogere klasse te trouwen, door succes in zaken te hebben of door zichzelf het nodige bij te leren en zodoende het eigen culturele kapitaal te vergroten. Ook andere sociale problemen, zoals de werkloosheid, de ongelijke verdeling van land en het druggebruik komen veelal alleen vanuit een individuele optiek aan de orde.

Maar daarmee is niet gezegd dat de *telenovelas* de sociale werkelijkheid getrouw uitbeelden. Ten tijde van de dictatuur bestond er een strenge censuur, die in de huidige Nieuwe Republiek nog niet is verdwenen. Bloot en seks zijn nog altijd verboden, een vrijpartij mag alleen worden gesuggereerd maar niet vertoond. Ook homoseksualiteit mag alleen indirect worden aangeduid. Bepaalde onderwerpen zijn taboe, zoals rassenconflicten, en dat terwijl die zich in Brazilië regelmatig voordoen. Naast het Ministerie van Justitie zijn de belangrijkste censurerende instanties de kerk en de conservatieve pressiegroepen.

Brazilië, 1984

Nico Vink (Haarlem, 1938) is na een pastorale opleiding filosofie en theologie gedurende negen jaar werkzaam geweest in de volkswijken van Porte Alegre (Brazilië). Daar begon hij met de studie sociale wetenschappen, die hij in Amsterdam afrondde. Thans verbonden aan de Dienst Internationaal Onderwijs en Training van het Koninklijk Instituut voor de Tropen. Bereidt een dissertatie voor over massamedia en sociale verandering.

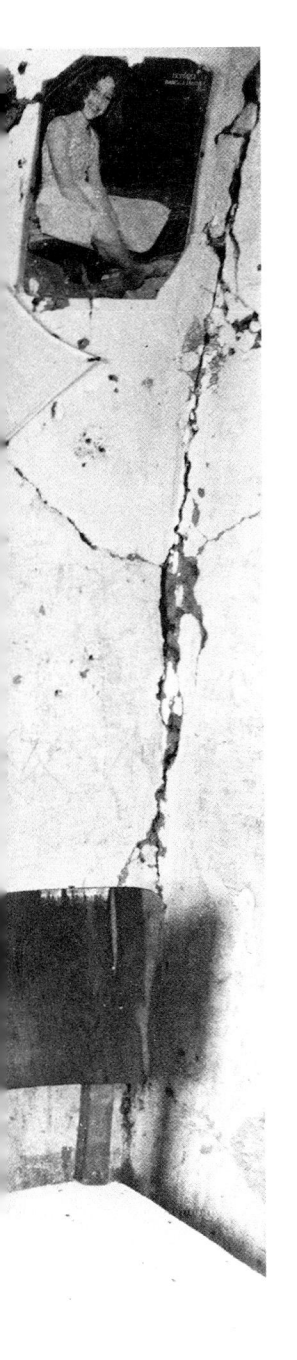

Sociaal-culturele effecten

Wanneer men het over de sociaal-culturele effecten van de Braziliaanse *telenovelas* wil hebben, moet men twee dingen goed in de gaten houden. In de eerste plaats is het zo dat voor mensen uit de arbeidersklasse de televisie naast de radio de belangrijkste toegang tot de cultuur vormt. Kranten, boeken en films zijn voor de gemiddelde arbeider en zijn gezin niet te betalen. In de tweede plaats moet men beseffen dat mensen thuis televisie kijken, een gegeven dat voor een samenleving als de Braziliaanse niet zonder betekenis is. De Braziliaanse antropoloog Roberto da Matta heeft in meerdere boeken uitgebreid laten zien dat Brazilianen zich *na casa* (thuis) heel anders gedragen dan *na rua* (op straat). Thuis is de Braziliaan een stuk behoudender dan in het openbaar. Mannen gedragen zich thuis veel rustiger tegenover hun echtgenoten dan men zou denken wanneer men ze op straat of in cafés bezig ziet.

We hebben reeds vastgesteld dat *telenovelas* heel geliefd zijn en op het nieuws na de hoogste kijkcijfers halen. Hoewel de meeste mannen de *novelas* typisch iets voor vrouwen vinden, wijzen de cijfers uit dat er maar weinig minder mannen dan vrouwen kijken. Dat geldt vooral voor de late *telenovela* die na het nieuws wordt uitgezonden. Wat de kijkdichtheid betreft zijn er tussen de verschillende sociale klassen nauwelijks verschillen. Alleen in de hogere klasse wordt er significant minder naar *telenovelas* gekeken.

Telenovelas beïnvloeden het sociale leven op verschillende manieren. Om te beginnen hebben *telenovelas* een onmiskenbare invloed op de mode en op het consumptiegedrag. *Novelas* kunnen trends veroorzaken. *Merchandising* blijkt goed te werken.

Ondina Fachel heeft een klein maar interessant onderzoekje gedaan onder gezinnen uit de arbeidersklasse en uit de hogere middenklasse. Zij vergeleek hoe in beide groepen op *telenovelas* wordt gereageerd en hoe het verhaal wordt naverteld. De verschillen die zij vond komen aardig overeen met de eerder besproken verschillen die Bourdieu in de smaakoordelen van de verschillende sociale klassen constateerde.

Een andere onderzoekster, R.M. Bueno Fischer, stelde vast dat adolescenten aan de liefdesrelaties in *telenovelas*, en in het algemeen aan de manier waarop mannen en vrouwen op de televisie met elkaar omgaan, modellen ontlenen om hun eigen gedrag mee te vergelijken en zo zichzelf beter te leren kennen. Eerder was al uit onderzoek gebleken dat dit ook voor huisvrouwen geldt. Dat werd mij ooit bevestigd door een vakbondsman die vertelde hoe de vrouwen van zijn collega's over hun echtgenoten klaagden. Die vrouwen hadden van de televisie geleerd dat vrijen meer kon zijn dan alleen maar met de benen wijd. Maar hun echtgenoten wilden van erotiek en voorspel niets weten, omdat ze, zo zei mijn zegsman, '*dat wat ze in hoeren waarderen, niet van hun vrouwen accepteren*'.

De *telenovelas* bieden nieuwe modellen voor de omgang tussen mannen en vrouwen en vestigen de aandacht op de rol van gevoelens en sentimenten. Van de stereotiepe rolverdeling tussen macho-man en passieve heldin is zeker in de meer recente *telenovelas* geen sprake meer. Veel van de vrouwelijke hoofdpersonen zijn sterke, actieve, dynamische vrouwen die hun lot in eigen handen nemen, hun eigen inkomen hebben en een beroep uitoefenen. Wellicht dragen *telenovelas* er op die manier toe bij dat vrouwelijke kijkers door zich met de heldinnen te identificeren zich verder zullen emanciperen.

Norman de Palm

De tongkus van een kwal

Allochtone kunsten in het Nederlandse cultuurbestel

Een sprookje

In april 1986 kwamen ruim veertien theatergroepen van allochtone samenstelling bij elkaar. Dat is op zich niets bijzonders – de verschillende groepen uit Amsterdam, Rotterdam en Groningen treffen elkaar wel vaker. Meestal gaat het dan over wat de overheid c.s. van hen denkt en welk beleid ze nu weer door de keel krijgen geramd. Maar dit keer kwamen ze bijeen om te kijken welke ideeën zij zèlf over theater hadden en om een inventarisatie te maken van wat er ontbreekt, wat er al is en wat nodig verder moet worden ontwikkeld. Uit de bijeenkomst kwam de FAT, de Federatie van Allochtone Theatermakers, voort die zich ten doel stelt de belangen van de aangesloten theatermakers te behartigen en gesprekspartner te worden van de overheid op landelijk, provinciaal en regionaal niveau.

Waarom is er een aparte federatie van allochtone theatermakers nodig? Laat ik dat toelichten met een oud sprookje – een etnisch sprookje, een exotische hap, waarbij de witte meneer, de witte man, de witte vrouw, de *bwana*, de *massa*, de *sahib* zich goed kan voelen en zich open kan stellen voor de kwellingen van de allochtoon. Mijn mede-allochtonen kennen het verhaaltje al, maar dat hoeft de pret niet te drukken.

Welnu, er was eens een rijk land dat in 1986 de Verlichting bereikte en querulerend rondpreekte wat goed en rechtvaardig was. De overige landen noemden deze eigenschap Hollanditis. Het witte land maakte zich sterk voor de *underdog* – dat is iemand die het slechter heeft als een *dog*, een hond dus. Zij protesteerden tegen de apartheid in Zuid-Afrika, het imperialisme van Noord-Amerika, de gruwelen van Pinochet in Chili en de ellende in het Midden-Oosten. Degenen die het land regeerden deden daar niet altijd even hard aan mee maar waren er ook niet tegen: een goede babbel naar buiten en toch gewoon zaken doen met iedereen – een gratis reputatie en lekker voor niks.

Is er dan niets goeds in dit land? Is alles er zwart-wit? Wees gerust, er is wel degelijk iets goeds in dit land: wit is goed en zwart niet. Nee, ik weet dat ik dat niet moet schrijven omdat ik anders het gevaar loop door vrijblijvende liberalen en christen-democraten doof te worden gepraat, of door de linksen te worden gesmeekt mijn credo mee te mogen zingen. Hoewel, een extra actiepunt in de politieke arena is niet te versmaden.

Maar het tegendraadse in mij wint het. Daarom een willekeurige greep uit twee kranten: *de Volkskrant* en de *NRC* van het afgelopen jaar. Ik vind de volgende koppen: 'Buitenlanders vinden moeilijker werk', 'Buitenlanders gaan er als eerste uit', 'Identificatieplicht treft vooral buitenlanders'. Dan zijn er wat kleinere, minder algemene zaken. 'Opvallend veel maagzweren bij Haagse gastarbeiders', 'Vervoersbedrijf beticht van uitbuiten Turkse chauffeurs', 'Zwaardere straffen voor Surinamers en Antillianen', en de conclusie van een Gronings onderzoek: 'Gelijkheid voor de wet blijkt een sprookje'. Ziet u, dit is een sprookjesachtig land. Het kwalijke is de reactie op deze feiten. De gebeurtenissen worden

FEDERATIE
Allochtone Theatermakers

Bij de onthulling van het monument voor Kerwin Duinmeijer, Vondelpark, Amsterdam, 1984

gebagatelliseerd, het onderzoek wordt aangevochten. Kortom, er wordt ontkend, de Nederlander ziet hooguit 'incidenten'. O ja? Was de moord op Kerwin Duinmeijer een incident? Was de discriminatie bij uitzendbureaus een incident? Dit land staat bol van de incidenten. Hoeveel zijn er nodig? Zijn er niet genoeg harde feiten en genoeg incidenten om aan te nemen dat de mogelijkheid bestaat dat er – god betere het – in Nederland wordt gediscrimineerd en dat er – ik durf het bijna niet te zeggen want het is zo'n smerig woord – Nederlanders bestaan die 'racistisch' denken en handelen zonder lid te zijn van de Centrumpartij?

Er wordt in Nederland veel geschreven, veel geredeneerd en er worden veel beleidsvoornemens gemaakt over onderwerpen als antidiscriminatiewetgeving, evenredigheidsprincipe en antiracistisch onderwijs. Menigmaal bekruipt mij daarbij een *unheimisch* gevoel, het gevoel dat je krijgt wanneer een kwal je een tongkus wil geven. Dan denk ik: in dit witte land zit een x-aantal buitenlanders die zo'n tongkus krijgen opgedrongen. Wat een massaal walgelijke gedachte!

Wat ik wil zeggen is kortweg het volgende: Nederland pretendeert *fair play*, maar zodra men werkelijk geld en macht moet delen geeft men niet thuis. Dat baseer ik op het feit dat er te weinig allochtonen op politiek belangrijke plaatsen zitten, dat ze in de ambtenarij idem dito onvoldoende zijn vertegenwoordigd en dat ze in de media te weinig machtsposities bekleden – het derde televisienet heeft voor etnische groeperingen een speelkwartiertje uitgetrokken, ik geloof van twee tot vier of zoiets.

Wat te doen? Ik stel voor: kijk naar landen waar dit probleem al langer speelt, zoals de Verenigde Staten en Engeland. In de VS heeft men een wetgeving die *affirmative action* heet en die ervoor zorgt dat werkgevers een percentage minderheden in dienst moeten hebben dat een afspiegeling is van de samenleving. Het is een simpele uitvoering van het evenredigheidsprincipe en geldt uiteraard ook voor de overheid als werkgever. Wie zich niet aan het principe houdt kan rekenen op een economische sanctie, de enige vorm van sanctie die overal ter wereld wordt begrepen. Dus ik zou zeggen: een quotum instellen, dat is de moraal van dit sprookje. Het begon zo mooi en het eindigt zo lelijk – maar ja, dat gebeurt wel vaker met sprookjes.

Een mythe

Laten we doorgaan zonder sprookjes en overstappen op een fantastische, bizarre mythe. Een mythe over de Grote Boze Maatschappij die ons, allochtonen, onze rechten onthoudt. En over de Cultuur, de Goede Stiefmoeder, die haar afgewezen kinderen liefdevol in de armen sluit – alleen jammer dat ze hen daarbij aan haar boezem dreigt te verpletteren. Die mythe wordt gevoed door al die mensen die doen alsof cultuur niet gewoon een onderdeel is van een politiek beleid en niet wordt uitgevoerd door ambtenaren die geen haar beter zijn dan hun collega's op andere departementen. Alsof cultuurpolitiek niet net als alle politiek gewoon gaat over geld, regels en macht.

Maar ik wil het juist wèl over geld hebben. Let eens op de diverse begrotingen voor kunstuitingen in Nederland zoals genoemd in de Rijksbegroting voor 1987. Het verzamelartikel 'theater, toneel en mime (jeugd- en poppentheater)' krijgt 57 miljoen, letteren 10 miljoen, dans 20 miljoen, muziek 144 miljoen, het verzamelartikel 'beeldende kunst en bouwkunst' 96 miljoen, waarvan 60 miljoen ter compensatie voor de afschaffing van de BKR. Voor film is ongeveer 18 miljoen beschikbaar. Het bedrag voor amateuristische kunst en kunstzinnige vorming is onduidelijk, omdat een groot deel daarvan onder het sociaal-culturele werk valt. Voor allochtone kunstenaars: twee komma één miljoen en vijfentwintig duizend gulden.

Op zichzelf is dit al lachwekkend genoeg. Op een totale kunstbegroting van 345 miljoen krijgen allochtone kunstenaars 0,7 procent toegewezen. Maar het wordt nòg vreemder. Er ligt een voorstel om dit bedrag te halveren, want allochtonen moeten zich maar inpassen in het reguliere circuit. Een bedrag van 1,1 miljoen, waar nog 4 ton bij komt uit de gebedsruimten. In totaal komt dat neer op anderhalf miljoen voor kunst- en cultuuruitingen van allochtonen, nog geen 0,4 procent!

Ik hoop dat u ondanks mijn associatieve stijl toch de indruk hebt gekregen dat het reguliere circuit duidelijk niet op ons zit te wachten, nauwelijks weet heeft van onze kwaliteiten en ook geen moeite doet daar iets aan te veranderen. De Amerikanen gebruiken daarvoor de term *ignorance*. Kwaadaardigheid vanuit onwetendheid vind ik nog schrijnender dan kwaadaardigheid *pur sang*.

Wiedergutmachung

Hoe iemand ooit kan verzinnen allochtonen in te passen in een circuit dat daarover niet is ingelicht zodat ze zelf maar moeten zien hoe ze ertussen komen, is mij een raadsel. Ik vraag u: waaruit blijkt dat instellingen, departementen en cultuurdragers bereid zijn ons in te passen? Laat ik citeren uit een artikel van Jan Blokker in *Film en tv maker* van oktober 1986. Blokker is voorzitter van het Produktiefonds voor de Nederlandse Film, een fonds dat geld ter beschikking stelt voor het maken van films. Naar aanleiding van de Friese film *De dream* van Pieter Verhoeff en de Engelstalige film *Flesh and Blood* van Paul Verhoeven schrijft Blokker dat het Produktiefonds er genoeg van heeft films te subsidiëren die in een andere taal dan het Nederlands zijn opgenomen. Dat geldt volgens hem ook voor Caribische films:

'In dat kader moet een Caribische film die zich puur en alleen daar afspeelt alle tonnen en miljoenen kunnen krijgen die er nodig zijn om die film te maken, maar het Produktiefonds is daar nu uitgerekend niet voor. Ik heb geen boodschap aan de terreurdaden die mijn voorouders vijfhonderd jaar lang in Oost en West hebben begaan. Zo'n film moet gefinancierd worden met geld van onze, terecht in het leven geroepen Wiedergutmachungsinstituten.'

Ter verduidelijking: *De dream* werd uiteindelijk wel gesteund omdat de Friese taal tot de Nederlandse cultuur behoort. Voorwaarde was dat er ook een nagesynchroniseerde Nederlandse versie zou worden gemaakt – die is er nooit gekomen. Voor *Flesh and Blood* gold dezelfde voorwaarde – een Nederlands gesproken versie heeft nooit het licht gezien. Bij films als *Charlotte* van Frans Weisz, *Twee vrouwen* van George Sluizer en *De bloedverwanten* van Wim Lindner hebben de producenten zich wèl aan de afspraak gehouden. Het blijkt dus dat het Produktiefonds films subsidiabel acht die niet in het Nederlands zijn opgenomen of niet in Nederland spelen. Dat neemt niet weg dat de film *Almacitia di Desolato*, op Curaçao en in het Papiamentu opgenomen, door het fonds werd afgewezen.

De allochtonen, in dit geval de Antillianen, zijn kennelijk voor het Produktiefonds een aparte categorie, hoewel Curaçao evenals de provincie Friesland nog steeds tot het Koninkrijk der Nederlanden behoort. Voor de film zijn overigens wel Nederlandse ondertitels gemaakt – nasynchronisatie zou te veel afbreuk doen aan de Antilliaanse cultuur die in de film centraal staat. Gelukkig vond het Fonds van de Nederlandse Film wèl dat de film er moest komen.

Ik vind dat de heer Blokker met zijn opmerking dat 'zo'n Caribische film' maar gefinancierd moet worden met geld van de 'Wiedergutmachungsinstituten' hoog scoort op de schaal van hufterigheid en claustrofobisch denken. Er moeten meer instellingen gaan roepen over 'nieuwe Hollandse scholen' en 'bescherming van het Nederlandse cultuurgoed' – dan duurt het nòg eens vijftig jaar voordat allochtone cultuuruitingen aan bod komen!

Ingelopen

Tussen het Ministerie van WVC en de allochtonen bestaat een controverse over het te voeren cultuurbeleid. Van 1982 tot 1986 heeft WVC een 'categoriaal' (doelgroepgericht) stimuleringsbeleid gevoerd. De gedachte daarachter was dat allochtonen in het reguliere circuit zouden kunnen worden ingepast wanneer ze de achterstand op het vlak van professionaliteit en kader zouden hebben ingelopen. In het concept-beleidsplan van 1986 neemt WVC zonder meer aan dat de allochtonen die achterstand inmiddels hebben weggewerkt en dat ze nu dus maar door de reguliere instanties moeten worden gesubsidieerd.

De allochtonen zelf vinden echter dat de achterstand in het geheel nog niet is ingelopen en dat de reguliere instellingen niet zijn voorbereid op hun komst. Zij organiseerden zich (onder andere in de eerder genoemde FAT) en vroegen WVC zijn categoriale beleid te handhaven totdat de instellingen zich voldoende zouden hebben opengesteld, bijvoorbeeld door allochtonen in hun besturen en raden op te nemen. Tot nu toe zit er slechts één allochtoon in de Commissie Cultuuruitingen Migranten van de Raad voor de Kunst in Den Haag.

Van Nederlandse kant werd een onderzoek verricht door het NCB, het Nederlands Centrum voor Buitenlanders. Aan 350 Nederlandse instellingen werd gevraagd of zij zich in hun beleid specifiek op allochtonen richtten. Slechts de Theaterschool in Amsterdam, de schouwburg Concordia in Breda en het Polanentheater in Amsterdam antwoordden positief. Op de vraag of de instellingen allochtonen in vaste dienst hadden, bleken er slechts drie Indische Nederlanders een vaste benoeming te hebben. Van de 350 instellingen reageerden er trouwens maar 120. Al met al een aardig bewijs voor de stelling dat de problematiek bij de reguliere instellingen niet leeft en dat ze weinig toegankelijk zijn voor allochtonen.

De allochtonen van hun kant hebben op de verschillende *Stagedoor*-festivals laten zien dat er flink wat produkties van de grond zijn gekomen en dat er wat de kwaliteit betreft een duidelijke ontwikkeling valt te bespeuren. Produkties als *Voor vrouwen die in regenbogen geloven, maar ook zelfmoord overwogen* van De Nieuw Amsterdam en *Tramlijn begeerte*, geproduceerd door het Soeterijntheater en geregisseerd door Rufus Collins, laten zien dat dat professionalisme niet alleen het spel en de regie maar ook de produktie betreft. Bovendien is in beide gevallen sprake van bestaande toneelstukken die herschreven werden zodat ze zich 'op het snijvlak van twee culturen' afspeelden – een citerium waar WVC in 1984 druk mee schermde.

Op dit ogenblik (januari 1987) wachten vele produkties op subsidie uit de allochtone potten, variërend van Afrikaanse rituele dans tot Chinees toneel en Caribisch totaaltheater. Bij Migranten-tv worden videoprodukties door allochtone deskundigen begeleid en door allochtonen zelf gemaakt. Er komt een produktiekantoor, Scarabee, dat mensen met ideeën helpt hun bedoelingen te formuleren en subsidie aan te vragen. Er wordt geïnventariseerd wat er allemaal op dit gebied gebeurt. Er is, kortom, sprake van een stroom van projecten en ideeën,

Ibrahim Selman in *Balling in Paradijs*, 1986

251

maar nu de geldkraan wordt dichtgedraaid is het de vraag of ze ooit zullen worden gerealiseerd. In plaats van het budget van ruim twee miljoen naar ruim één miljoen terug te draaien zou het juist een veelvoud van het oorspronkelijke bedrag moeten worden. Alleen dan kunnen de ontwikkelingen worden versneld en de reguliere instellingen onder dwang van sancties worden opengebroken. En pas daarna kunnen we het over inpassen gaan hebben.

De kwaliteitsnorm

Het nieuwste, niet zo subtiele, discriminerende wapen in de hand van cultuurambtenaren is de 'kwaliteitsnorm'. Dat is tegenwoordig hèt *hot item*. In het algemeen meent men te mogen stellen dat het cultuurprodukt van allochtonen van inferieure kwaliteit is. Wij moeten worden bijgeschaafd en bijgesteld. Jan Kassies, de directeur van het Insituut voor Theateronderzoek, zei daar eens over: *'Waarom maken wij ons zo druk over de kwaliteitsnormen van de allochtonen en niet navenant over de kwaliteitsnormen van de autochtonen? Er wordt niet steeds en overal "kwaliteit" geroepen in het reguliere circuit en iedereen weet hoeveel* bullshit *wij produceren.'* Bravo Jan, kort en goed samengevat! Marjan Bierenbroodspot verwoordde het als volgt: *'De cultuur van allochtonen is zo verweven met hun maatschappelijke, sociale, economische en religieuze context, dat de westerse criteria voor kwaliteit hier niet* mutatis mutandis *op van toepassing zijn. Deze normen dienen, vóórdat er van inpassing sprake kan zijn, te worden geherdefinieerd.'*
Een eigenaardigheid van de kwaliteitsnorm is bovendien de dubbelzinnigheid in de toepassing ervan door de overheid. Aan de ene kant moet een project aan professionele eisen voldoen wil het voor subsidie in aanmerking komen en aan de

Helen Kamperveer en Inez Spoor in *Tramlijn Begeerte*, regie Rufus Collins, 1986

Norman de Palm (Aruba, 1948) studeerde klinische psychologie aan de Universiteit van Nijmegen en Educational Theatre aan de University of New York. Acteerde in film en theater. Publiceerde dichtbundels (*Padilanti* en *Na Kamindo*), korte verhalen en theaterstukken (waaronder *Desiree*, *Eennachtnu* en *Voor vrouwen die in regenbogen geloven, maar ook zelfmoord overwogen*) en filmscenario's (*Tus Kos Bon Na New York*, *Desiree* en *Almacita di Desolato*). Is werkzaam als producent van theaterstukken en films van het kunstenaarscollectief Cosmic Illusion Productions.

andere kant is het bedrag dat dan eventueel wordt toegewezen een schijntje, niet eens genoeg voor amateuristische kunstbeoefening.

Maar hoe dan ook: allochtone deskundigen zijn de meest aangewezen personen om te beoordelen of een produkt van allochtone kunstenaars genoeg niveau heeft om gesubsidieerd te worden. Dus moet er met hen over worden gepraat. Bijvoorbeeld over de vraag of kwaliteit iets te maken heeft met de mate van professionaliteit van de medewerkers. Ik stel voor binnenkort een symposium te wijden aan de kwaliteitsnormen op het vlak van de kunsten als geheel. Maar dan moeten de reguliere instellingen wel verplicht worden om mee te doen, want anders komen ze niet, getuige het colloquium dat in 1984 in het Soeterijn-theater voor allochtonen werd georganiseerd: integraal waren de instellingen uitgenodigd, integraal bleven ze weg.

Er is nog een lange, moeizame weg te gaan. Een indicatie: In mijn persoonsgegevens wordt vaak vermeld dat ik lid ben van de Amsterdamse Kunstraad en dat ik het eerste kroonlid ben van etnische oorsprong die op die noemer gekozen is in de Raad voor de Kunst, afdeling Theater. Wilt u dit even noteren? Norman de Palm, de eerste exotische veer, gestoken in de kont – *excusez le mot* – van de Raad voor de Kunst anno 1986. U begrijpt dat zodra in onze vergaderingen het woord 'etnisch' valt, iedereen mij aankijkt en ik iets 'etnisch relevants' te berde mag brengen. Nee, dit is een grap. Het zijn beste, brave mensen en ze vangen me heel goed op.

Ik hoop echter dat er meerdere kroonleden uit etnische minderheidsgroeperingen in de afdelingen plaats zullen nemen en gekozen zullen worden als leden van de werkgroep van de Raad voor de Kunst en de reguliere adviesraden van de gemeenten. Wellicht dat het dan tot de Europese Nederlanders en onze beleidsmakers doordringt dat er een groeiend en bloeiend produkt voorhanden is van etnisch deugdzame makelij.

Verantwoording illustraties

5	Collage F. Beekers, L. Ros en R. Schröder
6-7	Österreichisches Museum für Volkskunde, Wien, 'Völkertafel Steiermark, 18. Jh.', *Kurze Beschreibung der in Europa Befintlichen Völckern und ihren Aigenschaften*
11	Collage F. Beekers, L. Ros en R. Schröder
13	Uit: J.M. Hemelrijk, *Caeretan Hydriae*, Mainz/Rhein 1984
14	(Bertoldo di Giovanni) Foto Kunsthistorisch Instituut, Universiteit van Amsterdam
15	Dr.med. Peter Beckmann, 1985
17	Collage F. Beekers, L. Ros en R. Schröder
19	Foto ABC Press
20	Uit: P. Korniss, *The Land of the Red Cloud*, Boedapest 1982
21	Foto *De Waarheid*
22-23	Indiaanse motieven uit: *Les chemins de la survie*, 1980
23	Foto J. Huizenga, 1987
25	Foto Kunsthistorisch Instituut, Universiteit van Amsterdam
27	Uit: G. Zacharias, *Ballett. Gestalt und Wesen*, Keulen 1962
27	(Versailles) Louvre, Cabinet des Dessins
28	Plattegrond afkomstig uit Allard Pierson Museum, Amsterdam
29	Foto Rob Schröder
30	Foto ABC Press/Alain Keler/Sygma
31	(Tsjernobyl) Foto ABC Press/Tass/Sygma
31	(Amsterdam) Foto Rob Schröder
33	Collage F. Beekers, L. Ros en R. Schröder
35	Collage F. Beekers, L. Ros en R. Schröder
36	Ansichtkaart, copyright Hannibal, Griekenland
36	Ansichtkaart, Ny Carlsberg Glyptotek, Kopenhagen
37	Foto Kunsthistorisch Instituut, Universiteit van Amsterdam, Collectie Keizer Frederik Museum, Berlijn
38	Foto Allard Pierson Museum, Amsterdam
39	Foto Lies Ros, 1986
40	Foto Kunsthistorisch Instituut, Universiteit van Amsterdam
42	Foto J. Huizenga
42	Foto Kunsthistorisch Instituut, Universiteit van Amsterdam
43	Foto Rob Schröder
43	Foto Kunsthistorisch Instituut, Universiteit van Amsterdam
45	Melanie Sherwood, *Venus Clam Chowder on the ½ Shell*, 1979
47	Collectie Stedelijk Museum, Amsterdam
48	Uit: C.J. Meeuse, *Van geslacht tot geslacht. Kerkgeschiedenis voor het voortgezet onderwijs*, Kampen
49	Foto verkregen via Morič Mittelmann-Dedinsky
50	Josef Lada, uitgave Pegasus, Amsterdam
51	Foto Kunsthistorisch Instituut, Universiteit van Amsterdam
52	Uitgave Ploegsma, Amsterdam
53	Noni Lichtveld, uitgave Aldus Uitgevers, NBLC, Novib
53	Josef Lada, uitgave Pegasus, Amsterdam
55	Uit: *Die Wiener Werkstätte. Modernes Kunsthandwerk von 1903-1932* (Ausstellung Österreichisches Museum für angewandte Kunst), Wien 1967
56	Privé-bezit, Wenen
57	Uit: *Preisliste über Zeichen-, Mal-, Bureau- und Schul-Utensilien*, 1912
59	Foto Lies Ros
61	Foto Lies Ros
62	Uit: P. Smolders, *Ruimtevaart 1981*, Alkmaar 1980
63	Foto Handke/Weiss Gezelschap, Amsterdam
64	Uit: *Beroemde luchtvaartpioniers*, Rotterdam 1980
65	Foto's Handke/Weiss Gezelschap, Amsterdam
67	Foto's Handke/Weiss Gezelschap, Amsterdam
68-69	Foto Lies Ros
74	Foto Kunsthistorisch Instituut, Universiteit van Amsterdam
74	Tekeningen uit: Sanpaolesi, *Brunelleschi*, Milaan 1962
81	Collage F. Beekers, L. Ros en R. Schröder
84-85	foto's respectievelijk J. Huizenga, ABC Press, ABC Press
86	Collage F. Beekers, L. Ros en R. Schröder
89	Foto Han Singels/Hollandse Hoogte, Amsterdam
90	Foto Rob Schröder
94	Collectie Stedelijk Museum, Amsterdam
95	Foto Rob Schröder
97	Foto Rob Schröder
97	Affiche Internationaal Instituut voor Sociale Geschiedenis, Amsterdam
99	Ansichtkaart Éditions Gendre, Parijs
100	Foto Rob Schröder
102	Foto Rob Schröder
104	Foto ABC Press/Ron Wolfson/LGI, 1985
106	Foto Cas Oorthuys
110	Foto Han Singels/Hollandse Hoogte, Amsterdam

111	Ansichtkaart Éditions G. Picard, Parijs
112	Foto Rob Schröder
113	Foto ABC Press/Lynn Goldsmith/LGI, 1984
117	Collage F. Beekers, L. Ros en R. Schröder
120	Collage F. Beekers, L. Ros en R. Schröder
123	Foto Concorde Film, Den Haag
125	Collage F. Beekers, L. Ros en R. Schröder
127	Foto Rob Schröder
134	Foto Piet den Blanken/Hollandse Hoogte, Amsterdam
137	Foto J. Huizenga
138	Foto J.G. Legêne, Delft
139	Fragment uit 'Structures', P. Boulez, 1955; tekening Rob Schröder
141	Foto's Rob Schröder
143	Collectie Stedelijk Museum, Amsterdam
144	Foto Stedelijk Museum, Amsterdam
145	Collectie Stedelijk Museum, Amsterdam
146	Houtsculptuur, kleur; Foto Goethe-Institut, Amsterdam
147	Uddo Hesse, Berlijn; Besitz Berlinische Galerie
149	Uddo Hesse, Berlijn; Besitz Berlinische Galerie
151	Fot ABC Press/Sonia Moskowitz
152	Foto *De Waarheid*
153	Foto Rob Schröder
155	Foto Stichting Nederlands Filmmuseum, Amsterdam
156	Foto NOS-foto, Hilversum
159	Foto Paul Kooijman/Hollandse Hoogte, Amsterdam
161	Collage F. Beekers, L. Ros en R. Schröder
164	Collage F. Beekers, L. Ros en R. Schröder
165	Foto Rob Schröder
166	Affiche Koninklijk Instituut voor de Tropen, Amsterdam
167	Beeldje Collectie Museum voor Volkenkunde, Rotterdam
167	Foto J. Huizenga
171	Foto J. Huizenga
173	Collectie Koninklijk Instituut voor de Tropen, Amsterdam
174	Collectie Koninklijk Instituut voor de Tropen, Amsterdam
176	Stedelijk Van Abbemuseum, Eindhoven; foto Hans Biezen
179	Collectie Koninklijk Instituut voor de Tropen, Amsterdam
180	Brieven in het kader van de tentoonstelling *Allemaal Amsterdammers. Immigranten vanaf 1550*, Amsterdams Historisch Museum, 1985/86
183	Collage F. Beekers, L. Ros en R. Schröder
184-193	Foto's Bart Eijgenhuijsen, Amsterdam
195-204	Privé-bezit Van Norden
208	Foto Koninklijk Instituut voor de Tropen, Amsterdam
211	Collectie Koninklijk Instituut voor de Tropen, Amsterdam
212	Foto Rob Schröder
213	Foto Patricia Collette
214	Fragment uit de *Volkskrant*, 8 januari 1987, tekening van Opland
215	Foto J. Huizenga
216	Foto's Koninklijk Instituut voor de Tropen, Amsterdam
217	Foto's Koninklijk Instituut voor de Tropen, Amsterdam
218	Uit: *Visuele partituren*, Uitgave Mart. Spruijt b.v., Amsterdam 1986
220	Uit: *Visuele partituren*, Uitgave Mart. Spruijt b.v. Amsterdam, 1986
222	Foto H. Schippers
222	Foto K. Zuckerman, Basel
223	Foto's H. Schippers
224	Foto Caecilia van der Drift/Hollandse Hoogte, Amsterdam
226	Uit: *Japan Design*, Tokio 1984
227	Uit: *Mensch und Musik im Spiegel der Kunst*, Luzern 1973
229	Foto Kunsthistorisch Instituut, Amsterdam
230	Uit: Y. Indura, I. Kawatake, *The Traditional Theatre of Japan*, New York/Tokio 1981
231	(Maskers) Uit: Y. Indura, I. Kawatake, *The Traditional Theatre of Japan*, New York/Tokio 1981
231	Ansichtkaart, Rijksmuseum voor Volkenkunde, Leiden
232	Collectie Haags Gemeentemuseum
233	Uit: *Mensch und Musik im Spiegel der Kunst*, Luzern 1973
235	Foto cassettebandje J. Huizenga
238	Foto ABC Press, 1983
244	Foto ABC Press/Alein Keler/Sygma
247	Foto Rob Schröder
251	Foto Soeterijntheater, Koninklijk Instituut voor de Tropen, Amsterdam
251	Afficheontwerp Rob Berkel, 1986
252	Foto Jean van Lingen, 1986
253	Afficheontwerp Ronald Timmermans, 1987